国家社会科学基金资助项目（04BZZ038）研究成果

公共政策制定与 公民参与研究

傅广宛◇著

中国社会科学出版社

图书在版编目（CIP）数据

公共政策制定与公民参与研究/傅广宛著 . —北京：中国
社会科学出版社，2019.8
　ISBN 978 - 7 - 5161 - 9182 - 8

　Ⅰ.①公…　Ⅱ.①傅…　Ⅲ.①公民—参与管理—研究—
中国　Ⅳ.①D621.5

中国版本图书馆 CIP 数据核字（2016）第 256169 号

出　版　人	赵剑英
责任编辑	卢小生
责任校对	周晓东
责任印制	王　超

出　　　版	中国社会科学出版社
社　　　址	北京鼓楼西大街甲 158 号
邮　　　编	100720
网　　　址	http://www.csspw.cn
发　行　部	010 - 84083685
门　市　部	010 - 84029450
经　　　销	新华书店及其他书店

印　　　刷	北京明恒达印务有限公司
装　　　订	廊坊市广阳区广增装订厂
版　　　次	2019 年 8 月第 1 版
印　　　次	2019 年 8 月第 1 次印刷

开　　　本	710×1000　1/16
印　　　张	17.5
插　　　页	2
字　　　数	267 千字
定　　　价	90.00 元

中文摘要

　　公共政策制定中的公民参与研究是政治民主化进程中一个重要的研究方面。近年来，政治民主化进程逐渐加快，虽然国内也陆续出了一些相当优秀的利用规范性研究方法做出的研究成果，但从研究趋势上看，目前对该问题的研究却出现了发展节奏变慢、难以向纵深推进的迹象。主要表现在以下几个方面：一是研究者之间互相借鉴的现象多，真正有所创新的观点和理论少。新意常常源于研究方法的革新和发展。互相借鉴的现象多，说明了在该问题的讨论中存在研究方法方面的困惑。二是研究成果中"公说公有理，婆说婆有理"的现象层出不穷。这与定性结论多、定量结论少不无关系。三是宏观描述多，而微观分析少。这与微观分析方法尤其是量化分析比较匮乏有关。

　　在公共政策实践中，公民参与的动机、程度、途径、方法以及公民参与公共政策制定的绩效等可以设立科学的、与实际相吻合的数量指标进行量化评价。正是基于这种认识，为了增强对公共政策制定中公民参与问题研究的科学性、规范性和可靠性，本书另辟蹊径，从研究方法创新入手，在量化层面上，对我国地方政府公共政策制定中的公民参与问题展开讨论。目的在于从纷繁复杂的公共政策现象中抽象出能够准确反映政策规律的数学模型，并通过对数学模型的进一步研究，获得其他研究尚未涉足的、经由数学方法推导而来的，并能够经得起实践检验的正确结论。以利于推动该问题的研究向纵深发展，并对目前国内政治学研究方法的创新尽微薄之力。实证研究是解决现实问题的较好研究方法之一。因此，本书所进行的研究建立在实地调查、问卷调查和文献调查的基础上。其中，实地调查涉足 6 个省（市、自治区），5000 份问卷调查结果来自全国除港澳台地区之外的

31 个省（市、自治区）。案例分析是经验研究的一种特殊形式。有鉴于此，本书在研究中也适当采用案例分析方法。

利用上述研究方法，集中讨论了四个方面的问题。

第一，公共政策制定中公民参与的理论背景、现实背景和功能研究。人民主权思想、公共选择理论、治理理论以及其他相关理论等构成了扩大公共政策制定中公民有序参与的理论背景。近年来，政府职能转变拓展了公民参与政策制定的现实空间；经济全球化为公民参与政策制定提供了新的组织基础；市场经济增强了公民参与政策制定的权利意识；文化程度提高增强了公民对于政策制定的关注度和参与政策制定的能力；信息技术发展提供了公民参与政策制定的便捷互动条件。公民参与具有非线性功能。这种功能主要表现在促进政策制定科学化、提高政策合法性以及促进公民监督的过程中。由于公民参与的功能是非线性的，所以，在一定条件下，公民参与是有益的，但超过了一定条件，公民参与反而是无益的或有害的。

第二，公民对于参与公共政策制定的认知。通过构建公民对于公共政策制定过程的关注度数学模型，可以清晰地勾勒出年龄、性别、学历、年收入等政策变量在量化意义上对关注度所产生的影响。比如，关注度随年龄增长而变化的过程呈现类似抛物运动的规律；年收入与关注度之间存在低度的正相关关系；学历每提高一个层次，公民对于公共政策制定过程的关注度就比相邻较低的学历层次群体约提高5.42 个百分点等。通过设立亲公共价值指数，可以准确地刻画不同身份的公民群体在参与动机方面的区别。比如，学历与公民参与公共政策制定动机的亲公共价值指数正相关，学历越高，参与公共政策制定动机的亲公共价值指数就越高，学历每提高一个层次，亲公共价值指数就平均大约提高6.36 个百分点；参与动机与政治制度的干预正相关，参与动机接受政治制度的干预越多，越容易激发公民参与公共政策制定的积极性等。

第三，公民参与公共政策制定的宏观形态研究。我国公民在公共政策制定中的参与程度指数为34.15%，意味着我国公民在公共政策制定中的参与程度处于严重的参与不足状态。公民的政府职能结构偏好提示，扩大我国公共政策制定中的公民有序参与，应以利益型参与和责任型参与为先导。参与人数和参与次数之间的二次曲线关系说明，参与次数的变化对参与人数产生的影响具有非均等性。公民对于公共政策的关注程度和参与程度之间存在明显的"剪刀差"现象。表现在：对于中央政策和省政策，公民关注程度高，但参与程度低；对于县政策和乡政策，公民关注程度低，但参与程度高。扩大政策制定中公民的有序参与，对于不同层级的政府政策应该区别对待，即对于中央和省政策，应该着重促进公民的参与程度，对于县、乡政策，应该着重提高公民的关注程度。

第四，公民参与公共政策制定的微观形态研究。公民参与公共政策制定的方法和途径应该加以区分。参与方法属于内源性行为选择，而不是外源性制度设计。参与途径属于外源性制度设计，而不是内源性行为选择。在参与方法上，公民更希望通过自主的直接行为来参与公共政策制定。在参与途径上，文化程度与公民参与途径的偏好之间既存在线性关系，也存在非线性关系。利用本书建立的参与率、无效率、显效率和有效率四项指标，可以反映出公共政策制定过程中公民参与绩效的大致水平。利用本书建立的公民参与绩效对称指数，可以清晰地发现，文化程度每降低一个层次，公民参与绩效对称指数大约平均提高 5.35 个百分点。低文化程度公民群体的参与绩效对称指数很高，意味着该群体在参与绩效上的被剥夺感较强。对于低文化程度的公民群体，必须采取一些积极措施来消除这种相对被剥夺感，才能实现公民参与公共政策制定过程中的和谐与公正。

关键词：量化研究　公民参与　公共政策　制定过程　地方政府

Abstract

Research on citizen participation in formulation of public policies is significant in the course of political democratization. In recent years, the course of political democratization has quickened gradually. Although some quite excellent research achievements obtained by use of normative research methods have been published successively in China, the research on this problem becomes slow and difficult to further develop at present from the point of view of research trend. It is mainly manifested as follows: first, more and more researchers borrow ideas from each other, so there are few innovative viewpoints and theories. New viewpoints always derive from innovation and development of research methods. Many researchers use others' ideas for reference, so this shows that puzzlement on research methods exists during discussion of this problem. Second, in those research achievements, each researcher thinks they are right themselves. As the old saying goes, there are two sides to every question. This has something to do with the phenomenon of more qualitative conclusions and fewer quantitative conclusions. Third, there are more macroscopic descriptions but fewer microscopic analyses, largely because there are fewer methods of microscopic analyses, especially the quantitative analysis.

In the practice of public policies, quantitative assessment can be carried out through establishment of scientific and true quantitative indices on motive, degree, approach, method and performance of citizen participation in formulation of public policies. On the basis of this understanding, in order to enhance the scientific and normative natures and reliability of research on the problem of citizen participation in formulation of public policies, this paper chooses instead to discuss the problem of citizen participation in formulation of public policies of Chinese local governments in terms of quantification, starting with innovation of research methods. The objective is to abstract mathematical models exactly reflecting rules of policies from numerous and complicated phenomena of public policies, and obtain a correct conclusion derived from mathematical methods through further research of mathematical models which hasn't been mentioned in other researches and can be inspected by practice. This is beneficial to drive further development of research on this problem as well as provide some reference for innovation of research methods of political science. Because empirical study is a good research method to solve practical problems, the research in this paper is based on field investigation, questionnaire and literature search. The field investigation covers 6 provinces, cities and autonomous regions. The findings of 5000 pieces of questionnaire are from 31 provinces, cities and autonomous regions except Hong Kong, Macao and Taiwan. Case analysis is a special form of empirical study. Accordingly, case analysis is used as applicable in the research of this book.

Problems in four modules are discussed as below by use of abovementioned research methods.

The first module is the research on theoretical background, practical background and function of citizen participation in formulation of public policies. The popular sovereignty, public choice theory, governance theory and other relevant theories constitute the theoretical background to scaling up citizen participation in formulation of public policies orderly. In recent years, reform of governmental functions has developed practical space of citizen participation in formulation of public policies; economic globalization has provided new organizational basis for citizen participation in formulation of public policies; citizens have become more aware of their rights of participation in formulation of public policies due to market – oriented economy; advancement of educational status has had an impact on attention of citizen on formulation of public policies and ability of participation in formulation of public policies; development of information technology has offered convenient and interactive conditions for citizen participation in formulation of public policies. Citizen participation has a function of nonlinearity. The function is mainly reflected in the process of facilitating scientific formulation of public policies, improving valid public policies and boosting citizens' supervision. As the function of citizen participation is nonlinear, so citizen participation is helpful under certain conditions, and it will be useless or harmful in case of exceeding the certain conditions.

The second module is the cognition of citizen on participation in formulation of public policies. Through constructing a mathematical model of citizens' attention on participation in formulation of public policies, it will clearly show the influence of such variables as age, sex, educational background, annual income, etc on attention in a sense of quantification. For instance, the change of attention with age takes on projecting motion; slight positive correlation exists between annual income and attention; once the a hierarchy of educational background is enhanced, citizens' attention on participation in formulation of public policies will increase by about 5. 42 percent compared with the group with the adjacent lower degree, etc. By setting "value index of favoring public polices", difference of citizens' participation motives with different identities may be described exactly. For example, the educational background is positively correlated to the "value index of favoring public polices" of citizens' participation motives, which means higher educational background will result in higher "value index of favoring public polices". Once a hierarchy of educational background is enhanced, "value index of favoring public polices" increases by about 6. 36 percent averagely. Participation motive and intervention of political systems are directly related. If the participation motive is much intervened by political systems, citizens will be more active to participate in formulation of public policies, etc. .

The third module is the research on macroscopic morphology of citizen participation in formulation of public policies. The participation index of our citizens in formulation of public policies is 34. 15 percent, which means that our citizen participation in formulation of public policies is quite insufficient. From the preference of citizens' policy function structure, the participation of benefit type and responsibility type shall be leading in scaling up citizen participation in formulation of public policies orderly. The quadratic curve relation between the number of citizens participating and frequency of citizens participating indicates that the change of frequency of citizens participating has an impact of nonidentity on the number of citizens participating. There is an apparent phenomenon of scissors difference between citizens' attention on public policies and their participation. It is manifested as follows: As to policies of the Central Government and the province, their attention is high, but participation is low; as to policies of the county and township, their attention is low, but participation is high; during scaling up citizen participation in formulation of public policies orderly, we shall make a difference between policies of governments at different levels, that is to say, active citizen participation in formulation of policies of the Central Government and the province shall be encouraged, citizens' attention on policies of the county and township shall be improved greatly.

The fourth module is the research on microscopic morphology of citizen participation in formulation of public policies. The method of citizen participation in formulation of public policies shall be distinguished from the approach. Participation method belongs to an endogenic behavior choice rather than an extraneous system designing. However, participation approach belongs to an extraneous system designing rather than an endogenic behavior choice. As to participation methods, citizens prefer to participate in formulation of public policies through independent direct actions. With regard to participation approaches, there is a linear relation as well as a nonlinear relation between educational attainments and preference of participation approaches. In this paper, such four indices as participation rate, inefficiency, obvious effective rate and effective rate established may reflect the performance of citizen participation in formulation of public policies approximately. From the "performance symmetry index of citizen participation" established in this paper, it is clearly shown that the performance symmetry index of citizen participation increases by about 5.35 percent once a hierarchy of educational attainments is lowered. The performance symmetry index of citizen groups with low educational attainments is very high, which indicates that they have strong feeling of being deprived concerning participation performance. With respect to those citizen groups with low educational attainments, some active measures shall be taken to eliminate this kind of feeling so that reconciliation and impartiality will be realized in citizen participation in formulation of public policies.

Key Words: Quantitative research, Citizen Participation, Public policy, Formulation, Local government

目　录

绪　论

一　问题的提出

公共政策制定是公共组织，特别是政府针对有关重要的公共政策问题，依照一定的程序和原则确定政策目标，拟订、评估和选择有关政策方案并最终择定政策方案的过程。在公共政策过程中，公共政策制定位于最核心的阶段。该阶段的目标定位、体系程序和方法技术直接关系到公共政策产出的质量和水平。由于公共性是公共政策的基本特征之一，所以，公共政策制定内在地决定了政策制定体系应该充分考虑各方的利益和诉求，给各方利益主体以充分的表达权和参与权。如果说公民身份表达了一种政治意蕴，那么具有公民身份的社会成员在政治共同体中应该具有平等的权利参与治理社会公共事务，并分享政治共同体中的共同价值与利益。在公共政策制定中，对公民参与主体的尊重，对公民参与权利的保障，将唤起公民对公共政策的认同感和责任感。这种认同感和责任感的影响不仅仅局限在政治层面，也包含技术层面。从这个意义上理解，公民参与政策制定是保证公共政策的科学化、公共性和规范化的措施之一。正是基于这个原因，公民参与和政策制定之间存在一种互动关系，这种互动关系是一种具有非线性特征的关系。公共政策制定中不能没有公民参与，如果没有公民参与，公共政策的正当性有可能受到怀疑；但也不能过度参与，过度参与容易引发政策制定无序化。显然，这种互动关系对于公共政策的质量、社会的和谐、治理方式的变革乃至政府合法性的巩固等都将产生深刻的影响。深入研究公共政策制定与公民参与之间存在较为复杂的互动关系，是建设社会主义政治文明的必然要求，是坚持和完善社会主义民主制度、扩大公民有序政治参与的必然要求。

当今，我国正面临一场来自制度、经济、文化和技术等维度的结构性变革。在这场变革中，社会的阶层结构迅速变化，利益多元化和主体平等竞争格局逐步形成。公民、法人和社会组织要求实现更大程度地参与政策制定的积极性日益高涨。我国建设社会主义和谐社会是在经济全球化背景下进行的，中国的发展需要积极参与经济全球化进程。经济全球化浪潮既扩展了公民的政策视野，也强化了公民的政策参与意识。提高公共政策制定过程的公共性，是与经济全球化进程相呼应的一项重要举措。毋庸讳言，经过 40 年改革开放的中国，户籍制度和单位制度的社会整合能力大大削弱，人口流动频仍，多种经济利益主体并存，社会流动开放的趋势逐渐明晰。这种新的社会结构本身就使意识形态的统合力量下降，社会管理和利益整合的难度增加，迫切需要通过包括公共政策制定中的公民参与在内的各种路径来提高社会的整合能力与和谐程度。因此，公共政策制定中的公民参与具有日益深厚的利益基础、群众基础和社会基础。互联网的使用，使公民接收的信息量剧增，参与政策制定的空间和平台更加广阔。政策制定中的公民参与正日益成为社会政治生活的重要组成部分。在各种权力关系和利益关系不断复杂化、各种利益主体之间的利益差异不断分化的社会变革中，如何通过公共政策制定中的公民参与，促进公共政策制定系统协调好各种利益关系和行动机制，充分实现公共政策的公共性、缓和社会矛盾，保持社会稳定，提高社会整合能力，已经成为社会主义和谐社会构建背景下亟须研究的突出问题。

公共政策制定主体既包括政府组织，也包括非政府组织。在我国各种类型的公共政策制定主体中，政府组织无疑是公共政策制定的主要主体之一。由于我国地域辽阔，人口众多，公民参与政策制定的层级不可能都是中央政府，更多的是参与地方政府的公共政策制定。而在目前的中国政府体制中，地方政府一般包括省、市、县、乡四级政府。直辖市包括市、区（县）、乡三级政府。地方政府是一个与中央政府相对而言的概念。中央政府的政策工具主要通过地方政府来发挥作用，即按照自上而下的途径来实现政策工具的价值。在诸多情况下，中央政府并不直接面对公民实现其对社会公共事务的管理职能，地方政府则成为一种能动的政策沟通工具来发挥作用。中央政府通过政策工具对社会公共事务进行的管理在许多情况下具有间接性特征。比之于中央政府政策，公民对于地方政府政策的反应更为迅速和直接。地方政府是除第三部门之外公民参与公共政策制定最直接的平台。由于地方政府与公民的联系更为直接和频繁，所以，地方政府的公共政策制定应该具有回应性强、针对性强，更及时地吸纳公民意愿、更能体现出公民参与的优越性等特征，但是，目前我国地方政府公共政策制定的实际状况却不令人满意。政策制定出现失误的事例屡屡见诸报端。其原因固然是多方面的，但政策制定过程中包括公民参与在内的各种机制不尽完善是重要原因之一。由于地方政府与公民联系的直接性使然，地方政府应该是实现民主政治的重要基础之一。研究我国公共政策制定中公民参与不充分的问题，应该首先从地方政府及地方其他政策制定主体开始。从21世纪初叶中国地方公共政策制定的视角，研究如何提高政府在解决公共问题、满足公民需求方面的有效性和回应性，促进政府与公民社会的互动，提高公共政策制定的民主化水平，加强公共政策制定过程的科学化建设，对于当前我国的社会进步和经济发展都具有十分重要的意义。

　　规范性研究方法历来是、今天仍然是我国政治学的主流研究方法之一。但这种研究方法由于其过于强调定性研究和文献研究而很难对实际问题进行数量方面的刻画。这直接影响到对于所研究问题的深入讨论，在具体内容上还容易引发歧异。正是由于这个原因，本书立足于通过实证分析，引入包括统计学等学科的方法在内的量化思维方法与研究方法，从地方政府政策实践的角度，对公共政策制定与公民参与的互动关系，公民参与公共政策制定的程度与公共政策效果的关系，公民参与公共政策制定的方法、途径以及各种影响因素等进行定量和定性的分析，始终以定量分析为主。并利用对量化结果的比较和数学处理，依靠翔实的数据和科学的结论，凸显当前我国公共政策制定过程中在公民参与方面需要解决的问题；了解在公共政策制定中增加公民参与程度的政策措施和制度安排究竟有哪些亟须强化；厘清当前我国公共政策制定中各种公民参与的途径和方法的优势与不足。在此基础上，初步概括出当前我国公共政策制定过程中加强公民参与的比较现实的制度安排和更加有效的、科学的、合理的途径、形式与方法。

本书的理论意义在于，突破既往在该问题上以定性为主、理论为主的研究套路，主要运用量化思维和方法进行实证研究，使研究结果更加精确、科学，具有说服力，符合我国实际。同时也探索一种公共政策制定与公民参与问题的量化研究模式和途径，从而为促进当前我国政治学研究方法创新尽一份微薄之力，并借此为我国的政治学、公共管理学和政策科学的繁荣与发展做出贡献。

本书的现实意义在于，能够更好地服务于我国的公共政策制定过程，为我国公共政策制定中公民参与的规范化和完善化提供有益的理论及政策参考，使公共政策制定更加规范、科学，具有公共性，促进公共决策过程民主化，最终促进我国转型期公共治理结构的顺利改革和社会协调发展。

二　相关研究状况的梳理与评述

公共政策制定中的公民参与虽然属于民主政治的范畴，但其研究的内涵、范围、方法和侧重点毕竟不能等同于一般概念对于民主政治的研究，也不能等同于一般意义上政治学对公民参与的研究。大约3000 年前，作为一般意义上民主政治的研究和实践，古希腊出现了公民的政治概念和公民参与的初步实践。很显然，一般意义上的公民参与起始于古希腊。但公共政策分析作为一门发源于美国的新兴学科却只有 60 余年的历史。因此，专门研究公共政策制定中公民参与的文献远远没有政治学其他领域的文献多，而专门的、系统的从量化角度研究中国公共政策制定与公民参与的互动关系的文献更属鲜见。近年来，随着新公共管理运动的兴起，国内外学者对一般意义上政治学中的公民参与和行政学中的公民参与开始投入了较多的关注和探索。这种关注和探索对于本书的写作极大的帮助。如果进行一番梳理，则明显可以看出，相关的代表性研究大都集中在政府与公民关系研究视角、公共治理研究视角、制度分析研究视角、政治文化研究视角和信息化研究视角。

（一）政府与公民关系研究视角

长期以来，行政与政治之间的关系是行政学界的主导性话题之一，但随着行政实践模式的变化以及行政实践中新问题的不断提出，包括中国在内的国际行政学界关注的话题，已经逐渐转为行政与公民的关系问题。公民参与是行政与公民的关系问题中无法回避的重要内容。

李图强认为："当代民主化的深入发展，已经由政治民主开始转向行政民主的运作，行政民主正在成为一个国际性的话题和潮流。随着形势的进一步发展，谁都不能忽视它的存在和所反映出的价值意义。现在，大多数国家出现的行政民主这一惊人相似的趋势，全世界都已深深感受到它的影响和潜在的力量，这个影响和力量的存在，集中地体现为公民直接参与公共行政管理，并逐渐发展成公民与政府合作的治理关系模式。如果说，20 世纪前半叶行政与政治的关系所表达的主要是政治民主中的公民资格问题，体现的是间接民主，那么，20 世纪下半叶行政与公民关系所表达的行政民主中的公民参与问题，突出体现的是直接民主。"①

王振海认为："在公众与政府的关系方面，历史上始终是政府占尽优势，而公众处于劣势状态。其中原因有很多，'无法度'既是原因，也是结果。法律、规则、制度、程序是对权力拥有者和执行者的最好制约，也是对公众权利的最好保护。因而，要实现传统政治向公众政治的转变，法律是最好的桥梁和促进器。而公众政治的推进，也有利于法制化程度的提高，有利于公众更加自觉地拥有和利用法律武器。""高度民主的政治是我国政治文明建设的目标。毋庸讳言，在我国一直存在不同程度上的公众的主体地位缺失问题。实践的缺失源于理论的缺失。自古以来，专制传统不仅隐瞒这一缺失，而且刻意制造和加剧这一缺失。公共政治观旨在唤醒公众个体和社团组织的政治主体意识、权力委托人意识、参与管理意识等，促进基层社区民主自治

---

① 李图强：《现代公共行政中的公民参与》，经济管理出版社 2004 年版，第 2 页。

演练等实体性建设。"①

　　周光辉从和谐社会构建角度对公民参与进行论述。"从现实的角度看，和谐社会不是自发形成的，也不是建立在无政府基础之上的。社会和谐应以公共权力的存在为基础。"② 在共和体制的国家中，"在资源稀缺、人与人之间存在利益矛盾和冲突的约束条件下，共和的实现必须以一定的行为规范为基础，而行为规范的有效性又是以公共权力为保障的"。③ 公民参与公共事务的过程事实上也是形成公共决策的过程。"只有当社会成员能够就他们共同关心的事务进行协商并且采取共同行动的时候，他们才真正地掌握了自己的生活，从而可能实现社会合作与和谐。从这种角度来看，那些没有通过共同协商、共同决定和共同行动的人不对决定其共同生活的政治直接负责。"④ "公民在利益与价值观念上是具有差异、分歧，甚至是冲突的，但是公共决策的任何后果最终却要由全体公民来承担。因此，公民应当参与管理公共事务，在公共生活中平等地表达自己的利益、要求与偏好，经过宽容、协商与妥协达成共识。"⑤

　　上述学者的观点，明确指出了政府与公民关系的发展走向和现状，肯定了公民参与的正当性和合理性，指出了公民参与阻力的认识根源，同时也认为，要实现由传统政治向公众政治的转变，有赖于提高国家的法制化程度，有赖于公众更加自觉地拥有和利用法律武器。

　　（二）公共治理研究视角

　　从 20 世纪 70 年代末，新公共管理理论和公共服务理论相继在西方产生，西方各国进入了公共部门管理改革的时代。商业管理理论、方法和市场竞争机制被引入公共事务的管理，公共部门开始走向新公共管理的实践模式。Ferlie 等总结了四种不同于传统的公共行政模式

---

① 王振海：《公众政治论》，山东大学出版社 2005 年版，第 2 页。
② 周光辉：《认真对待共和国——关于和谐社会的政治基础的思考》，《吉林大学社会科学学报》2005 年第 4 期。
③ 同上。
④ 同上。
⑤ 同上。

的新公共管理模式。这四种模式分别是："公共服务取向模式、效率驱动模式、小型化与分权模式、追求卓越模式。"① 其中，公共服务取向模式的基本内容及特征是：关心提高行政服务质量，强调以实现公共服务使命为基础的产出价值；在管理过程中表达使用者的愿望、要求和利益，强调公民权理念；怀疑市场机制在公共服务中的作用，主张将权力由指派者手中转移到民选的地方委员会手中；强调全社会学习过程；要求公共服务使命与价值的连续性，强调公民参与和公共责任制等。我国学者程少川认为："公共服务取向模式是目前最不成熟的模式，但是已经展现出无穷的潜力。"②

张立荣和汪志强则从公共治理背景下权力资源配置的角度对公民参与治理社会公共事务的模式提出了精辟的见解。"由于种种原因，我国一直实行高度集权的管理体制，政府作为单一的权力中心管理社会公共事务。理论的研究和实践的经验都表明，这种单一的权力中心社会事务管理体制不能适应经济市场化、政治民主化和社会现代化的发展要求，必须予以变革。为此，我国政府曾多次进行分权式的改革。但是，由于权力仅仅在中央政府部门之间以及中央政府与地方政府之间流动即体制内流动，这种分权改革并未取得预期的效果。同时又由于分权所带来的腐败、'寻租'等问题，不得不终止分权的努力，重新实行集权。在我们看来，无论是集权的还是分权的制度安排，其体制特征都是单中心。"③ "因而难以获得预期的制度绩效。鉴于此，政府社会管理体制的理性变革，应当由体制内分权向体制外分权即向社会分权推进，从而创建政府、市场和社会三维框架下的多中心治理体制。在这种体制下，公共部门、私人部门和第三部门（非政府非营利部门）基于法定性规则既相互独立，又相互合作，共同治理社会公

---

① E. Ferlie, L. Ashburner, L. Fitzgerald, A. Pittigrew, *The New Management in Action*, Oxford University Press, 1996, pp. 10 – 15.

② 程少川：《可持续公共管理决策模式及其支持方法》，《西安交通大学学报》（社会科学版）2005 年第 1 期。

③ 张立荣、汪志强：《当代中国政府社会管理创新——以麦肯锡 7S 系统思维模型为分析框架》，《江汉论坛》2006 年第 10 期。

共事务，以实现'善治'。目前，我国一些大中城市实行的'党委领导、政府推动、社会组织主导、社区居民参与'的新型社区管理混合模式，就是'多中心治理体制'的一种有益探索。"①

褚松燕的观点是，市场、国家和社会构成当代资源分配与风险分担的三大治理机制，与这三个领域相对应的公民资格诸权利，与公共精神通过责任和信任编织的社会资本网络一起，发挥着塑造治理模式的作用。公民资格作为国家与其个人成员之间的制度联结和价值纽带，将参与内化为其必要机制，引导公民围绕公共物品和公共服务采取集体行动。公民资格的发展使不同领域行为网络之间在资源分配和风险抵御过程中的功能互补，并按照社会情景的变化而不断调整着公共治理的方向、手段和制度安排。"从当下民族国家与非政府组织各自功能的发挥来看，在公共物品和公共服务领域中，非政府组织的确能够起到弥补政府功能不足之功效，并在人们对国家失去信心的时候在一定程度上提供一种替代的情感归属。从这一点来说，市场—国家—公民社会这种复合治理框架正在形成和发展。因此，面对风险社会提出的挑战，各个国家都在积极采取措施来鼓励公民在行使权利的过程中承担起对国家的责任参与——公共事务，这既是捍卫公民资格的平等要素和权利内涵的必要途径，也是确保政治秩序具有公共利益品性的同时具有较高的效率。"②

陈振明则将他的观点建立在增强政府公务员的"管理"和"服务"意识，重塑政府与社会关系的基础之上。"新公共管理运动在处理政府与社会关系方面也有可借鉴之处。它要求政府官员及其他公共部门服务人员由'官僚'转变为'管理者'，由传统的'行政'向'管理'和'治理'转变，提倡顾客导向、政府提供回应性服务，满

① 张立荣、汪志强：《当代中国政府社会管理创新——以麦肯锡 7S 系统思维模型为分析框架》，《江汉论坛》2006 年第 10 期。
② 褚松燕：《公民资格的发展对治理的影响》，《南京市行政学院学报》2005 年第 6 期。

足公众（顾客）的要求和愿望，提高服务质量，改善政府与社会的关系。"① 也正是这个原因，陈振明指出："我国的行政体制改革应根据市场经济的要求，着力于建立一种新型的政府与社会的关系，克服目前在这种关系中存在的种种弊端，大力发展和培育社会力量，增强社会自治能力；政府组织及公共部门必须由领导者转变为服务者，必须有强烈的服务意识和公共责任感，必须改善政府与社会的关系，努力提高管理水平和服务质量。"②

丁煌从介绍新公共服务理论角度对公共政策制定中的公民参与表达了自己的看法。公共政策实际上是一系列复杂的相互作用过程的后果，这些相互作用涉及多重群体和多重利益集团，这些为社会和政治生活提供结构、方向的政策方案是许多不同意见和利益的混合物。"现今政府的作用在于，与私营及非营利组织一起，为社区所面临的问题寻找解决办法。其角色从控制转变为议程安排，使相关各方坐到一起，为促进公共问题的解决进行协商提供便利。在这样一个公民积极参与的社会中，公共官员将要扮演的角色越来越不是服务的直接供给者，而是调停者、中介人甚或裁判员。而这些新角色所需要的不是管理控制的老办法，而是做中介、协商以及解决冲突的新技巧。"③ 因此，在确立社会远景目标或发展方向的行为当中，广泛的公众对话和协商至关重要。"政府的作用将更多地体现在把人们聚集到能无拘无束、真诚地进行对话的环境中，共商社会应该选择的发展方向。除了这种促进作用，政府还有责任确保经由这些程序而产生的解决方案完全符合公正和公平的规范，确保公共利益居于主导地位。因此，公共行政官员应当积极地为公民能够通过对话清楚地表达共同的价值观念并形成共同的公共利益观念提供舞台，应该鼓励公民采取一致的行

---

① 陈振明：《政府再造——公共部门管理改革的战略与战术》，《东南学术》2002 年第 5 期。

② 同上。

③ 丁煌：《当代西方公共行政理论的新发展——从新公共管理到新公共服务》，《广东行政学院学报》2005 年第 5 期。

动，而不应该仅仅通过促成妥协而简单地回应不同的利益需求。"① 这样，公民就可以理解各种利益关系，具备更长远的公共利益观念。

上述学者的论述表达了一个共同的趋势，这就是公共政策制定中的公民参与是与新公共管理理论和新公共服务理论的价值取向一致的。强调公共政策制定中的公民参与，既是公共政策科学化、民主化的需要，也是新公共管理运动和新公共服务理论的要求。这些真知灼见，无疑可以为公共政策制定与公民参与的互动关系的研究提供有力的理论支撑。

（三）制度分析研究视角

从制度分析角度看，协商民主理论是一种研究政治决策机制的理论。美国政治学家约瑟夫·毕塞特在《协商民主：共和政府的多数原则》一文中首次使用了"deliberative democracy"这个词汇，提出了"协商民主"的概念，"后在其他学者的不断完善下逐渐形成了协商民主理论"。② 协商民主理论以公民参与、平等协商为基本价值诉求，主张政府过程的公民参与。强调在参与过程中公开自己的偏好和理由，尊重他人的意见以及强调基于公共利益的责任担当。协商民主的核心是通过政治话语的相互理解，实现公共政策的合法性。这种理论认为，公民参与意味着公民与公民、公民与相关问题、公民与制度和政治体系之间的联系；参与能够达成公民与公民、公民与共同体机构、公民与问题、公民与决策，乃至公民与整个共同体之间密切的联系；参与能够为公民享有平等的表达机会创造条件；并可以有效地维护公民个人以及共同体的利益。此后，伯纳德·曼宁和乔舒亚·科恩

---

① 丁煌：《当代西方公共行政理论的新发展——从新公共管理到新公共服务》，《广东行政学院学报》2005 年第 6 期。

② Joseph M. Bessette, *Deliberative Democracy*, *The Majority Principle in Republican Government*, Robert A. Goldwin, William A. Schambra, *How Democratic Is the Constitution*? Washington: American Enterprise Institute, 1980, pp. 102 – 116.

又对民主协商理论进行了新的发展。① 到了 20 世纪 90 年代后期，协商民主理论引起了更多学者的关注。1996 年，詹姆斯·博曼出版了论述协商民主条件的著作《公共协商：多元主义、复杂性与民主》。1998 年，哥伦比亚大学乔·埃尔斯特在《协商民主》一书中提出，作为一种政治决策机制，讨论与协商是对投票的替代。

20 世纪后期，重要的自由理论家和批判理论家哈贝马斯也自认为是协商民主论者。哈贝马斯认为："政治理论的核心远非聚合或过滤各种偏好，政治体系应该根据通过公共讨论和思想碰撞改变偏好而建立起来。因此，输入社会选择机制的信息将不会是原始的、自私的或非理性的、在市场中运行的偏好，而是有知识和其他相关的偏好。任何对聚合机制的需要都将不会存在，因为理性的讨论将倾向于产生意见一致的偏好。当私人的、异质的需要已经在关于公共利益的讨论中得以调整和清理时，那么，唯一决定性的理性愿望就会出现。"② 哈贝马斯"把政治理解为个人之间自由平等协商和集体参与的实践，民主被理解为普遍权利约束下的人民的自我统治"。③ 显然，不同利益群体之间的理性沟通和相互协商具有双重功能。首先，可以避免阶级斗争带来的合法性危机和一系列社会问题；其次，能够避免社会运动带来的社会震荡，所以，协商解决方式很自然就成为哈贝马斯倡导的民主的规范模式之一。在这种模式里，交往的意义和它的普遍原则成为政治学和民主的基本价值取向。协商民主理论的价值取向，对于公共政策制定中的规则混乱、公民参与无序、信息不对称、责任约束机制乏力等一系列的失灵现象，无疑是一种有益的理论参照。

我国学者彭宗超、薛澜等从听政制度入手，通过审视不同国家的议会举行立法听证的模式，比较分析了其立法听证的性质、功能与程

---

① Bernard Manin, "On Legitimacy and Political Deliberation", *Political Theory*, No. 15, 1987, pp. 338 - 368; Joshua Cohen, *Deliberation and Democratic Legitimacy*, Alan Hamllin, Philip Pettit, *The Good Polity*: *Normative Analysis of the State*, Basil Blackwell, 1989, pp. 17 - 34.

② [德] 哈贝马斯：《作为意识形态的科学与技术》，《学林出版社》1999 年第 15 期。

③ [美] 约·埃尔斯特：《市场与论坛：政治理论的三种形态》，《国家行政学院学报》2005 年第 5 期。

序的异同。认为在公共政策制定方面，"立法听政制度具有三项职能：民主性功能；加大信息传播，实现透明立法功能；关注利益协调，促进社会公平功能"。① 立法听政制度的民主性功能的体现是"能够扩大公民参与，推动直接民主。公众通过立法听证会，能够直接或间接参与有切身利益关系的法案的决策过程。立法听证会的举行，特别是'金字塔'形立法听证的举行，能加强公众对政治的参与并能使民选立法代表保持与社会民众之间紧密的联系。这种以'直接民主'制衡所谓'代议制独裁'的做法一直为美国开国思想家如麦迪逊等反复强调，成为美国国会立法听证的基本指导原则之一"。② 立法听政制度具有关注利益协调、促进社会公平的功能，可以在一定程度上使各方利益在立法决策中得到相对公正的反映，并达到比较合理的协调和平衡。利益集团是已发展成型的半政治性组织。在西方，利益集团的利益往往通过议会受到发展中的法律的影响，基于利益驱动，利益集团只能不断地培植自己在议会的代言人。而且在立法过程中，不同利益集团之间的利益往往不一致，它们在立法机关代言人的诉求往往也不会一致。因此，西方的立法听证会，为不同利益集团在立法程序中提供了一个表达利益诉求的公开的平台。立法听政制度具有加大信息传播力度和广度的功能，而且在一定程度上能够保障公众对议会运作的监控权。"立法机关每天所处理的法案与事务很多，一般民众即使关心政治也难以分辨清楚，更不容易明白哪些法案对社会及个人会造成较大的影响。"③ 而立法听证会则"能吸引传媒对法案的注视，让相关事项的重要性对公众透明化，并可鼓励有关政策的辩论"。④ 充分肯定听政制度的功能，既有利于从操作层面引领对于公民参与立法过程的深入思考，也有利于在政策制定层面为进行听政制度的可操作性研究提供某种有益的借鉴。

约翰·克莱顿·托马斯则在《公共决策中的公民参与：公共管理

---

① 彭宗超、薛澜：《国外立法听证制度的比较分析》，《政治学研究》2003 年第 1 期。
② 同上。
③ 同上。
④ 同上。

者的新技能与新策略》一书中构建了一个公民参与的有效决策模型，为公共管理者提供了五种可供选择的决策方式："自主式管理决策、改良的自主管理决策、分散式的公众协商、整体式的公众协商、公共决策。"① 公民参与的有效决策模型，既为公共管理者提供了公共管理的新技能和新策略，也为从事公共管理研究的学者提供了一条研究公民参与的路径。中国在公共政策制定中尤其是在地方政府的政策制定中如何吸纳公民参与，是公共管理者必须面对的重大问题，托马斯的模式在技术层面提出了很好的参考意见。

托夫勒对政治体制进行了深入的思考，指出了公民参与的必要性："现在的政治结构框框中，即使是圣人，天才加英雄来统治，也仍然面临代议制最终的危机。"② 因此，必须通过广泛的协商、平等气氛中的共同参与，来重新确定政治结构的框架。托夫勒强调，民主的扩大，决定于一个社会的决策负担，而沉重的决策负担，必须由较广泛的民主参与来加以解决。所以，根本的做法是不能把精英或专家与公民对立起来，而是进行有效的合作，通过"共同参与民主"的实现，来保证公共政策的民主化及其正当性。

上述基于制度分析视角的研究，其优势在于对于公民参与制度进行的剖析。制度对于公民参与是十分重要的。而且上述研究在制度层面提出了建设性的建议，具有可操作性强的一面，这是难能可贵的。但是，由于其着眼于静态的分析，所以，对于动态的公民参与过程和个体意义上的参与行为缺乏研究。而动态的参与过程和个体意义上的参与行为是公民参与的重要表现形式，因此，制度分析有其天然的不足。

（四）政治文化研究视角

自从 20 世纪 50 年代末阿尔蒙德和维巴从政治文化角度探讨美国、英国、意大利、德国等国的"公民参与"运动的经验教训开始，

---

① ［美］约翰·克莱顿·托马斯：《公共决策中的公民参与：公共管理者的新技能与新策略》，中国人民大学出版社 2005 年版，第 3 页。

② ［美］阿尔温·托夫勒：《第三次浪潮》，生活·读书·新知三联书店 1984 年版，第 26 页。

公民参与的概念被大量引入政治学和公共管理学领域。阿尔蒙德等把政治文化分为"村民型的政治参与文化、臣民型的政治参与文化、参与型的政治参与文化"三种。① 在村民型的政治参与文化中，强调"官"的权威，公民根本没有参与的意识；在臣民型的政治参与文化中，公民虽然开始关心与自身利益相关的政策与法令，但参与只是被动地服从；在参与型的政治文化中，公民把参与当作表达自己利益和要求的重要途径。然而，阿尔蒙德的政治文化分类只是强调了政治性参与，如选举权和被选举权，而公民参与公共政策制定却没有得到应有的重视。目前，一个引人注目的趋势是，"公民参与"的概念不再停留在"公民行使选举权"这样的间接民主的范围内，而是要求进入"公民参与政策制定"这样的直接民主领域。显然，在后一个新领域，阿尔蒙德的观点面临挑战，有待于结合我国政治生活和公共管理的实践进行新的理解和完善。

20世纪80年代以来，以批判新自由主义而闻名的社群主义思潮，受到学术界的广泛关注。社群主义强调公民参与政治生活。程立涛、曾繁敏从社群主义伦理视角对公民参与进行了论述："国家是最重要的社群，公民乃国家社群的成员。如何处理公民与国家的关系是社群主义与自由主义争论的焦点。新自由主义认为，为防止国家侵犯个人权利，干预公民自由，必须在个人生活方式和价值理想的选择中保持中立，尤其要规定国家'不应当'做什么的标准。以这些规定来衡量，公共利益无疑被排除在自由主义视野之外，国家事务与公民个人不具有直接相关性。一些古典自由主义甚至将个人美德排除在国家之外，认为好公民对国家并非必要，良好的制度设计完全可以约束私利追求，阻止对公共利益的侵害。新自由主义对政治生活的冷漠态度，使公民对自己与国家关系的认识发生偏差，一味地热衷于自我选择、自我追求，从而降低了在公共事务上的热忱，人们的冷漠、孤独、烦躁和疏离感增多了，情感失去了现实依托，最终损害公共事业的正常

---

① [美] G. A. 阿尔蒙德、S. 维巴：《公民文化——五国的政治态度和民主》，华夏出版社1989年版，第9页。

发展。对社群主义来说，一定的公民德行是必要的。公民参与政治生活既是个人美德形成的条件，也是公民积极实现自我价值的基本途径。公民美德是教育和培养的结果，只有国家才有能力担负起培育公民美德的责任。"① 社群主义思潮的最大特点在于，不仅指出了公民参与对于公共事务的重要性，也指出了公民参与对于公民个人的重要性。相对于既往的看法，这是颇具新意的一种见解。

中国传统政治文化对于公共政策制定中的公民参与也将产生深刻的影响。李萍对中国传统政治文化如何影响公民社会进行了颇具特色的分析。李萍认为，中国的传统国家不是公民国家，而是宗法制国家。国与家秉承相同的构成原理和行为原则，"国"只是家的扩大，是血缘关系的政治化。虽然从周朝开始，统治者就在政治上提出"敬德保民"的观念，开始出现了对"民"的重视，但这只是在政治观念和道德思想上有了"保民"意识，却没有转化为实际政治制度和社会生活方式的变革性措施，"民"仍然排斥在政治活动之外，表现为不扰民、不伤民的消极、无为方式。以后的历代君王也只是将"民"作为政治合法性的抽象依据，并未在具体制度设计上加以落实，民的权利、财产、人格等都缺乏切实保护。"草民"并不单指"民"的贱，也揭示了"民"的特性——顺其本性，自然而然，自生自灭。历代王朝的君权只达及县，广袤的农村和广大的人口都交由民的自然组织——家、宗族来控制。"国家操纵一切政治权力并掌握主要社会生活的话语权，因此，民间力量的生存空间极度萎缩，甚至经常受到打压和毁灭性摧残。从官员或国家角度上看，公民社会或民间社会都被视为不安定因素而不被接受。尊重人权的价值理念以及建立其上的公民社会在中国传统文化中始终是缺乏的，公民的实际参与以及对政治事务的影响都是极其微弱的，这些都严重限制了中国公民意识的觉醒以及公民社会的兴起，从而难以自下而上地产生限制君权、要求民

---

① 程立涛、曾繁敏：《社群主义与集体主义之比较》，《河北师范大学学报》2005 年第 5 期。

权、主张自治的强有力的自发力量。"① 李萍的观点从中国传统政治文化角度剖析了中国公民社会兴起的艰巨性，这对于公共政策制定与公民参与的互动关系研究是非常可贵的。

公民精神是公民参与的灵魂。任何缺乏公民精神的公民参与都是苍白的。所以，一些学者把研究视角聚焦于公民精神的研究。肖其明和梁莹认为："公共管理中极为倡导的公民精神在我国也明显较为贫乏。中国历史上，臣民文化和官本位文化比较强大，传统文化以忠、孝为最高的道德标准，这种伦理标准足足影响了中国两千年，已经深深渗透到民众的思想深处，因而造成了大批臣民的心理畸形。同时，它也抑制了社会公共空间和公民的主体地位。公民参与意识缺失的一个显著结果就是公民精神孱弱，反过来，它又成为公共行政精神贫瘠的土壤。针对目前我国公共管理中公共行政精神与公民精神普遍缺失的现状，引入话语民主理论的视角，倡导公共管理过程中的对话和协商、美德与公益精神、公民参与意识以及基层官员的参与，可以促进我国政府与公民、政治国家与公民社会在公共管理中的良性互动，由此也进一步促进我国话语民主与善治的实现。"② 肖其明和梁莹从臣民文化的层面分析我国公民精神缺失的原因，这是具有一定道理的，但公民精神缺失并非仅仅由臣民文化所造成，而是由多种原因所造成的。因此，还需要从更宽阔的层面上进行探索。

（五）信息化研究视角

信息技术对于包括公共政策制定领域在内的整个政治学和行政学领域带来的变化是革命性的，所以，不少学者对此投入了高度的关注，也产生了不少具有创新意义的成果。这些成果集中于信息化背景下政府与公民行为的变化、政府行政理念的变化以及电子民主的适用范围等方面。

赖静萍认为："信息技术有利于促生电子民主。电子民主的优势首先是它有利于信息的充分共享，凸显政府的服务职能，从而促进公民利益的实现。其次，电子民主使公民的政治参与更具自由平等性。

---

① 李萍：《论公民社会与和谐社会》，《湖南师范大学社会科学学报》2005 年第 5 期。
② 肖其明、梁莹：《话语民主理论：渊源与发展》，《广西社会科学》2005 年第 8 期。

电子民主所依赖的网络天然地具有自由平等的特性。互联网的出现使人们可以超越时空的障碍，自由地进行政治信息的交流，自由地发表和传播自己的政治观点和见解，提出自己的要求。再次，电子民主更加凸显民主精神，增强公众的政治信赖感和主动参与性。随着政治透明度的增加，政治体系与公众之间将形成良性互动：公民通过各种渠道可以更充分地了解政府和寻求政府服务；也可以向政府表达自己的意见，参与决策，实现自己的政治理想，使集体决策的范围拓展到一切能利用网络终端的公众。不难想象，在电子民主的形式中，每一项议案都会引来大量的电子邮件，每一个政治家都可以借助网络迅速了解大量的意见，而每一项决策的出台都必先经受公众意愿的考量，权力将从代理和政治代表手中转到那些直接参与民主政治过程的普通公民手中。最后，电子民主还有利于加强群众监督，反腐倡廉，增强公众的政治责任感。电子民主推进的政府信息的公开化，有利于杜绝各种'暗箱'操作和幕后交易，使各种罪行败露。政府信息的网络化建设，更便于公众的参与和社会监督。"①

郑曙村在肯定电子民主优势的同时，也列举了其存在的潜在危险，认为："并非人人都认为它对于民主而言是一个福音。在电子民主条件下，'技术不可避免地会受到一小撮政界人士或掌权人物的主宰和控制，使他们能够左右和操纵群众的情绪'；'新的技术只不过促使权力更加集中，因而预示着一种不祥之兆'；'电子计算机化的交流系统肯定会威胁到可能出现的公共所有制和人民大众的言论自由'；'计算机为主的世界将受到某一阶级的统治'；有的人甚至担心出现'电子法西斯主义'。另外，电子民主的适用范围有限。政府网站的选举论坛，的确增强了选民的意见交流。但参与讨论人数的增多及平民化，也容易令讨论的质量下降。因为，众多的意见表达并不一定都能兼具理性和批判性，这将使电子民主的平台所带来的种种好处，最终可能只帮助了那些传统的政治组织或社会监察团体，让它们能更有效

---

① 赖静萍：《电子民主——信息时代民主发展的新形式》，《唯实》2005 年第 5 期。

地运作。"①

汪玉凯则研究了电子政务对政府与公民之间的沟通方式的影响。认为电子政务的发展使网上沟通成为最主要的沟通方式。"电子政务对政府组织沟通方式的影响主要表现在以下两个方面:一是给政府工作人员提供了与更多人交流的机会。传统的面对面交流方式所能接触的人是非常有限的,因为它受到时间和空间的巨大限制。而网上交流却突破了时空的限制,使公务人员的接触面更广,更容易了解实际情况。二是使政府监督方式发生了变化。政务的电子化使政府原有的直接控制与监督虚拟化。"②

郭穗娟认为:"现代信息技术可以被看作有效地实现高水平的政治参与和信息化的政治民主的一种手段,尤其是网络技术,它将是21世纪最重要的民主参与手段和工具,它将把人类带入'电子民主'的新时代,加速人类的民主化进程,但是它也被当作话语霸权输出的工具。信息时代的话语霸权与电子民主相互对立又共生共存。网络确实改变着人们参与公共事务的方式,但是社会知识—权力结构并未发生根本性的改变。由于网络技术是既有知识—权力结构的产物,仅从网络技术本身是推导不出电子民主社会的结论的;在公共参与这一群体行动中,比'民主'的网络和民主的意愿更重要的是参与所需要的知识和能力。电子民主也只是使民主程序更完善而已,离民主的终极目标还很遥远。民主是永远的革命与变革,它不仅仅意味着选举政治的民主化。在反对话语霸权的过程中,人们在重视自己的话语权利保障的同时,却忽略了话语权利的作用。而事实上,如果没有后者,对前者的保障也谈不上。话语权利的保障是要通过话语权力的运作来完成的。所以,在信息时代,话语权应当得到更进一步的阐述和定义,即它不仅体现为说话的权利,同时应当保证拥有一种说话有效的社会环境和机制,这种环境和机制保证每一个个体都能真正平等地接收和传播信息。换言之,它应当包括两个方面的含义:一是在网络中拥有说

---

① 郑曙村:《互联网给民主带来的机遇与挑战》,《政治学研究》2001 年第 2 期。

② 汪玉凯等:《电子政务与现代政府组织模式重构》,《新视野》2004 年第 4 期。

话的权利；二是一定的话语机制和话语环境保证话语表达的效果和力量，这样才称得上是真正的话语权。公众话语权的获得，乃至民主自由的最终实现，绝不能单纯依靠网络的虚拟世界，依靠所谓的'全世界的计算机，联合起来'。还是要从现实社会入手，从现实社会中的权力机制的改变开始。"①

　　上述研究从不同层面和不同角度对公民参与进行了探索，所有这些研究都是有成效的，结论也是具有真知灼见的。如果对研究内容从整体上进行回溯，则既有研究呈现出定性结果多，定量结果少；描述性内容多，严密推理内容少；理论研究多，实证研究少；政治参与研究多，政策参与研究少等特征。从量化角度对我国公共政策制定与公民参与的互动关系进行的讨论在既有研究中尚未见报道。显然，如果拟进行深入研究以寻求理论突破，并对现有的研究视角进行完善，应该转换讨论焦点和研究方法。即从一般意义上对于政治参与的讨论，转换为具体意义上对于政策参与的讨论；从对概念和理论的研究，转换为对于我国公共政策制定实践中亟待解决的现实问题的研究；从规范性研究为主，转换成定量研究为主。为此，在研究方法的选择上，选择严密的定量讨论对于深化研究内容是必不可少的。公共政策分析有自己独特的学科特征和研究方法，定量研究就是其主要研究方法之一。近年来，国内关于公共政策的量化研究有逐渐强化的趋势。在公民参与公共政策制定的行政实践中，还有大量的理论问题和现实问题有待于从量化角度去描述、解释和预测。所以，本书另辟蹊径，从量化视角进行公共政策制定与公民参与的互动关系的实证研究。以期从另一个侧面得到具有量化特征的深层次结论。

三　主要研究概念的界定与阐释

　　为了奠定良好的研究基础，勾勒清晰的研究边界和范围，在主体研究开始之前，需要对本书的主要研究概念进行界定与阐释。

　　（一）公共政策

　　目前，关于公共政策的定义，总体来说，可以分为以下几类：从

---

　　①　郭穗娟：《信息时代的话语霸权与电子民主》，博士学位论文，中国优秀博硕士学位论文全文数据库。

政策制定和执行角度描述的公共政策；从价值分配角度描述的公共政策；从政策形式角度描述的公共政策；从行为准则角度理解的公共政策；从活动过程角度理解的公共政策。

从政策制定和执行角度描述公共政策的学者主要是伍德罗·威尔逊、托马斯·戴伊等。这类定义的内涵突出了公共政策的主体作用，在政策主体层面强调了公共政策的权威性。伍德罗·威尔逊认为："公共政策是由政治家制定的并由行政人员执行的法律和法规。"[①] 托马斯·戴伊认为："凡是政府决定做的或不决定做的事情都是公共政策。"[②]

从价值分配角度描述的公共政策强调了公共政策与公共利益的关系，突出了公共政策的目的性、管理特征及其重要作用。宁骚对公共政策下的定义为："公共政策是公共权力机关经由政治过程所选择和制定的为解决公共问题、达成公共目标、以实现公共利益的方案。"[③]戴维·伊斯顿的定义为："公共政策是对全社会的价值作权威性的分配。"[④] 孙光认为："政策是国家和政党为了实现一定的总目标而确定的行动准则，它表现为对人们的利益进行分配和调节的政治措施和复杂过程。"[⑤] 上述定义强调了公共政策是政治过程的一种输出流，是政府为解决社会发展中的公共问题而实施的管理手段，是从公共利益出发对各种利益关系进行调节的具体管理方案。公共政策是政治过程的衍生物，突出了公共政策对于国家意志的执行作用。

从行为准则角度理解的公共政策强调了公共政策对于人们的行为的约束作用和引导作用。陈振明认为："可以将公共政策界定为：国家（政府）执政党及其他政治团体在特定时期为实现一定的社会政治、经济和文化目标所采取的政治行动或所规定的行为准则，它是一

---

① 张金马：《政策科学导论》，中国人民大学出版社 1992 年版，第 17—20 页。
② 同上。
③ 宁骚：《公共政策》，高等教育出版社 2000 年版，第 109 页。
④ D. Easton, *The Political System*, Kropf, 1953, p. 129.
⑤ 孙光：《政策科学》，浙江教育出版社 1988 年版，第 14 页。

系列谋略、法令、措施、办法、方法、条例等的总称。"① 张金马认为："政策是党和政府用以规范、引导有关机关团体和个人行动的准则或指南。"② 伍启元认为："公共政策是一个政府对公私行动所采取的指引。"③ 这些定义强调公共政策的核心内容是对个人或者组织、团体具有规范引导作用的"行为准则"，公共政策的目的是公共权力部门保证社会或某一区域向着正确的方向进行发展。实际上，从行为准则角度描述的公共政策除强调政策的规范作用之外，还强调了公共政策的价值取向，或者说价值分配功能。

从政策形式角度描述的公共政策，重在描述政策的外在形式及内涵。哈罗德·拉斯维尔等认为："公共政策是一种含有目标、价值和策略的大型计划。"④《云五社会科学大辞典》（政治学）指出："政策是某一团体组织、无论小如社团，大如国家政府，以及国际组织，为欲达到其自身的种种目的时，就若干可能采取的方法中，择一而决定之方法。"⑤ 林金德等认为："政策是管理部门为了使社会或社会中的一个区域向正确的方向发展而提出的法令、措施、条例、计划、方案、规划或项目。"⑥ 这类描述勾勒出的公共政策的外在形式是法令、措施、条例、计划、方案、规划、项目或者方法。公共政策的内涵包括特定的目标、目的、价值取向和策略选择。这是一种把公共政策看作某种内涵的载体，然后再从形式到实质进行具体描述的定义方法。

从活动过程理解的公共政策强调公共政策是一个活动过程。认为公共政策是一个动态的、连续的、与其他有关问题有联系的过程。持有这种观点的学者是安德森和弗里德里希。安德森认为："公共政策是一个有目的的活动过程，而这些活动是由一个或一批行为者，为处

---

①　陈振明：《政策科学——公共政策分析导论》，中国人民大学出版社 2003 年版，第 50 页。

②　张金马：《政策科学导论》，中国人民大学出版社 1992 年版，第 19—20 页。

③　伍启元：《公共政策》，商务印书馆（香港）有限公司 1989 年版，第 1 页。

④　H. D. Lasswel, A. Kaplan, *Power and Society*, N. Y.：McGraw - Hill Book Co.，1963，p. 70.

⑤　王云伍：《云五社会科学大辞典·政治学》，台北商务印书馆 1971 年版，第 68 页。

⑥　林金德等：《政策研究方法论》，延边大学出版社 1989 年版，第 3 页。

理某一问题或有关事物而采取的。公共政策是由政府机关或政府官员制定的政策。"① 弗里德里希认为，政策是"在某一特定环境下，个人、政府或团体有计划的活动过程。提出政策的用意就是利用时机、克服障碍，以实现某个既定的目标，或达到某一既定的目的"。② 这类界定强调了公共政策的过程特征，公共政策是公共权力机关具有明确目标的活动过程，这个过程涉及各种政策资源的有效配置，是一个包括决定、措施、实施等环节的连续过程和动态过程。

笔者认为，公共政策与以政府为主的公共部门的活动联系在一起，在一般情况下，是公共权力机关的基本活动方式或者活动过程，是公共权力机关权力意志的表现，具有较高的权威性，具有必须付诸实施的特征。同时，公共政策又是一种决策过程或者决定过程，是决定决策的一种特殊形态，其目的是解决公共问题，达成公共目标，实现公共利益。为了达到这一目的，公共政策必然要体现出规范或者引导功能，作为一种规范和引导，公共政策的外在表现形式是包括特定目标、目的、价值取向和策略选择在内的方案、计划和措施，最终体现出的是一种权威性的有效分配自然和社会各种稀有资源的价值分配方案。有效配置社会资源的过程决定了公共政策是为解决社会发展问题而进行的一种动态的连续的活动过程。该过程的核心环节是经由政治过程而进行政策方案的初拟、优化和择定。主导这一核心过程的基轴是公共权力机关与公民的关系，是前者能不能聚合公民的愿望、意向和利益，以及可以在多大程度上聚合公民的愿望、意向和利益。公共政策在形式上既可以是积极的，也可以是消极的。积极的政策，包括政府为解决某一特定的问题而公然采取的行动。消极形式的公共政策，包括政府官员就人们要求政府介入某一事物，做出的不采取任何行动、不做任何事情的决定。换句话说，就是政府在总体上或某一特定的范围内遵循一种放任主义或不干涉主义的政策。

---

① ［美］詹姆斯·安德森：《公共决策》，唐亮译，华夏出版社 1990 年版，第 4—5页。

② Carl J. Friedrich, *Man and His Government*, McGeaw - Hill, 1963, p. 79.

　　基于以上分析，本书将建立在宁骚定义的基础上，即"公共政策是公共权力机关经由政治过程所选择和制定的为解决公共问题、达成公共目标、以实现公共利益的方案"。①

　　（二）公共政策的制定阶段

　　公共政策制定是政策科学的核心主题。从流程上看，公共政策制定是确立公共政策议程之后进入问题解决阶段的首要环节。该环节本身又是一个由多环节组成的动态过程。政策制定在许多情况下又称为政策规划。关于政策制定，公共政策学界有两种理解，即广义的政策制定和狭义的政策制定。广义的政策制定是指整个政策过程，相当于政策分析，包括从政策问题确认开始，直到政策评估和政策终结为止，把政策执行、政策评估等环节称为后政策制定阶段。狭义的政策制定是指政策形成或政策规划阶段。该阶段一般包括问题界定、方案抉择以及公共政策合法化过程。陈振明倾向于按照狭义来理解政策制定。② 张国庆对政策制定给出的定义是："政策制定是为了解决某个政策问题而提出的一系列可接受的方案或计划，并进而制定出政策的过程。"③ 宁骚认为："公共政策制定是公共组织特别是政府针对有关重要的公共政策问题，依照一定的程序和原则确定政策目标，拟订、评估和选择有关政策方案并最终择定政策方案的过程。"④ 从以上诸位学者的定义看，内容基本一致，即从狭义方面去理解公共政策制定较为合适。本书也将按照狭义的公共政策制定来展开研究。

　　公共政策制定的主体包括一定政治体制中的执政党、立法机关、行政机关、非政府组织等。现代政治是政党政治。在不同的政治制度下，政党在政策制定中所起的作用是不一样的。我国实行中国共产党领导下的多党合作制度。共产党是执政党。在我国，共产党的政策属于公共政策。立法机关是制定公共政策的主要机构。在西方国家，立法机关大多是议会，并且多数采用两院制。议会制定政策，有的先由

① 宁骚：《公共政策》，高等教育出版社 2000 年版，第 109 页。
② 陈振明：《公共政策分析》，中国人民大学出版社 2003 年版，第 181 页。
③ 张国庆：《公共政策分析》，复旦大学出版社 2004 年版，第 186 页。
④ 宁骚：《公共政策学》，高等教育出版社 2003 年版，第 326 页。

两院通过，然后再提交国家元首或政府首脑审批后取得合法性。有的则先由下院通过，再由上院批准。我国立法机构是各级人民代表大会及其常务委员会。由于我国，人大实行议行合一的原则，因此，人大不仅拥有政策制定权，还有监督、检查行政机关和司法机关工作的权力。人大制定的公共政策具有最高效力。在我国，包括各级地方政府在内的各级政府依据宪法和法律制定公共政策，解决国家事务、社会公共事务以及机关内部事务中的各种公共政策问题。非政府组织也是政策制定的主体之一，因为非政府组织在国家事务和社会公共事务方面也经常提出自己的见解和行动方案，并使之产生或大或小的影响。本书重点讨论我国地方政府公共政策制定过程与公民参与的互动。

政策制定过程是由若干个环节组成的。关于这些环节，大致上有如下几种观点：邓恩认为："从时间角度看，政策制定过程由一系列独立的阶段所组成，这些阶段包括：议程建立、政策形成、政策采纳、政策执行、政策评估等。"① 张国庆认为："邓恩的上述观点应该是广义的。狭义的公共政策制定过程是指从确立政策目标到抉择政策方案的过程。该过程包括四个相互关联又相对独立的阶段或环节：确定政策目标；设计政策方案；评估、论证政策方案；抉择政策方案。"② 陈振明认为，政策制定过程是由政策方案规划阶段和政策合法化阶段组成的。其中，"政策方案规划阶段是对政策问题进行分析研究并提出相应的解决办法或方案的活动过程，包括问题界定、目标确立、方案设计、后果预测、方案抉择五个环节"。"政策合法化则是法定的政策主体为使政策方案获得合法地位而依照法定权限和程序所实施的一系列审查、通过、批准、签署和颁布政策的过程。"③ 陈振明认为，公共政策制定过程应该包括两个阶段，即政策方案规划阶段和政策合法化阶段。如果把政策合法化视为一个环节，则公共政策制定过程应该包括六个环节。这种认识比张国庆的定义多了一个政策合法化

---

① 威廉·邓恩：《公共政策分析导论》，中国人民大学出版社 2003 年版，第 13 页。
② 张国庆：《公共政策分析》，复旦大学出版社 2004 年版，第 186 页。
③ 陈振明：《公共政策分析》，中国人民大学出版社 2003 年版，第 197 页。

环节。

　　本书认为，如果仅仅从政府角度来观察公共政策制定，这些观点是有一定道理的。但是，从公民参与角度来看待公共政策制定，则上述看法就很有局限性。因为在公共政策问题界定之前，还有一个公共政策问题的形成阶段。公共政策问题具有两个特征：其一，问题必须是公共政策能够解决的问题；其二，问题必须是引起权力机关关注并列入政策议程的问题。那么，公民通过系统议程等途径使公共问题进入政府议程并演变为公共政策问题，显然已经体现出了公民参与的特征。而且，在政策实践中，公民参与行为恰恰大量发生在系统议程中，更确切地说，是发生在公共政策问题的形成阶段。所以，从公民参与角度看，公共政策制定应该包括政策问题的形成阶段。这个阶段是政策制定诸环节中最基础的环节，没有这个环节，就没有公共政策问题，也就没有公共政策方案。基于这种认识，本书将公共政策制定阶段从更宽泛的意义上理解为：公共政策问题的形成、公共政策问题界定、确定政策目标、设计政策方案、评估和论证政策方案、抉择政策方案和政策合法化七个环节。

　　（三）公民

　　公民这一概念源远流长，其最初的定义为"雅典城邦或罗马共和国的成员，是一种人类联合的形式"。[①] 此时的公民概念表示"个人在一民族国家中，在特定的平等水平上，具有一定普遍性权利与义务的被动及主动的成员身份"。[②] 虽然这种公民概念和现代社会的公民概念在含义上相去甚远，但是很显然，公民的最初概念就具有在公共领域中扮演一定的角色的含义，所以公民不仅仅是一个身份概念，而是一个政治概念。《不列颠百科全书》认为："公民资格指个人同国家之间的关系，这种关系是，个人应对国家保持忠诚，并因而享有受国

　　① J. C. A. Pocock, *The Ideal of Citizenship Since Classical Times*, in *Theorizing Citizenship*, Ronald Beiner ed., 1995, State University of New York Press, Originally Appeared in Queen's Quarterly, Vol. 99, No. 1（Spring 1992）.

　　② ［美］托马斯·雅诺斯基：《公民与文明社会》，柯雄译，辽宁教育出版社 2000 年版。

家保护的权利。公民资格意味着伴随有责任的自由身份。一国公民具有的某些权利、义务和责任是不赋予或只部分赋予在该国居住的外国人和其他非公民的。一般来说，完全的政治权利，包括选举权和担任公职权，是根据公民资格获得的。公民资格通常应负的责任有忠诚、纳税和服兵役。"① 从上述定义可知，从古希腊的公民到现代社会中的公民，公民的概念不断地被赋予时代特点，而且因国家而异。现代社会中公民的概念具有十分广泛的含义。一般理解为：公民是指具有一个国家的国籍，并根据该国的宪法和法律规定，享有相关权利和承担相应义务的人。《中华人民共和国宪法》第三十五条规定："凡具有中华人民共和国国籍的人都是中华人民共和国公民。"

公民身份除反映出公民首先是基于自然生理规律出生和存在的生命体之外，更重要的是，表征公民个人与国家之间的政治关系。这里包含三层含义。第一，公民以一个国家成员的身份，享有法律上、事实上的广泛自由和权利，参与合法的社会活动，通过各种途径和形式，参与管理国家事务，管理经济和文化事业，管理社会公共事务，并承担对国家的法定义务。第二，在宪法范围内，每个公民在权利义务的分配上是平等的。不论出身、性别、财产、职务等，所有公民身份在法律面前一律平等，任何人或任何群体没有法定的特权。第三，国家的职能是为公民提供保护公民权利的最基本保障，使公民权在法制社会的基本结构中得到保护。国家通过制度和法律设计，保证人民真正作为国家的主人，运用属于自己的公共权力和各项公民权利去维护和实现自己的利益。

公民是一种法权身份。公民的概念体现了法治国家的民主性质和现代化程度。公民身份与公民的政治权利与生俱来。作为一种制度，民主包含的价值取向是具有公民权的公民可以自由行使民主政治体制下的宪法所赋予的全部权利。公民身份表征公民个人与国家之间的政治关系，公民享有的权利最根本的是政治权利。公民个人作为政治行为主体，能够自主地参与公共事务，是公民政治权利的题中应有之

① 《不列颠百科全书》第4卷，中国大百科全书出版社1999年版，第17页。

义。如果一个公民不能按照自己的选择在不违背宪法和法律的条件下自主地参与公共事务，则他仍然没有获得真正意义上的公民身份。公民是否能够享有全部公民权，是一个国家对公民享有国家公权的主体性资质是否认同的标志之一。当公民真正能够行使宪法规定的公民权时，才具有了完整意义上的公民身份，其所在的国家也才是一个真正意义上的现代化法治国家。

（四）公民参与

公民参与概念是在公民概念基础上产生的。关于公民参与的定义，不少学者进行了相当丰富的研究，提出了各自不同的见解。

李图强罗列了常见的几种见解：公民参与是"公民自愿地通过各种合法方式参与政治生活的行为"。"公民参与是指人民通过投票、组党、加入政治的利益集团等活动，用以直接或间接地影响政治之决定的行动。""公民参与是指社会成员在选择统治者，直接或间接地在形成公共政策过程中所分享的那些自愿活动。""参与制定，通过或贯彻公共政策的行动。这一宽泛的定义适用于从事这类行为的任何人，无论他是当选的政治家、政府官员或是普通公民，只要他是在政治制度内以任何方式参与政策的形成过程。"①

亨廷顿认为："政治参与也包括合法的或非法的、使用暴力或和平手段、成功地或不成功地影响政府决策的一切努力。"②

夏立忠对公民参与进行的定义是政治参与。"所谓政治参与，是指普通公民通过各种合法的途径和方式，参与政治过程，直接或间接地对政治体系的构成、运行方式和政策决策施加影响的活动"。③

上述关于公民参与的定义是诸位学者自己的研究心得。虽然各有千秋，但对于本书来说显得过于宽泛，缺乏对于参与领域的界定，有的定义甚至还缺乏对公民参与的合法性的认同。而且，直接对公共政策制定中的公民参与所进行的定义目前还未见报道。在关于公民参与

---

① 转引自李图强《现代公共行政中的公民参与》，经济管理出版社 2004 年版，第 2 页。
② 转引自方江山《非制度政治参与》，人民出版社 2000 年版，第 2 页。
③ 夏立忠：《政治参与的扩大与执政党权威的加强》，《红旗文稿》2003 年第 5 期。

的研究越来越深入的今天，缺乏较强的针对性定义，很难推导出具有较强针对性的研究成果，也很难对于本书的写作提供具有较高参考价值的理念。为了更加确切地研究公共政策制定与公民参与的互动关系，本书对公共政策制定中的公民参与进行如下定义：公共政策制定中的公民参与，是指政府体系外的公民出于各种原因，以合法的行动，通过直接或间接的路径，参与公共政策制定过程所包含的公共政策问题形成、公共政策问题界定、政策目标确立、政策方案设计、政策方案评估与论证、政策方案抉择以及政策合法化等环节中的全部或部分环节，并借以影响社会资源分配的政治行为。

上述定义体现了如下几项与民主政治相关的思想。首先，公共政策制定中的公民参与是以公民对政治体系、政治权威的政治认同为其心理基础的，任何以非法形式或暴力形式影响公共政策制定的行为均缺乏这种认同，因此，不属于本书所研究的公共政策制定中的公民参与。其次，从本质来看，公共政策制定中的公民参与是践行公民资格的行为，表现了公民对于国家的权利、义务和责任关系，是民主政治的产物。在"民可使由之，不可使知之"的封建时代，普通民众极少参与政治过程。所以，公共政策制定中的公民参与也是一个与时俱进的产物，其概念将会随着政治发展而被不断赋予新的内容。再次，公共政策制定中的公民参与体现了主权在民的政治意识，公共政策制定不仅仅是政府体系的专利，公民对于公共政策不仅有服从的义务，而且有参与制定的权利。保证实现公民权利、履行公民义务体现了社会主义民主政治对于公民理念的尊重，是政治文明建设的必由之路。最后，公共政策制定中的公民参与行为主体是政府体系外的普通公民，既不包括已经在政府机构任职或服务的公务员，也不包括政府体系内的政策研究机构中的研究人员。因为这类人员本身就是公共政策制定的主体，制定公共政策是其职业行为，超出了公民参与的范围。

（五）地方政府

从技术层面理解，中央政府和地方政府是对国家权力结构形式的一种划分方法。从政治体制层面理解，中央政府和地方政府均是国家政治制度的重要构成部分。在大多数国家里，公共政策制定过程与公民的日常生活更为息息相关的政府不是中央政府而是地方政府。所以，本书写作之前需要对地方政府的概念进行一个阐释。地方政府的概念及地方政府的隶属关系在不同的国家、不同的历史时期和不同的研究视角下具有不同的内涵和不同的理解。在我国，地方政府的概念有广义和狭义之分。

《国际社会科学百科全书》对地方政府的定义是："地方政府一般可以认为是公众的政府，它有权决定和管理一个较小地区的公众政治，它是地区政府或中央政府的一个分支机构。地方政府在政府体系中是最低一级，中央政府为最高一级，中间部分就是中间政府（如州、地区、省政府等）。"① 按照这个界定，只有最低一级的政府才是地方政府。显然，这个界定不适合中国的情况，也不适合世界上许多国家的情况，很难获得广泛的认同。正如斯蒂芬·贝利所指出的："很难找到一组具体特征指标来定义'纯粹'的地方政府并将其与区域性、省或州政府以及其他次级中央一级的公共机构加以严格的区分。"②

另一种较有影响的定义是对地方政府进行的广义界定。龙朝双等主编的《地方政府学》认为："地方政府指由中央政府依法设置的，治理国家部分地域或部分地域某些社会事务的政府。地方政府通常由地方权力（议决或立法）机关和地方权力执行机关（行政机关）组成，不包括设置在本地域内的地方军事机关和地方司法机关。"③ 这个界定的最大特点是地方政府包括地方权力机关和地方行政机关。即地方政府这一概念是由地方权力机关和地方行政机关所组成的。与此相适应，中央政府也是由最高立法机关和最高行政机关所组成的。这是一个广义的地方政府的概念，从公共政策制定主体的意义上分析，广义的地方政府概念是有一定道理的。但也需要指出，从我国的具体情况来看，地方政府的职能范围仅仅定位于"某些社会事务"是非常笼

---

① 转引自陈嘉陵《各国地方政府比较研究》，武汉大学出版社 1991 年版，第 1 页。

② ［美］斯蒂芬·贝利：《地方政府经济学：理论与实践》，左昌盛等译，北京大学出版社 2006 年版，第 3 页。

③ 龙朝双、谢昕主编：《地方政府学》，中国地质大学出版社 2001 年版，第 7 页。

统的、非常不确切的。地方政府的职能范围应该是依法承担对于所辖区域的国家事务、社会公共事务以及机关内部事务的管理权。广义的地方政府概念在我国虽然也有应用，但应用不多，在西方不少国家应用较为普遍。其原因正如张立荣教授所分析的："英美法系国家大都实行权力合一体制，立法与行政分权不明显。因此，英美法系国家的'地方政府'为广义用语。"①

对于地方政府还有一种狭义的界定，较有代表性的是《辞海》的定义："地方政府是中央政府的对称。设置于地方各级行政区域内负责行政工作的国家机关。"这个界定可以认为是对于地方政府的狭义的界定。就我国情况来说，这种界定比较符合我国的实际情况。因为虽然我国近年来行政立法的现象比较突出，但从总体上观察，立法权与行政权的区分还是比较清晰的，立法机关和行政机关的区别也是比较明显的。正因为如此，这种狭义的地方政府的界定在行政学的意义上获得了我国许多学者的认同。

但是，从公共政策制定主体的层面来理解，本书不能单纯地采用狭义的地方政府界定。因为"在现代，地方政府单位是由地方立法（议决）机关和地方行政（执行）机关组成的整体"。② 各级国家权力机关是公共政策的主要制定主体之一。许多带有根本性的公共政策或法律规定（也是公共政策）恰恰来自地方权力机关。而且从我国的政治制度来看，地方权力机关也是公民参与公共政策制定最为频繁的机构。如果仅仅从狭义的地方政府层面研究公共政策制定中的公民参与，则意味着把最大的公民参与公共政策制定的机构体系即地方权力机关排除在外，这样的研究将是很不完善的，将影响对我国公共政策制定与公民参与状况的总体判断。另外，本书将进行公共政策制定与公民参与的中外比较，如果采用狭义的地方政府概念，则无法与国外进行比较。因此，本书主要采用广义的地方政府概念进行研究。如果有需要使用狭义地方政府概念的地方，本书将予

① 张立荣：《中外行政制度比较》，商务印书馆 2005 年版，第 173 页。
② 徐勇、高秉雄：《地方政府学》，高等教育出版社 2005 年版，第 5 页。

以特别说明。

为了更加全面地讨论问题，本书从广义上对地方政府界定如下：地方政府是中央政府的对称。指设置于地方各级行政区域内，由地方权力机关和地方权力执行机关构成的，依法承担对于所辖区域的国家事务、社会公共事务以及机关内部事务管理权的公共机关。

四　研究方法、路径及框架

在公共政策分析的研究中，定性分析侧重于回答"是什么"的问题，定量分析侧重于回答"程度如何"的问题。对于公共政策的研究来说，缺乏定量研究，只有定性研究，则对于"程度如何"的描述就是难以把握的；反之，缺乏定性研究，只有定量研究，则对于"是什么"的回答将不会是完善的。因此，本书在研究方法上首先注意定性研究与定量研究相结合。为了保持研究视角的独特性以及研究结果能够向深层次发掘，本书在定性研究满足本书要求的前提下，将以量化研究为主。用量化的思维和方法贯穿研究的主要阶段，用翔实的数据关系推导出科学的结论。

实证研究是解决现实问题的较好研究方法之一。相对于"坐而论道"式的研究，实证研究因其与实践问题的紧密结合而受到了许多学者和政府部门的青睐。缺乏实证研究，容易出现理论与实践相脱节。但实证研究也有其缺点，如对于实践问题的描述不一定能够做到十分精确等。但正如后行为主义研究方法所指出的那样，"模糊胜过不相干的精确"。规范性研究是基于原有的理论和概念再推论出新的理论和概念的研究方法，在当下我国的公共政策研究中，占有较为重要的地位。所以，本书在写作中注意规范性研究与实证研究相结合。鉴于公共政策分析是一门应用性很强的学科，所以，在规范性研究满足本书要求的前提下，以实证研究为主。

从学科的发展趋势来看，近年来，案例分析在公共政策研究中得到了比以前更为广泛的应用。案例分析又称为案例研究，是一种专注于分析单个事物在一定环境中可能发生的各种变化及其动因的研究方法。案例分析虽然属于实证研究，但宁骚认为："案例分析是经验研究的一种特殊形式。它的基本特点是在自然的环境中开展对有关对象的研究。比较适合应用在仍处于探索性阶段的那些问题。"① 所以，本书将案例分析作为重要的研究方法单列对待。文献分析也是公共政策研究中应用较多的一种研究方法。由公共政策学的创始人拉斯韦尔首创的内容分析即建立在文献分析的基础上。蕴含在各种文献中的数据、个案对于公共政策的量化研究弥足珍贵。案例分析和文献分析能够在不同的侧面表达公共政策制定中公民参与的固有机理，因此，本书将案例分析与文献分析相结合，以案例分析为主。

对于本书的写作，一个最基本的认识前提是：在地方政府的公共政策实践中，公共政策方案的公共性、科学性等可以设立一定的、与实际相吻合的数量指标进行量化评价；公民参与的意识、程度、途径、模式以及公民参与公共政策制定的效果等也可以设立一定的、与实际相吻合的数量指标进行量化评价。正是基于这种认识，本书将沿如下路径展开讨论。首先，在笔者已有的理论和实证研究基础上，进一步开展实地调查、问卷调查、文献分析，收集和完善有关资料与数据。其次，结合公共政策学的有关原理和包括公共选择理论、公共治理理论在内的最新的公共管理的理论成果，运用概率论、正态分布、多元线性回归、χ^2 检验、动态规划、马尔柯夫分析等手段，对各种文献和数据进行分析处理，寻找数据中蕴含的相关关系和公共政策制定与公民参与的深层次规律，对公共政策制定与公民参与之间的互动关系进行理论抽象，凸显我国地方政府公共政策制定中公民参与的薄弱环节和存在的主要问题。最后，在上述研究的基础上，为有关部门的公共决策科学化和民主化提出有益的政策建议，初步概括出当前我国公共政策制定过程中加强公民参与的比较现实的制度安排和更加有效的、科学的、合理的途径、形式与方法。本书的研究流程概括如图 1 所示。

---

① 宁骚：《公共政策案例精选》，高等教育出版社 2006 年版，第 1 页。

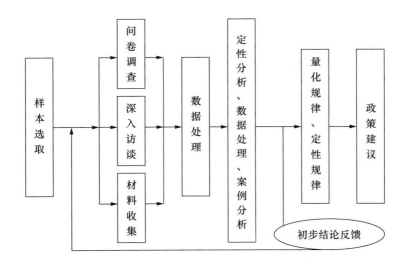

图 1　本书的研究流程

　　在研究流程的各个阶段，本书始终贯穿了"量度"的思想。量度在英文里用"measurement"表示。其原意是对某种不能直接测量、观察或表现的东西进行测量或指示的手段。在公共政策研究中，有大量的政策现象不能够直接测量，本书采用许多间接的手段和方法来进行测量，以便于获得准确的量化结果。

　　本书的具体研究内容分为五个部分。

　　第一，相关研究梳理及主要概念阐释。主要对已有的关于公共政策制定中公民参与研究或者相关研究进行梳理，寻找研究的空白点或不足之处，以针对这些空白点或不足之处展开本书具有个性特征的研究。同时，为了研究便利起见，也对主要概念进行阐释，以构建清晰的研究范围和所用概念的逻辑体系。

　　第二，公共政策制定与公民参与研究的背景及其功能研究。本模块从理论背景和现实需求两个方面阐述开展公共政策制定与公民参与研究的必要性及意义，以及公共政策制定中公民参与的功能阐释，为后续各模块的研究提供价值取向方面的参照。

　　第三，公共政策制定中公民参与的基本认知。本书界定的公共政策制定中公民参与的基本认知主要包括两个方面，即我国公民对于公共政策制定过程的关注度和公民参与公共政策制定过程的动机。公共政策制定中公民参与的基本认知对于公民参与行为将产生深刻影响。为了研究公民的参与行为，必须先行研究基本认知。

第四，公民参与公共政策制定的宏观形态研究。宏观形态研究主要是指对于公民参与政策制定的信息获取、参与频次、参与类型等方面的研究，这些研究能够对参与过程进行宏观特征的描述。通过这些研究，能够进一步发现微观过程的不足，从实践层面更好地认识公共政策制定中的公民参与，了解参与实践中存在的问题，对于公民参与政策制定的整体研究具有十分重要的意义。

第五，公民参与公共政策制定的微观形态研究。所谓微观形态研究，是对公民在公共政策制定中的参与方法、参与途径和参与绩效等更接近实质性操作过程的参与形态的研究。随着我国民主政治的发展，公民在公共政策制定中的参与方法、参与途径和参与绩效等都发生了很大的变化。无论在深度上还是在广度上，公民参与公共政策制定的水平都有很大程度的提高，参与方法、参与途径等所起的作用日益显著。由于参与方法、参与途径和参与绩效能够反映公民参与公共政策制定的实质过程和深层次特征，而且更加具体和细化，所以，本书称其为公民参与公共政策制定的微观形态。

从第二部分开始，本书对于公民参与公共政策制定中存在的问题除进行分析和解释之外，还适度地给出了对策性政策建议。由于这种政策建议属于思路型的，所以，本书将其称为"进路"。

本书主要研究内容之间的逻辑关系概括如图2所示。

五 研究范围、使用材料及创新

本书的研究范围从地域和政府体系两个纬度加以规定。从地域纬度上，本书以全国除港澳台地区之外的所有省（市、自治区）为研究范围，但以中部六个省区为研究的重点地区。之所以这样选择，主要是考虑到中部地区承东启西、南北兼容，经济、文化、政治诸状况在全国具有一定的代表性。在政策制定主体层级纬度上，以省、市、县、乡四级广义地方政府的政策制定过程为主要研究对象。至于相关非政府组织的政策制定过程，其制定的公共政策对于公民具有一定的

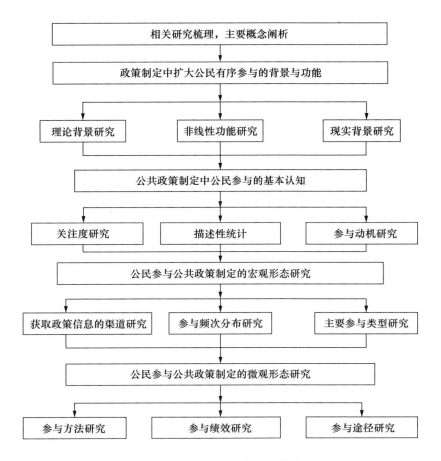

图 2　主要研究内容之间的逻辑关系

约束作用和资源分配功能，对于一个地方的长治久安具有一定的影响，所以，本书也适当对其进行研究。但因其不属政府政策制定的序列，不作为本书的研究重点。另外，由于中国地域辽阔和人口众多的原因，公民参与政策制定的过程是以参与地方政府的政策制定为主，而不是以参与中央政府的政策制定为主。所以，本书的研究对象主要是指公民对于地方政府公共政策制定过程的参与。但是，作为单一制国家，中央政府的公共政策不可能与地方政府的公共政策完全割裂。公民参与地方政府的公共政策制定，也不可能同参与中央政府的公共政策制定过程完全割裂，因此，本书以研究公民参与地方政府的公共政策制定过程为主，但也适当研究公民对于中央政府政策制定过程的参与。

本书所使用的材料主要包括以下三个方面。

（1）国家已经发布的公共政策制定中有关公民参与的文件、法规等，国外的有关文献，国内公共政策制定中公民参与的有关报道和政府部门的档案记载等。

（2）实地调研与案例收集的材料，主要是本书在广西、河南、湖北、浙江、江西等地对公共政策制定与公民参与的典型案例进行实地调查、访谈的结果。这对于在第一手资料层面上形成研究思路、分析公共政策制定与公民参与的互动中存在的主要问题，并提出进一步发展和完善的对策极有帮助。由于本部分材料内容比较庞杂，本书采取相同观点合并使用的方法。

（3）本书在全国除港澳台地区外的31个省（市、自治区）所做的问卷调查。

本书的创新意图是：从近年来的研究趋势来看，目前对该问题的研究隐隐出现了发展节奏变慢、难以向纵深推进的迹象。主要表现在：首先是研究者之间互相借鉴的现象多，真正有所创新的观点和理论少。新意常常源于研究方法的革新和发展。互相借鉴的现象多，说明在该问题的讨论中存在研究方法方面的困惑。其次是研究成果中"公说公有理，婆说婆有理"的现象层出不穷。这与定性结论多、定量结论少不无关系。最后是宏观描述多，微观分析少。这与微观分析方法尤其是量化分析比较匮乏息息相关。为了增强对公共政策制定中公民参与问题研究的科学性、规范性和可靠性，本书从研究方法创新入手，在量化层面对我国地方政府公共政策制定中的公民参与问题展开讨论。目的在于从纷繁复杂的公共政策现象中抽象出能够准确地反映政策规律的数学模型，并通过对数学模型的进一步研究，获得其他研究尚未涉足的、经由数学方法推导而来的、能够经得起实践检验的结论。

第一章　政策制定中扩大公民有序
参与的背景与功能

民主既是当代政治发展的潮流，也是国家现代化的重要标志。中国共产党人在总结历史经验教训的基础上深刻认识到："人民民主是社会主义的生命。发展社会主义民主政治是我们党始终不渝的奋斗目标。"① 追求民主政治，已成为现代社会的共同理念和人类进步的基本共识。公共政策制定中的公民参与，既是民主政治的一种重要实践形式，也是民主理念的重要组成部分。当代民主政治最主要的体现方式就是公共政策制定中的公民参与。公共政策制定中的公民参与在现代民主政治中占有举足轻重的地位，公民参与的深度和广度是评判一个国家民主程度的重要标准。公共政策制定中的公民参与同民主的这种关系，决定了公共政策制定中的公民参与也和民主一样，具有深刻的理论背景和现实背景。为了更深入地研究公共政策制定中的公民参与，应该对其理论背景和现实背景进行深刻的剖析。

第一节　扩大公民有序参与公共政策
制定的理论背景

扩大公共政策制定中公民有序参与的理论背景由多种理论构成。本书主要讨论影响较大的人民主权思想、公共选择理论、治理理论等。讨

---

① 胡锦涛：《高举中国特色社会主义伟大旗帜　为夺取全面建设小康社会新胜利而奋斗——在中国共产党第十七次全国代表大上的报告》，《人民日报》2007 年 10 月 15 日。

论的重点将放在这三种理论与公共政策制定中公民参与的关系上。

一 人民主权思想与公共政策制定中的公民参与

公共政策制定中的公民参与是一种公共决策权力公共化的体现。公共决策权力公共化的一个初始理论渊源就是"主权在民"的思想。所谓的主权在民的思想及其实践，最早起源于雅典民主时期。自公元前462年伯里克利时代的改革之后，雅典政体在渐进中实现了以"主权在民"为特征的民主政体。这种政体的价值取向突出表现为"主权属于多数"和"个人自由"。这种民主制所体现出来的不是口头上对民意的尊重，而是实践中对民意的服从。民族国家形成以后，在反封建的过程中，作为"古希腊的民主理念在现代的延伸"[①]，又逐渐出现了以卢梭为代表的"人民主权"理论。人民主权的基本含义是"人民的统治"，表现为公民通过自己选举的代表或通过直接创制与复决等方式，制定或修改法律，选择和监督政府。人民主权理论认为，一个民主的政府必须把权力完全交给这个国家的全体公民，然后再由全体公民把权力赋予一个组织，即民选的政府。国家最高权力掌握在人民手中，全体人民具有平等的参与政治决策过程的权利。政府的权力建立在人民同意的基础之上。在当时的时代背景下，这种思想有诸多的可贵之处，但最可贵的是，获取政治权力的合法性渠道是直接获得民意认可，政治权力行使的唯一合法性依据就是民意。

虽然国家之间的政治制度不同，经济发展模式不同，对人民主权思想的理解也不尽一致，但在现代文明国家，人民主权思想却是一种普遍的政治原则。"人民主权原则无一例外地载明于现代各国宪法，成为现代宪法的订立目的和基本原则，得到了宪法规范或直接或间接或具体的承认和表达，成为宪政制度构建的根本价值取向之一。人民主权的实现内在地赋予了宪法生命，是宪法产生的基本根据，是宪法发展的基本内容。"[②] 法国宪法规定："国家主权属于人民，人民通过

---

① ［意大利］萨尔沃·马斯泰罗内:《欧洲民主史》，黄华光译，社会科学文献出版社1998年版，第9页。

② 谢敏贤:《人民主权原则及其制度模式》，《资料通讯》2006年第7—8期。

自己的代表和依赖公民投票来行使国家主权。"俄罗斯宪法规定:"俄罗斯联邦的多民族人民是俄罗斯联邦主权的拥有者和权力的唯一源泉。"古巴宪法规定:"古巴共和国的一切权力属于劳动人民。"《中华人民共和国宪法》第二条规定:"中华人民共和国的一切权力属于人民。"这些政治原则的意义在于其充分肯定了公共政策制定中公民参与的正当性,同时也为公共政策制定中公民参与的可行性提供了法理前提。公民参与公共政策制定是人民主权思想的题中应有之义。现代文明国家中的政策制定过程,始终受到人民主权思想的影响。政策制定首先是一种政治过程,而不仅仅是一种单纯的技术方法或路线。诚如休斯所说:"公共政策是一个过程,政治方面的考虑高于所有其他方面。"① 这种政治方面的考虑,基于公民参与政策制定对于微观、中观和宏观三个层面的政治秩序所带来的影响。微观层面如公共政策合法性的获得和丧失,中观层面如民主制度的维护和破坏,宏观层面如国家政治的发展和稳定等。

哈耶克指出:"民主决策的权威性,立基于它是由一共同体的多数做出的,而此一共同体之所以得以组成,则由于大多数成员所持有的某些信念所致。"② 当公共政策没有表达大多数公民的共同信念时,公共政策就缺乏权威性,其合法性也一定不会是充分的,公共政策的可行性也将是不充分的。本杰明·巴伯认为:"民主不限于选举国家领导人、选举民意代表等内容,而是要参与到行政决策和政府管理之中,'强势民主'要以扩大人民对政治的直接参与为核心。"③ 作为一种与众不同的当代西方民主理论流派,"强势民主"的理念是对自由主义民主理论进行深刻分析和全面反思的成果,是对人民主权思想的一种发展。这种思想强调,公民如果没有参与到行政决策和政府管理之中,民主就不是强势的。科恩则直接将民主定义在公民参与的基础

---

① ［澳大利亚］欧文·E. 休斯:《公共管理导论》,中国人民大学出版社 2001 年版,第 170 页。

② ［奥地利］哈耶克:《自由秩序原理》,生活·读书·新知三联书店 2001 年版,第 130 页。

③ 转引自陶文昭《西方国家的民主参与和民主行政》,《学习时报》2003 年第 210 期。

上："民主是一种社会管理体制，在该体制中社会成员大体上能直接或间接地参与或可以参与影响全体成员的决策。"① 当公共决策的主体是公共权力机关时，公共决策就是公共政策。如果公共政策制定没有公民参与，作为一种社会管理体制的民主就缺乏内涵。所以，公共政策合法性的获得、民主是否"强势"，甚至民主体制是否存在，取决于政策制定过程是否体现了人民主权思想。

人民主权思想是在近代资产阶级革命过程中，作为资产阶级反对封建专制的理论武器而出现的。其实质在于抨击封建君主个人所拥有至高无上的专断权力，认为君主主权的封建国家是一切邪恶和非正义的具体体现。这种理论强调，法律面前，人人平等，强调国家是拥有平等权利的所有人的国家。实现从专制国家向民主国家的过渡，必须由人民主权的民主国家形式所取代。人民主权思想从理论上彻底撼动了封建君主王权的基础。其核心思想在于重新认定"主权"的归属及其限度，在于重新认定"君"和"民"的关系。而在我国长达几千年的封建社会的历史上，主权意味着君王的统治权。"主权在天"，即君王的权力来自"天命"。君权是一种无限的主权，以君权为代表的政治权力可以不受任何制约。这种政治传统在辛亥革命以前从来没有被撼动过。虽然古代中国的不少政治家、思想家也对"君"和"民"的关系有过一定程度的思考。如孔子的"民者，君之本也"；② 孟子的"民为贵，社稷次之，君为轻"；③《泰誓》中说的"天视自我民视，天听自我民听"；④ 荀子的"君舟民水"；⑤《尚书·五子之歌》的"民为邦本，本固邦宁"⑥ 等，都反映了一种朴素的"民本思想"。但这些中国传统政治理念中的"民本思想"，都只是一种停留在理论层面的理想化的君民关系，并没有从制度设计层面对君主的权力进行

---

① ［美］科恩：《论民主》，商务印书馆 1988 年版，第 10 页。
② 《春秋·穀梁传·桓公十四年》。
③ 《孟子·尽心下》。
④ 《泰誓》。
⑤ 《荀子·君道》。
⑥ 《尚书·五子之歌》。

限制和触动，更没有在政治实践层面加以认真的探索和践行。这无疑是中国政治现代化的局限性因素之一，也是中国现代公共政策制定中公民参与的发展进程的影响因素之一。

　　在人人平等的基础上，由共同体的所有成员缔结社会契约而建立全体人民共同拥有主权的民主政治，是人民主权理论倡导的重要内容之一。中国的民主是社会主义民主，中国的社会主义民主同样以人民主权为最高原则。人民是国家的主人，是所有公共权力的唯一合法来源。人民只有拥有主权，才能谈得上当家做主。国家的稳定和发展需要完善的政治制度作保障，也需要强大的经济实力为基础，更需要大多数公民在公共政策制定中的积极参与来保持公共管理的生机和活力。也正是基于这些原因，中国的社会主义民主制度必然产生出以公民权利平等为基础、以自由参与为基础、以多数人意志为基础的公共政策制定的方法和形式，即形式各异的行之有效的公共政策制定中的公民参与。只有真正在公共政策制定中充分实行直接或间接的公民参与，人民主权的思想才能得到真正的实现。如果公共政策制定中的公民参与缺乏规范性甚至流于形式，人民主权的思想将在民主政治的微观层面失去践行的空间和基础。也需要指出，卢梭所主张的民主制度，是公民个体直接参与政治决策的制度安排，这种思想的最大局限是只能适合于小国寡民状态。很难适用于人口众多的泱泱大国。除了适用范围有限外，直接参与的另外一个弊端是，"参与的强度——真实性和有效性——参与的数量成反比"。① "随着参与者数量规模的增大，公民直接参与的有效性将大大降低。"② 所以，真正实现人民主权思想，其基本实现形式应该包括直接民主和间接民主。同理，公共政策制定中的公民参与，既可以是直接参与，也可以是间接参与。两者兼而有之，根据不同的国情有所侧重，应该是一种比较现实的参与模式。践行人民主权理论，不能仅仅强调直接参与，更不能不顾参与效

---

　　① ［美］萨托利：《民主新论》，冯克利等译，东方出版社1997年版，第121页。

　　② 王锡锌：《公众参与和行政过程———一个理念和制度分析的框架》，中国民主法制出版社2007年版，第4页。

果，仅强调参与数量的增多。

二 公共选择理论与公共政策制定中的公民参与

传统经济学认为，一个完全竞争的市场制度能自动使社会资源有效达到最优配置。但到了 20 世纪 30 年代，由于西方市场经济的萧条给社会所带来的种种问题，使人们对市场经济制度和传统经济学产生了怀疑。于是，人们开始寻找新的理论来试图解决经济社会的各种问题。在这种情况下，福利经济学和凯恩斯经济学应运而生。福利经济学和凯恩斯经济学为国家干预经济提供了理论基础，以美国为代表的西方主要国家在这种理论的指导下逐渐加强了政府对经济市场的干预。但是，随着政府对市场干预的增强，政府干预的局限性和缺陷也日益显露出来。主要表现在：经济滞胀现象严重，财政赤字与日俱增，官僚主义盛行，社会福利计划失败，失业人数日渐增多，甚至纳税人所缴纳的税金也被利益集团大量中饱私囊。在政府强力干预条件下出现的这些问题显然与政治层面的集体决策有关，但遗憾的是，当时的主流经济学家的注意力仍集中于对市场层面的解释，很少有人关注政治层面的政策制定。在这种情况下，必然需要建立一种新的理论来解释和分析已经日渐重要的政治层面的政策制定，同时弥补凯恩斯主义下政府干预的局限，并用相应的政治制度来完善市场交易的不足。布坎南、阿罗、萨缪尔森等的公共选择理论，正是为了满足上述需要而创立的，其主要理论价值在于能够回答当时的西方国家如何克服政府干预的局限，走出经济滞胀的困境等问题。20 世纪 50 年代，"以凯恩斯主义为代表的国家干预主义思潮，曾以'市场失败论'论证了国家干预的必要性，对传统的自由放任主义经济学说做了否定；现在，作为新自由主义流派代表的公共选择学派，又以'政府失败论'否定了国家干预的合理性，对国家干预主义作了否定之否定"。①公共选择理论从它创立伊始，就带有鲜明的显学特征，对原有的国家干预主义下的公共政策制定模式提出了明确的挑战。

---

① 翟为民：《公共选择理论对我国政府改革的启示》，《党政干部学刊》2007 年第 3 期。

产生于 20 世纪中期的公共选择理论虽然属于经济学范畴，却采用新古典经济学的基本假设分析由不同个体组成的集体的政治决策过程。其目的是要阐明根据个人偏好形成社会决策机制或程序的选择问题。缪勒指出："可以把公共选择定义为是对非市场决策的经济学研究，或者简单地定义为经济学运用于政治科学的分析。"① 陈振明则把其称为"政治与经济的整合研究"。② 公共选择理论的两个基本要素是交易理论和经济人假设。按照公共选择理论中交易理论的逻辑，政治制度就像市场制度；选举制度就像交易制度，投票者就像消费者；选票就像是货币；压力集团就像政治消费者协会；政党就是企业家；政治宣传就是商业广告；政府机构就是公共公司。由于政治制度与市场制度有很多相似性，经济学的许多原理可以用来分析政治决策行为。按照公共选择理论中经济人假设的逻辑，市场中的经济行为者有着共同的自利本性。不仅在市场中存在理性自利者行为，而且"在别的非市场行为背景下也将采取类似的行为"。③ 政治和经济领域的基本行为单位都是独立的个人，无论是私人活动还是集体活动，无论是以个人身份还是官员身份，也无论是市场过程还是政治过程，个人的本性都是一样的，最基本的行为动机都是追求个人利益的最大化。为此，在做出个人决策时，要经过仔细的计算和分析。根据对公共选择理论的两个基本要素的考察，可以认为，公共选择理论的宗旨是要从经济人假设出发，把政治制度中的人类行为和经济制度中的人类行为纳入同一分析轨道，从而弥补传统经济学把政治制度置于经济分析之外的理论缺陷。正是由于上述原因，导致了公共选择理论对非市场决策或公共政策制定具有其独特的分析思路。缪勒把这种分析思路概括为："（1）做出与一般经济学相同的行为假设；（2）通常把偏好显示

---

① ［美］缪勒：《公共选择理论》，杨春学等译，中国社会科学出版社 1999 年版，第 4 页。

② 陈振明：《政治与经济的整合研究——公共选择理论的方法论及其启示》，《厦门大学学报》（哲学社会科学版）2003 年第 2 期。

③ J. Buchanan, R. Tollison eds. , *Theory of Public Choice*, University of Michigan Press, 1972, p. 22.

过程描述为类似于市场；（3）提出与传统价格理论相似的问题。"①
而澳大利亚学者休·史卓顿和莱昂内尔·奥查德则认为，公共选择理
论对非市场决策的分析思路是："大多数公共选择理论都依赖于如下
四个假设：（1）个人的物质自利足以激发经济行为；（2）使用古典
经济理论足以理解这些经济行为；（3）同样，个人物质自利足以激发
多数政治行为；（4）使用同样的新古典经济理论也能足以理解这些政
治行为。"②

公民参与公共政策制定，与公共选择理论具有一定的理论联系。

首先，公共选择理论在制度保障方面指出了公民参与公共政策制
定的必要性。公共政策制定是一种政治过程，如果按照公共选择理论
的理解，把公共政策制定过程视为市场过程的话，公共权力机关和公
民之间一定存在契约交换关系，一切活动都以公共权力机关或个人的
成本收益分析为基础。公共权力机关和公民都是具有理性的交换行为
的主体之一，都有自利性的一面。由于公民或选民以个人成本收益计
算为基础，当众多公民由于各种原因参与公共政策制定的收益少于成
本支付时，往往会放弃参与政策制定。这就产生了另外一个问题，即
在欠缺有关公民偏好的有效信息的情况下，如果社会监督体制不完
善，那么就将使政治家和政府官僚扩大其权力的天性暴露无遗，他们
将会极力扩大政府支出计划的重要性而尽量低估其成本。于是，公共
权力机关就会代表特殊利益集团的利益，进而产生种种由于资源配置
不均衡所带来的各种社会问题，公共政策也将因此而失去其应有的公
共性。所以，公共选择理论认为，现代社会所面临的重重困难，不是
由于市场制度的破产，而是由于政治制度的缺陷。即现代社会面临的
主要挑战不是来自市场制度，而是来自政治制度。这里，实际上在制
度保障方面指出了公民参与的必要性。即为了避免政治制度的失败和
保持公共政策的公共性，公共政策制定过程在制度上必须具有公民参

---

① ［美］缪勒：《公共选择理论》，杨春学等译，中国社会科学出版社1999年版，第6
页。

② ［澳］休·史卓顿、莱昂内尔·奥查德：《公共物品、公共企业和公共选择》，经济
科学出版社2000年版，第151页。

与的程序。从而通过公共选择——既不是公共权力机关单方面选择，也不是公民单方面选择——来整合多种利益主体的利益，以求得各方面利益平衡和实现社会的稳定发展。

其次，公共选择理论在制度保障方面指出了公民参与公共政策制定的必然性。传统政治学理论认为，政治家和官僚自然是为了公众利益而工作，政府失败并非是经常性的而且可以由政府自身加以纠正。而公共选择理论则打破了传统政治学理论的这一幻想，承认政府是一个有自身利益的实体，认为政府失败是可能发生的。产生政府失败的外部原因是缺乏一种约束机制来制约政府的决策方式。丁煌指出："如果约束机制不能提供一种良性压力，以确保任何人处于某一特权地位时无法过多地牟取私利，那么再高尚的执政官也不能保证公共利益不被他或他的后继者有意或无意地损害。"[1] 虽然大部分政府计划都与提供公共物品有关，而纯粹的公共物品毕竟是少数，在缺乏约束机制时，更多的政府计划提供的是准公共物品，或者是有利于社会中某些团体的物品或服务。一个理性的人没法寻求特定利益——补贴、特权或者保障，就会联合那些共同需要的人，自行组织起来，通过各种形式向政府部门施压。而"要从根本上限制国家干预的无限扩大就必须进行一场制度结构改革，建立起一个能够有效地制约政府行为的政治决策体系"。[2] 正是在这个意义上说，"不应该把增加社会福利与保证人人平等的权利随便交给某一特权机构或阶层，然后再虔诚地等待特权机构或阶层的恩赐。理性的做法应该是使这些特权机构或特权人物受制于某一硬约束机制并且由公民真正地而非形式地掌握该约束机制的最终决策权"。[3] 政府失败论是公共选择学派最重要的结论之一，也是公共选择理论的核心要点之一。公共选择理论关于政府失败的观

---

[1]　丁煌：《公共选择理论的政策失败论及其对我国政府管理的启示》，《南京社会科学》2000 年第 3 期。

[2]　翟为民：《公共选择理论对我国政府改革的启示》，《党政干部学刊》2007 年第 3 期，第 31 页。

[3]　丁煌：《公共选择理论的政策失败论及其对我国政府管理的启示》，《南京社会科学》2000 年第 3 期。

点，导出了公民参与公共政策制定的必然性和合理性。这就是说，即便公民没有参与公共政策制定，在失衡的资源分配面前，公民也会主动地依靠群体的力量参与公共政策制定以维护自己的利益。人是生而平等的，公民参与公共政策制定是必然的。挽救政府失败的外部措施是建立一种约束机制来制约政府的决策方式。这种约束机制就是在政策制定中引入公民参与，并使公民掌握该约束机制的最终决策权，将政府失败降低到最低限度。

三　治理理论与公共政策制定中的公民参与

治理理论是近年来影响广泛的一种新的治道变革理论。更少的统治、更多的治理已成为当前一些发达国家治道变革和发展的目标。市场失效和政府失效是治理理论兴起的主要原因。爆发于 20 世纪二三十年代的世界性经济危机，宣告了自由放任的市场经济的破产，人们在对自由放任的市场经济的反思中，清醒地认识到了严酷的"市场失效"：因市场缺陷而引起的资源配置的无效率。20 世纪后期，在对政府的公共政策制定能力和执行能力进行判断经历了许多次失望之后，"人们最终达成的共识是，政府不能出台我们所希望实施的公共政策。犯罪现象，毒品泛滥，大批无家可归之人，高额的税负，城市公立学校校风日下以及高层官员的腐败等问题的出现表明政府失效的现象比比皆是"。[①] 人们在对政府运作模式的深刻观察中，又逐渐认识到了政府失效：因政府运行机制缺陷而引起的资源配置的无效率。在这样的社会历史背景之下，打破传统理论界限，构建新的国家与社会关系分析范式，寻求超越政府与市场的对立、兼顾发展与正义、效率与公平的治道变革势在必行。治理正是这一新的国家与社会关系分析范式中的核心内容。正如俞可平所说："西方的政治学家和管理学家之所以提出治理概念，主张用治理代替统治，是他们在社会资源的配置中既看到了市场的失效，又看到了政府的失效。"[②] 当前，治理已经成为西

---

① ［美］史蒂文·科恩、威廉·埃米克：《新有效公共管理者》，中国人民大学出版社 2001 年版。

② 俞可平：《治理和善治引论》，《马克思主义与现实》1999 年第 5 期。

方主要发达国家行政改革的主流理念。其超越传统的以政府为中心的研究框架，"主张从一种更为灵活的互动视角，从政府、市场、企业、公民、社会的多维度、多层面上观察思考问题"①，是西方国家新的社会管理方式之一。

关于治理的含义，治理理论创始人之一詹姆斯·Z. 罗西瑙将其界定为："治理，指的是导引社会体系实现目标的机制，一个非常适合理解世界上旧有边界日渐模糊、新身份司空见惯、政治思考面向全球的概念。可以肯定，强调治理很可能就是大家所接受的理解世界事务的新主观意识间本体论的首要标志。"② 联合国全球治理委员会则把治理定义为："治理是个人和公共或私人机构管理其公共事物的诸多方式的总和。它是使相互冲突的或不同的利益得以调和并且采取联合行动的持续的过程。它既包括有权迫使人们服从的正式制度和规则，也包括人民和机构同意的或以为符合其利益的各种非正式的制度安排。"③ 该委员会还认为，治理"有四个特征：治理不是一整套规则，也不是一种活动，而是一个过程；治理过程的基础不是控制，而是协调；治理既涉及公共部门，也包括私人部门；治理不是一种正式的制度而是持续的互动"。④ 虽然不同的定义在形式上具有不同的表现和侧重，但目前公认的一个观点是，治理理论的逻辑体系包括经济人假设、公民参与、自组织治理、强势民主、顾客导向、市场化政府等组成部分。显然，从根本上看，治理理论的宗旨是以顾客为导向，倡导重新确定社会管理的公共责任机制，并通过平等的多方参与模式和共同协商的解决方式提供公共服务与公共产品以实现公共利益。也正是基于此，治理理论对于公共政策制定中的公民参与具有十分重要的意义，因此，厘清治理理论的主要思想及其与公共政策制定中公民参与的关系十分必要。

---

① 景玉勤等：《治理理论的新进展及启示》，《山西师范大学学报》2007 年第 3 期。

② 俞可平：《全球化：全球治理》，社会科学文献出版社 2003 年版，第 64 页。

③ 俞可平：《治理和善治引论》，《马克思主义与现实》1999 年第 5 期。

④ Commission on Global Governance, *Our Global Neighbourhood*, Oxford University Press, 1995, p. 38.

治理理论的突出特点之一是鼓励政策制定中的公民参与。其主要倡导者之一哈姆（Ham）指出："官员在面临行政资源有限的情况下，总是比较习惯采用'控制'手段来解决问题，而非坚持公共服务理念的落实，也很少采取鼓励公民参与的形式，长期看来，反孕生许多行政问题。因此，应尽量增加公民个人与行政人员之间的直接接触和互动机会，使基层行政人员了解公民的意愿倾向，并引导和鼓励公民参与基层公共决策的制定和对公共决策执行的监督。"①罗伯特（Robert）等也认为："公务员的首要职责是帮助公民清楚明白地表达并实现他们的共同的利益，而不是试图控制或者掌握社会。新公共服务是建立在与公民对话的基础上。应当从我们能够提供或不能够提供某种服务转为'让我们一起判断下一步将要做什么，然后使它实现吧'。"② 显然，在为公共政策问题寻求解决方案的过程中，治理强调一种国家与社会之间、公共部门和私人部门之间在界限和责任方面的模糊性，强调国家应该把原先独自承担的责任转移给公民社会，明确了国家对社会的依赖关系，强调国家与社会的合作。认为治理是在一个平面上各个治理主体平行互动的过程，而不是上下互动的管理过程。因此，提倡公民与基层行政组织的互动，提倡公民与公务员进行广泛的合作。主张增加公共政策形成过程中利益相关者的参与度。在形式上，鼓励公民以个体或集体的形式更加广泛地参与公共政策制定；在公共政策制定中，通过平行的公民参与，增加公共政策的回应性和公共性，使公共部门的服务和效率达到最佳。

治理理论进一步肯定了公民参与公共政策制定的地位及其合法性。在鼓励公民参与政策制定的同时，治理理论对传统的政府权威提出了挑战，认为政府并不是唯一的权力中心。倡导治理理论的另一位学者巴伯（Barber）等则从另一个角度指出："政府的无能表现在三个方面，即行政机构的瘫痪、公共事务的私有化及民众对政府的疏离

---

① Ham C. Hill, *The Process in the Modern*, *Capitaliat*, Wheat Sheat, 1984, p. 86.

② Robert B. Denhardt, Janet Vinzant, "The New Public Service: Serving Rather Than Steering", *Public Admini Stration Review*, No. 6, 2000, pp. 549 – 559.

和冷漠。如欲解决政府无能和自由民主主义所产生的危机，宜将'强势民主'建立在公民参与和公民义务上，而非只是建立在个人良好品德和利他主义之上。公民与基层行政组织互动就是在公民自愿组织的原则下通过公民的参与和监督使公共行政的服务和效率达到最佳。"[①]从公共政策制定的语境来看，巴伯的观点实质上是说，由于政府失败使然，不应该把公共政策制定的主体仅仅局限于政府。公共政策制定主体可以来自政府，但又不局限于政府，也可以是社会公共机构和其他行为者。只要其行使的权力得到公众的认可，都可以成为社会公共事务的治理主体和权力中心。治理无须依靠国家的强制力量来实现。治理虽然需要权威，但这个权威并非一定是政府拥有。治理机制的权力向度是多元的、相互的。所拥有的权威是合作网络的权威。换言之，治理是以公共利益为目标的社会各方参与合作的管理过程。在治理过程中，政府和公民各自的地位和关系都发生了根本的变化。对政府而言，治理过程是从管制到合作的变化；对公共政策制定过程的主体而言，是从有限主体到无限主体的变化；对非政府组织和公民而言，在治理过程中的作用是从单纯服从到参与和服从并重的变化。治理理论的这种认识，在逻辑上充分肯定了公民参与公共政策制定的合法性。

治理理论在结构功能上明确肯定了公民参与的不可或缺性。按照阿尔蒙德结构功能主义的观点，政治系统是由相互作用的政治结构组成的，各政治结构又由各种相互关联、相互作用的角色组成。缺乏某一结构功能，政治系统将不能正常运行。治理理论认为："在涉及集体行为的各个社会公共机构之间存在权力依赖。所谓权力依赖，是指致力于集体行为的组织必须依靠其他组织。为达到目的，各个组织必须交换资源、谈判共同的目标，交换的结果不仅取决于各参与者的资源，而且也取决于游戏规则以及进行交换的环境。"[②] 治理理论的这些

---

① Benjamin R. Barber, B. Strong, *Democracy: Participatory Politics for a Now Age*, Berkeley, The University of California Press, 1984, p. 73.

② 龙献忠等：《治理理论：起因、学术渊源与内涵分析》，《云南师范大学学报》（哲学社会科学版）2007 年第 4 期。

见解，恰恰与阿尔蒙德结构功能主义的观点不谋而合，充分肯定了非政府公共组织在政策制定中的结构上的不可或缺性。其与政府共同承担的功能，属于结构功能主义所界定的过程功能，即将政治要求与政治支持转化成权威性政策的功能，包括利益表达、利益聚集、政策制定、政策执行等。其中，政策制定和政策执行是非政府组织和政府在政治过程中所承担的关键功能。治理理论的另一位代表人物彼德斯描述了参与式政府的模式。① 其主要特点是：强调发展第三部门来解决社会问题，在运作机制上强调民主和集体性，更加关注国家与社会的关系以及公民参与。由于第三部门与政府的合作有助于克服以政府为中心理念所带来的国家失效，所以，参与式政府模式既是对传统官僚体制中层级节制的否定，更是在结构功能主义的视角下对公民参与的刻意强化和肯定。同时治理理论认为，参与者最终形成一个自主的网络，这一自主的网络在某一特定的领域中拥有自主制定公共政策的权威，从而有助于解决那些"个人行为无法解决，但是由遥远的国家调节或间接的政治民主程序也不容易解决"②的问题，达到为政府分担处理公共事务的责任之目的。这也在实践功能上充分肯定了公民参与的不可或缺性。

第二节　扩大公民有序参与公共政策制定的现实背景

政府职能转变、经济全球化、市场经济发展、公民文化程度提高以及信息技术发展等要素构成了扩大公民有序参与公共政策制定的主要现实背景。近年来，政府职能转变拓展了公民参与政策制定的现实空间；经济全球化为公民参与政策制定提供了新的组织基础；市场经

---

① ［美］B. 盖伊·彼德斯：《政府未来的治理模式》，中国人民大学出版社2001年版，第78页。

② Jan W. Van Ddeh, *Social Capital and European Democracy*, Routledge, 1999, p. 90.

济发展增强了公民参与政策制定的权利意识；公民文化程度提高影响了
公民对于政策制定的关注度和参与政策制定的能力；信息技术发展提供
了公民参与政策制定的便捷互动条件。以下对上述要素展开详细讨论。

一　政府职能转变拓展了公民参与政策制定的现实空间

经济过程与政治过程从来都是互动的。政治过程的改革将对经济
过程产生巨大影响，同样，经济过程的变革也会对政治过程产生巨大
影响。改革开放之后，我国社会主义市场经济的发展带来了政府职能
和政府管理方式的深刻转变。只有适应这个转变，正确处理好政府与
市场的关系，合理而有效地发挥政府的经济职能，才可能避免政府失
败。所以，30 多年来，我国政府职能转变和政府管理方式的转变重点
放在政府职能的重新定位和市场价值的理性回归上。在计划经济体制
下形成的单向国家与社会的控制格局，被市场经济体制下的多元治理
格局所取代。现代化的政府必须是有限政府、服务政府、透明政府、
法治政府、诚信政府、责任政府。政府改革的基本目标是减政放权，
重构一个更加高效能的政府体系和再造一个更加透明的政府流程。为
此，政府让渡出自己原来无所不能、无所不包的、本来就不属于政府
承担的部分职能，逐渐向现代化政府转变。1982 年至今，改革开放后
共进行了五次政府机构改革，每次改革的目标都是围绕上述工作重点
确定的。1982 年的改革是提高政府工作效率，实行干部年轻化；
1988 年的改革是转变政府职能；1993 年的改革是适应建设社会主义
市场经济的需要；1998 年的改革是消除政企不分的组织基础；2003
年的改革是建设行为规范、运转协调、公正透明、廉洁高效的政府。
从 1982 年以来，我国政府机构数量变化趋势上也可以清晰地看出政
府职能缩减趋势（见图 1－1）。

近年来，政府职能转变有加速的趋势。公务员法的颁布，优化行
政审批程序的行政许可法的施行，作为服务型政府试验区的上海浦东
新区的划定，以及批准设立成都市、重庆市、武汉城市圈、长株潭城
市群等全国统筹城乡综合配套改革试验区等，正是近年来中国政府职
能转变加速的重要表现。在一个高速发展的政府职能转变过程中，政
府没有能力也不可能提供社会所需的所有公共物品，这意味着应该由

社会承接政府退出的服务职能，并根据市场经济运行的内在要求满足社会所需的公共物品的需求。在这种趋势下，开始了我国第三部门的蓬勃发展时期。仅杭州市的行业协会，就由 2000 年的 196 个发展到 2005 年的 406 个（见图 1－2）。

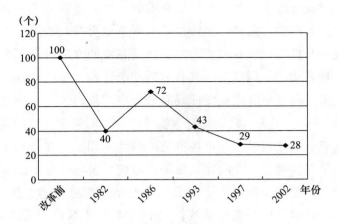

图 1－1 1982 年以来国务院工作部门数量变化趋势

资料来源：宋世明：《改革开放以来的政府机构改革》，《学习时报》2008 年 1 月 19 日；邵萍英：《中国政府机构改革的历史回顾及基本经验》，《池州师专学报》2005 年第 6 期。

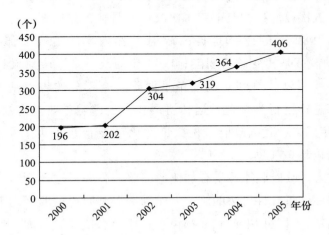

图 1－2 杭州市行业协会数量变化趋势

资料来源：杭州市行业协会的改革和发展课题组：《杭州市行业协会的改革和发展研究》，《中共杭州市委党校学报》2007 年第 2 期。

如果说杭州市行业协会的发展是我国第三部门发展的缩影，那么将图1-1和图1-2相比，完全可以清楚地得出这样一个结论：近年来，我国政府部门的数量与第三部门的数量之间存在此消彼长的关系。换言之，我国的第三部门是从国家与社会关系的重构中发展起来的，旨在承接大量由政府改革转移出来的职能，是公共政策制定过程中不可或缺的重要的公民参与的组织形式。且随着政府职能转变的深入，在数量上仍将继续增长。在参与公共政策制定中的作用和影响也将继续扩展。从职能发挥情况来看，第三部门在公共政策制定过程中主要发挥着协调、沟通、服务、维权、行业自律等作用，并通过这些作用，达到其表达公民诉求、规范社会秩序、协同政府职能转变、促进维护经济社会和谐发展的目的。由计划经济向市场经济发展的过程，也正是政府不断向市场和社会两个向度的放权、让权过程。政府的归位为第三部门的兴起建立了空间，政府让渡出来的部分职能由市场和第三部门承接下来，无疑为公民参与公共政策制定开辟了更大的现实空间。

二　经济全球化为公民参与政策制定提供了新的组织基础

经济发展的推动首先是经济全球化的直接作用。经济全球化主要是指由于生产要素在全球范围内广泛流动而实现资源最佳配置的过程。虽然经济全球化属于经济领域的理念，但其所起的作用绝不局限于经济领域，其对民族国家的社会体系、政治结构尤其是政策制定中的公民参与状况带来了巨大的冲击和变革。任何国家和地区，无论其历史如何、社会制度如何，也不论其意识形态如何，闭关自守状态下的生存与发展都会走向衰落，只有顺应经济全球化的潮流，才能在不断扩大与世界的交往中自立于世界民族之林，不断地走向发展与进步。经济全球化过程中，为了使劳力、技术、资本、商品、服务以及信息等生产要素的跨国流动更为广泛，达到在世界范围内实现资源的最佳配置的目的，必然要超越国家范围进行各种经济活动，由此产生诸多新的管理问题和与之相应的跨国管理领域。在跨越国界的全球化社会生活和经济生活里，国家权力在许多领域是无能为力的。越来越多的问题既不能在国家层面处理，也不能由国与国政府之间的协商来解决。为了解决这些问题，填补跨国管理领域的管理真空，一些带有国际性特征的跨国经济组织、跨国社会组织等新的管理主体纷纷产生。"近几十年来，在全球范围和大多数功能领域内，国际和跨国交往迅猛发展，它们包含的国际和跨国互相依赖空前增长。这个根本性事态的最突出的效应之一（也是其最突出的成因和动力之一），就在于非国家行为体急剧增多及其作用显著增大。"①

"经济领域在全球范围内的无结构复杂性的增加，必然引发在不同空间层次上通过实行自组织协调来重建某种结构和秩序的努力，对治理的需求应运而生。"② 非政府社会组织、跨国经济组织、志愿组织及各种专业团体等新的非国家行为体（治理主体）在多极化世界里，参与由于经济全球化而带来的政治、经济秩序的重新建构。"国家的一些权力向跨国公司、金融集团和跨国组织转移。传统的国家观在全球化中需要调整和转型。全球化中的国家权力一方面具有深厚的存在依据，另一方面也要在权力的范围和行使方式上受到限制。"③ 全球化促成了跨国事务中新型的公共政策制定机制和协调机制。在涉及跨国事务的公共政策制定中，参与者与政策制定者呈现多元化态势，既包括主权国家的政府机构，也包括各种非国家行为体。"大量非国家行为体和所有国家各自在各功能领域的存在和活动，连同它们互相间纵横交错、形式繁多的合作、抵触和冲突，形成一个远比过去时代更广泛和丰富的世界政治构造，即当代全球'复杂聚合体系'。"④ 跨国经济组织、非政府社会组织、志愿组织及各种专业团体作为独立于政府之外的治理主体，在公共政策制定过程中代表一定的利益主体，提出相应的利益诉求，体现自己的治理作用，为扩大公共政策制定中的公民参与带来了新的需求和新的组织基础。

1648 年，《威斯特伐利亚和约》第一次确立了国家主权原则。虽

---

① 时殷弘：《全球性交往、互相依赖和非国家行为体》，《欧洲》2001 年第 5 期。
② 吴家庆、王毅：《中国与西方治理理论之比较》，《湖南师范大学社会科学学报》2007 年第 2 期。
③ 陶文昭：《全球化中国家权力的走向》，《北京行政学院学报》2004 年第 5 期。
④ 同上。

然在过去的三个多世纪中，国家主权原则从来就没有获得过绝对的、至高无上的地位，也从来就没有得到过严格的、文明礼貌的尊重，但国家主权原则却仍然是世界上绝大多数国家的不懈追求。在经济全球化的今天，超国家因素的出现，对传统的国家主权构成了威胁。非国家行为主体在公共政策制定中的参与使民主不仅仅存在于民族国家的层次上。"现在已涌现出一个国际政治社会，这个国际政治社会不再像 1648 年的《威斯特伐里亚和约》签订以来那样，仅仅由国家与国家的关系构成。作为国际社会的行为者，民族国家仍旧保留其关键作用。然而，除此之外，今后还应该考虑个人和网络式的结构性组织的作用。"① 例如，世界贸易组织就是一种具有法制结构的体制，其对国际贸易冲突的管理作用也表现出国际司法机构的某些特征。世界贸易组织对国际贸易的约束，避免了由强者的法律来决定纷争结果的不平等现象。所以，有一种观点认为："世界贸易组织成为未来国际民主化的一个重要成分。它体现了民主政体的宪法主义因素——多数也没有一切权力，应该尊重规章制度。"② 加入世界贸易组织，无疑对政府公共政策的制定会产生深刻的影响。"传统的公共政策制定的一些方式方法很难继续维系，而必须作相应的调整和改革。"③ 尽管如此，政策制定中跨国的非国家行为体的参与行为毕竟不属于局限在民族国家层次内的一般意义上的公民参与。但由于其对传统的国家主权原则所带来的挑战是十分严峻的，所以，对国家利益所带来的风险也是不容忽视的。现代意义上的公民参与，以维护国家主权和长治久安为前提。这就决定了跨国的非国家行为体的参与范围和效果是非常有限的。因为任何一个现代化的主权国家在积极推进经济全球化、加快民主政治建设的同时，都要坚持主权优先，维护国家主权独立，不容许别国干涉本国的政治独立与经济安全。在实现国家利益最大化的前提下，才适度考虑跨国的非国家行为体的政策诉求，将国家权

---

① 陈露：《全球化条件下的世界组织模式》，《国外理论动态》2000 年第 7 期。
② 同上。
③ 汪玉凯：《中国政府信息化与电子政务》，《新视野》2002 年第 2 期。

力根据民族国家利益的需要在保留和限制之间做出选择。

三 市场经济发展增强了公民参与政策制定的权利意识

　　基于公民概念所产生的公民意识是一种符合现代社会法治理念的公民精神状态。从公共政策的语境来看，公民意识既包括公民在政策制定中的权利意识、规则意识，也包括公民在政策制定中的责任意识和参与意识。公民意识是公民个人对自己作为政治人地位的认识和态度。公民意识是一种世界观，它表征出公民对待个人与国家、个人与社会、个人与他人之间关系的道德观念、价值取向、行为规范等。公民参与行为离不开参与意识的驱动。所谓参与意识，就是公民对公共政策制定过程自发产生的一种介入心理，反映了公民对政策制定过程的价值判断和理性追求。公民意识能够强化公民的独立人格和主体意识，并内化为在深层次上影响公民参与政策制定效果的参与意识。一个具有健全公民意识的公民，将自觉遵从宪法和法律，把公民应该具备的权利意识、规则意识、责任意识进行适度的排列和组合，积极参与公共事务的处理和公共政策的制定。所以，公民意识对于公民参与公共政策制定具有相当大的影响。公民意识直接表明了公民精神文明的程度，对民主政治建设有着重大的促进作用。在我国，要积极扩大公共政策制定中有序的公民参与，建构一个成熟的、理性的公民社会，形成先进的公民文化，必须以大力培育公民的主体意识、权利意识和责任意识为先导。

　　与现代政治有着根本性区别的是，中国古代封建社会所推行的是私人专制政治。这种私人专制政治对于现代中国公民意识的培养具有十分不利的影响。在我国长达数千年的封建历史上，君主、诸侯、各级官僚和普通民众构成一个等级分明的差序结构。在绝对权力控制下的中国民众，没有享受权利的自由，无力主导自己的命运，甚至也没有个体意义上的人格意识和权利观念。天子是上天之子，代天行令，因而具有至高无上的权威。普通民众对君主应该唯命是从，忠孝为最高道德准则。这种臣民意识在以义务本位为特征的封建政治文化传统中随处可见。"民可使由之，不可使知之。"① "天地之参也，万物之总也，民之父母也。无君子则天地不理，礼义无统。"② "天子作民父母，以为天下王。"③ "天下之事，无大小皆决于上。"④ "宰相，陛下之腹心，刺史、县令，陛下之手足，未有无腹心手足而能独理者也。"⑤ "普天之下，莫非王土；率土之滨，莫非王臣。"⑥ "非礼勿视、非礼勿听、非礼勿言、非礼勿动。"⑦ 封建政治文化所渲染的，是君主天然的具有垄断国家资源的绝对权力，所有的政治、经济资源诸如财富、地位、身份、名望等必须由君主按照自己的需要进行配置。"在权威主义取向中，意志和创造的权力是权威的特权。他的臣民常常是服务于他之目的的手段，是他的财产。"⑧ 在政治决策中，民众对君主只能顶礼膜拜，循规蹈矩，不得对政治决策提出任何质疑和参与。在这种封建文化熏陶下养成的臣民意识，使人们在心理上、经济上乃至社会生活的许多方面都表现出对权威的崇尚和依附，以至于影响到当代公民的主体意识、权利意识以及公共精神的培养，是制约公民意识提高的主要历史原因。

　　作为文明古国，古希腊在商品经济基础上彻底打破了原始的家族关系，在商品的流通与交换中产生了个人权利观念，并使商品经济中的个人权利转变为政治上的公民权利，从而产生并培养了公民的主体意识和民主精神，使公民能够"通过政治的互动作用来表达和交流他们对善的理解"。⑨ 改革开放以来，随着社会主义市场经济的发展，我国公民的权利意识和参与意识也发生了深刻的变化。市场经济讲究产权明晰，市场经济体制的构建过程，也是社会利益关系不断调整的过

---

① 《论语·第八章·泰伯篇》。
② 《荀子·王制》。
③ 《尚书·洪范》。
④ 《史记》卷六。
⑤ 《资治通鉴》卷二〇三（垂拱元年）。
⑥ 《孟子》。
⑦ 《论语·颜渊》。
⑧ ［美］弗洛姆：《为自己的人》，生活·读书·新知三联书店 1988 年版，第 144 页。
⑨ ［美］戴维·赫尔德：《民主的模式》，中央编译出版社 1998 年版，第 21 页。

程。在给公民普遍带来利益的同时，市场经济也造成了公民之间的利益差距，在对利益差距的思考中，公民深刻地理解了权利意识。从这个意义上说，市场经济的发展增强了公民的权利意识。以温州剃须刀行业申请外观专利增长情况为例，1992 年其外观专利仅仅申请 1 件，但随着市场经济的发展，申请数量逐年增多，2004 年其外观专利就申请了 25 件（见图 1 - 3）。申请外观专利，是公民对知识产权的一种保护，申请数量的增多，从一个侧面反映了公民的权利意识因市场经济深入发展而增强的现实。

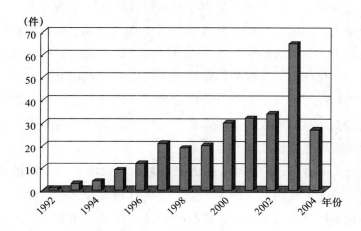

图 1 - 3 温州剃须刀行业申请外观专利增长情况

资料来源：赵坤：《行业协会在产业集群知识产权保护中的作用——基于温州剃须刀行业的个案研究》，《甘肃行政学院学报》2007 年第 1 期。

虽然公民在市场范畴的权利意识和在民主范畴的权利意识并不是同一个概念，但一个最基本的事实是：在利益层面两者不可能截然分开。无论在市场领域还是在民主范畴，个体意义上的公民对于权利的理解、尊重和需要都是一致的。在民主政治制度下，不可能出现由衷地对市场范畴权利的尊重而对民主范畴权利的漠视这种不对称的情况。公民在市场范畴的权利意识的增强，也一定意味着在民主范畴的权利意识的增强。市场和民主从来就是一枚硬币的两面。经济发展和民主进程从来都是互相联系的。以权利意识和参与意识为先声的公民社会，"就是经济领域中市场和政治领域中民主的社会学意义上的对应物"。① 诚如中国消费者协会负责人所说："过去 10 个人受害，1 个人投诉。现在 10 个人受害，3 个人投诉。消协的活动，促进了中国民主建设和法制建设。"② 公民的权利意识是参与意识的先导，参与意识的基础首先是权利意识，缺乏权利意识，很难造就参与意识。权利意识的增强，必然带来参与意识的增强。从这一点上理解，市场经济也同样造就了公民参与政策制定的意识。市场经济是一种经济自由运行的市场机制，其运行的前提是公民个人的平等参与，它体现出丰富的平等协商、自由沟通精神。市场主体之间的平等协商和自由沟通精神，有利于依附型的臣民文化向民主参与型的公民文化转变，是公民参与的基本保障之一。改革开放以来，随着社会主义市场经济的日益成熟、我国传统的国家与个人关系模式也处于急剧变革之中，个人独立因素与社会力量不断增长。社会主义市场经济所带来的平等协商和自由沟通精神有利于维护公民的主体性，使大量的公民个人成为市场经济支持下的社会主体，奠定了公民参与的身份基础，也造就了公民参与所必须具备的民主理念。

四　公民文化程度提高影响了公民对政策制定的关注度

公民的文化程度是一个影响公民参与公共政策制定过程的重要参数。其影响面涉及公民对于公共政策制定过程的关注度的大小、参与意识的高低、政策诉求的表达、参与技能的掌握、对于公民权利与义务关系的理解和公民责任的履行等。客观地说，公民文化程度对于公民参与政策制定的全过程都具有内在的制约性，尤其对于公民参与政策制定的能力和效果将产生明显影响。列宁认为："文盲是站在政治之外，必须先教他们识字。不识字就不可能有政治，不识字只能有流

---

① ［法］让·马克·夸克：《合法性与政治》，佟心平等译，中央编译出版社 2002 年版。

② 赵晓霞：《二十年维权风雨历程——访中国消费者协会副秘书长武高汉》，《中国质量与品牌》2004 年第 3 期。

言蜚语、谎言偏见，没有政治。"① 列宁甚至为当年苏联因为公民文化程度有限而缺乏广泛的公民参加国家管理的现象而遗憾："只有当全体居民都参加管理工作时，才能彻底进行反官僚主义的斗争，才能完成战胜官僚主义。……但是直到今天我们没有达到使劳动群众能够参加管理的地步，因为除了法律，还要有文化水平。"② 积极推动社会改革，倡言民主政治理想的近代美国教育思想家杜威甚至认为，教育和民主的关系在某些情况下是一种"同义语"的关系。"有时'民主'一词具有狭隘的政治意义；有时广义地理解为经验的开放性；有时是教育本身的同义语。"③ 而英国哲学家伯特兰·罗素则指出："一国的人中间，如果大多数没有知识，对于整个社会是有害的；……一个国家如果有许多人不识字就不可能有现代式的民主。"④ 显而易见，教育不仅是建构民主政治、推动社会进步的基本方法，也是公共政策制定中公民参与的基础性条件之一。没有公民文化程度的提高，就没有公民参与政策制定的全面素质的提高，也不会有广泛的公民参与公共政策的制定过程，更不会有民主政治的现代化。

改革开放以来，我国公民的文化程度尤其是接受高等教育的程度得到了极大的提高。仅就高等教育而言，如果说 1998 年以前实行的是精英教育，那么 1998 年高校扩招之后，我国高等教育发生了深刻的转变，无论在数量还是在质量方面都得到了长足的发展，实现了从精英教育向大众教育的转化。扩招之后，我国高等学校在校生人数逐年增长，从 1998 年的 340.87 万人，增长到 2006 年的 1738 万人，使我国公民接受高等教育的规模发生了前所未有的变化（见图 1 - 4）。

公民文化程度的提高，对扩大公民有序参与公共政策制定的需求起到了极大的促进作用，同时也对现有的公民参与公共政策制定状况提出了前所未有的新的要求。这种新的促进和要求表现在诸多方面，但其最突出的表现在以下两个方面：

---

① 《列宁全集》第 42 卷，人民出版社 1987 年版，第 200 页。
② 《列宁全集》第 29 卷，人民出版社 1956 年版，第 156 页。
③ ［美］杜威：《民主主义与教育》，人民教育出版社 2001 年版，第 381 页。
④ ［英］伯兰特·罗素：《社会改造原理》，上海人民出版社 1987 年版，第 37 页。

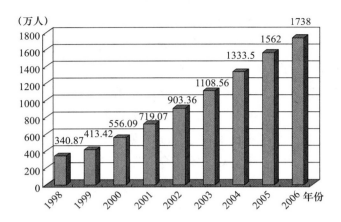

图 1 - 4　1998—2006 年我国普通高等学校在校生人数增长情况

资料来源：1998—2006 年教育统计数据，参见中华人民共和国政府网。

（一）文化程度的提高改变了公民参与政策制定的精神状态

民主意识是公民意识的重要组成部分。提高民主意识是我国社会主义制度长期以来不懈追求的政治目标。扩大公民有序参与公共政策制定必须以民主意识提高为前提，而民主意识的提高又与公民文化程度的提高息息相关。教育能够潜移默化地改造公民的生存方式、思维方式和价值观念，催发公民的主体意识和参与政策制定的意识。逐年增多的接受高层次教育的公民，在遵循着新的人生准则和价值理念重塑自我的同时，也从认知、价值等层面重新审察和思考政策制定中的公民参与问题。教育不仅为社会物质财富的创造开辟了巨大的上升空间，而且能够将公民的素质和能力提升到更高的层次。公民文化程度越高，就越能增强公民意识，理解民主价值，推崇民主精神，推动民主政治的发展。公民的文化层次越低，民主的认知能力就越差。没有一定的文化程度，就不可能有较强的政治理论修养、政策分析能力和民意表达水平。文化程度与民主意识具有内在的关联性。正如阿尔蒙德和鲍威尔所说："受到良好教育的人具有更多的政治意识。"[①] 民主

————————————

① ［美］阿尔蒙德·G. 鲍威尔：《比较政治学》，上海译文出版社 1987 年版，第 139 页。

意识的增强，意味着公民参与政策制定的动力的增强。

公民的文化程度是公民参与政策制定的效能感的重要来源之一。公民文化程度的提高，增进了公民参与公共政策制定的效能感。知识存量越多，参与公共政策制定的信心就越充分；知识存量越少，参与公共政策制定的信心就越缺乏。亨廷顿等认为："一个人受教育程度越高，他参与政治的可能性就更大，对政治问题的态度更坚定，也更有思想性。"① 另一位著名的政治学家罗伯特·A. 达尔认为："如果你觉得你的知识太有限了，不能有所作为，你就不会介入政治。似乎在每个国家中，有很多的人都觉得他们对政治不甚了了。他们中的一些人完全避开政治是不足为奇的。"② 毫无疑问，我国公民文化程度的提高，进一步坚定了公民参与公共政策制定的信心，增强了公民参与公共政策制定的需求，进一步改变了公民参与政策制定的精神状态，尤其是改变了公民的民主意识和公民参与政策制定的效能感。

（二）文化程度的提高改变了公民对于政策制定过程的关注度

最近的研究表明，我国公民的学历与公民对于公共政策制定过程的关注度之间存在高度的正相关关系。这种正相关关系可以用如下公式来表示：③

关注度 = 0.0542 × 文化程度的序号 + 0.585

$R^2 = 0.9058$

上述公式可以理解为：公民的文化程度从"高中以下"为起点向上，依次为"高中或中专""本科或专科""硕士"直至"博士"5个学历层次，分别用1、2、3、4、5来表示。学历每提高一个层次，公民对于公共政策制定过程的关注度就比相邻较低的学历层次群体大约提高5.42%。

利用上述公式，考察从1998—2006年我国公民因文化程度的提

① ［美］亨廷顿等：《民主的危机》，求实出版社1989年版，第97页。

② ［美］罗伯特·A. 达尔：《现代政治分析》，上海译文出版社1987年版，第134—135页。

③ 傅广宛、傅雨飞：《公民对公共政策制定过程关注度的若干影响因素研究——基于我国中部六省的量化分析》，《新华文摘》2006年第6期。

高所引发的对于公共政策制定过程的关注度提高的状况。

将图 1 - 4 中 1998—2006 年我国普通高等学校在校生人数对时间因素进行回归分析，可得到如下关系式：

$$y = 182.98x - 365354$$

$$R^2 = 0.9868$$

式中，y 为在校生数（万人），x 为时间（年），R^2 为复相关系数。复相关系数为 0.9868，说明我国高等学校在校生数可以用时间因素解释 98.68% 的原因。

上式说明，我国高等学校在校生人数与时间高度正相关，两者之间存在良好的线性关系。相关系数为 182.98，说明时间每增加 1 年，高校在校生数将增加大约 182.98 万人。这意味着，仅仅在高等教育一项上，从 1998 年至今，我国公民每年大约增加了 182.98 万人，对于公共政策制定过程的关注度提高了 5.42%。

于是，1998—2006 年，共有：

$$182.98 \times 9 = 1646.82 （万人）$$

即在关注度提高了 5.42% 的公民中，9 年间通过高等教育的途径净增加了 1646.82 万人。如果把初中生和高中生也算上，则 9 年间估计有数以亿计的公民通过教育途径将对公共政策制定过程的关注度提高了 5.42%。与其说这是一个非常具有视觉冲击力的数字，倒不如说该数字对于公民参与公共政策制定的现状是一个十分严峻的挑战。教育成为提高公民对于公共政策制定过程的关注度的最有效途径。公民文化程度的提高，无疑将使公民拥有更多的理论知识、信息资源和增强参与政策制定的能力，但更明显的是，提高了公民对于政策制定过程的关注度。公民参与政策制定是民主政治体制下的一种自觉的民主意识，更是一种自主的政治行为。文化程度提高所带来的对于政策制定过程的关注度的提高，是一种历史的必然。其作用在于大大提高公民参与政策制定的自觉性，大大增强我国公民参与政策制定的需求。所以，在我国高等学校连续十几年扩招之后的今天，拓宽公民诉求的表达渠道，扩大公共政策制定中有序的公民参与，加快我国社会主义民主政治建设的进程，已经势在必行。

五　信息技术发展提供了公民参与政策制定的便捷互动条件

信息技术从根本上改变了社会的经济、政治结构，也创造了全新的公民参与公共政策制定的环境。20世纪90年代以来，随着互联网技术的普及与应用，世界上大多数国家开始利用信息技术对政府进行改革。电子政务成为多数国家完善政府管理、提升政府竞争力的重要治道变革措施之一。"电子政务"的概念源于"Electronic Government"，该词可以理解为"电子政府"或"电子化政府"，其原意是指对现有的政府组织结构和工作流程进行优化重组，重新构造新的政府形态。目前，关于电子政务的定义，学术界有不同的理解。张成福认为："所谓电子政务，是指政府有效利用现代信息和通信技术，通过不同的信息服务设施（如电话、网络、公用电脑站等），在其更方便的时间、地点及方式下，对政府机关、企业、社会组织和公民提供自动化的信息及其他服务，从而建构一个有回应力、有效率、负责任、具有更高服务品质的政府。"[①] 世界银行认为："政府机构对具有改变其与公民、企业和其他政府部门关系能力的信息通信技术（如广领域网、互联网和移动计算）的应用。"[②] 也有学者认为："电子政务就是政府机构应用现代信息和通信技术，将管理和服务通过网络技术进行集成，在互联网上实现政府组织结构和工作流程的优化重组，超越时间和空间及部门之间的分隔限制，向社会提供优质的、全方位的、规范的、透明的、符合国际水准的管理和服务。"[③] 上述定义虽然说法不同，但有两点是一致的，首先是电子政务的目标是借助互联网构建一个跨越时间、地点、部门，以顾客满意为导向的政府服务体系。其次是电子政务达到既定目标的途径必须通过传统的政府体系进行组织结构重组和政府流程再造。简单地将传统的政府管理事务原封不动地移植到互联网上并不是电子政务的真谛。

显然，电子政务对政府再造起到了一定的促进作用。全球化、信

---

① 张成福：《电子化政府：发展及其前景》，《中国人民学学报》2000年第3期。
② 转引自汪向东、姜奇平《电子政务生态学》，清华大学出版社2007年版，第18页。
③ 转引自贺志军《电子政务与现代政府管理模式的构建》，《求索》2007年第5期。

息化时代的来临给政府运行和公共管理带来了巨大的外在压力和挑战，摆脱财政困境、提高国际竞争力和政府效率的内在压力又促使政府努力深化改革，转变自身职能，向服务性、透明性、效率性、回应性等方面转变。所以，许多国家的政府相继掀起了政府改革或政府再造的热潮。在政府再造过程中，以信息化为主要技术支撑的电子政务提供了新的手段和新的机遇。所以，"从 1999 年开始，联合国经济社会理事会连续两年都把通过信息化改造发展中国家的政府组织、重组公共管理、最终实现信息资源的共享作为其工作的重点，并在世界各国积极倡导'信息高速公路'建设的五个领域中，将推动政府信息化、建设电子政府一直列为第一位"。① 我国政府也紧盯国际发展趋势，积极推行电子政务建设。其发展经历了三个阶段：第一阶段始于20 世纪 80 年代中期，最初主要是利用计算机技术推行办公自动化。第二阶段始于 1999 年年初，我国数十家政府部门共同发起了"政府上网工程"，大量政府网站的建立，表明了我国电子政务的发展已经进入了政府上网阶段。第三阶段是此后我国相继开展的以"两网、四库、十二金"② 为内容的电子政务建设，标志着我国正式进入了以网络技术为支撑的电子政务阶段。该阶段的意义除加快政府职能转变；增强政府调控能力；提高行政效率和公共服务能力外，也为政策制定过程带来了深刻的影响，为增强政府行政过程的透明度，扩大公共政策制定中的公民参与创造了全新的制度环境、技术环境和互动条件。

　　信息流是行政系统与行政环境进行交换的重要物质载体之一，也是行政系统的功能得以维持的重要表征之一。信息流的速度折射了行政系统的效率与行政环境的关系。由于传统政务流程具有信息传递途径单一、信息磨损严重、信息传递速度较低等特点，严重影响了信息流在行政系统内部、行政系统与行政环境，特别是在行政系统与公民

---

　　① 汪玉凯：《中国政府信息化与电子政务》，《新视野》2002 年第 2 期。
　　② "两网"是指内网和外网；"四库"是指人口基础信息库、法人单位基础信息库、自然资源和空间地理基础信息库、宏观经济数据库；"十二金"是指办公业务资源系统、金关、金税、金融监督、宏观经济管理、金财、金盾、金审、社会保障、金农、金质和金水12 个信息系统。

之间的流动。毫无疑问，这将在很大程度上制约了公共政策制定中的公民参与和公共政策的公共性。电子政务可以对信息流的速度和传递模式带来革命性的变化。利用信息技术进行行政流程重组，建立以信息流为核心的行政模式，实现行政系统在信息流通、制度规范、流程再造、时间控制、程序正义等环节的数字化，是增加信息传递速度，实现信息直接查询，满足公民对信息时效性、准确性和全面性要求的重要基础。扩大公共政策制定中的公民参与，必须首先畅通信息流。民主政治制度下，公民掌握的信息多少与公民参与公共政策制定的程度正相关；公共政策的公共性也与政府掌握的信息多少正相关。电子政务为公民表达政策诉求开辟了更加广泛的通道，也为行政系统加强与公民沟通，获取公民的政策诉求，不断完善政策制定过程中的公民参与，防止官僚主义和个人专断提供了有利条件。尤其重要的是，信息技术增强了公民在信息和知识方面的占有量，从而削弱了传统政府的优势地位，对传统垂直型单向度的权力运作方式提出了挑战。公民要求更多地参与公共政策制定，实现治理背景下的善治，成为发展趋势；扩大公共政策制定中的公民参与，成为一种电子政务背景下的必然需求。

公民参与公共政策制定不仅仅是政府再造的产物，也是电子政务发展到一定阶段的必然要求。换言之，电子政务发展到一定阶段必然要整合更多的公民参与公共政策的制定过程。如新加坡电子政务发展到第三阶段时，就不失时机地推出了以扩大电子政务服务范围，提高公民的电子政务参与意识为主旨的"整合政府"计划。① 之所以成为电子政务发展的必然，主要是由于以下四个方面的原因。第一，电子政务的发展增加了公共权力运行的透明度，将政府的运作过程及其官员的行为非神秘化，使公民有更多的机会监督政府为公共事务负起明确有效的责任。第二，由于时间、空间、精力所限，公共政策制定机关能够直接会见的公民数目是非常有限的。传统的获取民意的直接方

---

① Ke, W. L., Wei, K. K., "Successful e – government in Singapore", *Communications of the ACM*, Vol. 47, No. 6, 2004, pp. 95 – 99.

法难以满足日益增长的公民参与政策制定的需求。政府通过民意网站、电子邮箱、BBS、博客等，建立便捷的、能够让更多的公民参与表达政策建议、可以与公民开展互动的平台，使公民政策诉求的收集、反馈更为便利，缩小了政策制定机关和公民之间的互动时空，也打破了专家和普通公民之间的沟通屏障，使参与渠道更加顺畅。第三，电子政务可以降低不同群体在获得信息机会方面存在的非均等化程度。"信息公开可以有效地降低受过高等教育的人群所占据的信息优势"①，从而大大扩展了具备政策参与能力的公民群体的数量，让更多的公民有机会通过参与政策制定来提高公共政策的公共性，从而加强了彼此之间的回应性和依赖性。第四，电子政务大大推进了政治社会化过程，加深了公民参与和政策制定之间进行有机结合的紧密度。得到良好信息沟通的公民提高了公共政策参与能力和参与愿望，可能以一种更加有见识的方式发表更加有见地的意见，从而更加有效地参与政策制定。同时，电子政务也"有助于人们了解转瞬即变的公众认同的支持程度和一致程度。而以往的交流方式缺乏即时性，公众认同的形成和转变相对缓慢。相比之下，今天公众聚合过程迅捷通达，脆弱的社会评价体系易于改变方向，易于传达公开而不稳定的公民意向，任何领导者对此都不敢轻视"。②

第三节　公民参与公共政策制定的非线性功能

公民参与公共政策制定既涉及公民自身，也涉及公共权力；既存在不同政策目标的整合，也存在人、财、物等资源的整合，是一个系统工程。公民参与公共政策制定过程存在许多波浪式前进和螺旋式上升过程，或者说存在许多非线性过程，这就决定了参与过程中必然存

---

① ［美］海伦·英格兰姆、斯蒂文·R. 史密斯：《新公共政策——民主制度下的公共政策》，钟振明、朱涛译，上海交通大学出版社 2005 年版，第 92 页。

② ［美］詹姆斯·N. 罗西瑙：《没有政府的治理》，张胜军等译，江西人民出版社 2001 年版，第 11 页。

在非线性效应。非线性效应一般包括滞后效应、指数放大效应、共振效应、临界慢化效应、跳跃（间断）效应、多值响应特性等。对公民参与公共政策制定这个系统工程而言，非线性效应在不同的过程中具有程度不同的表现。从非线性视角看待公民参与公共政策制定中的一些现象，对公民参与公共政策制定的非线性功能进行深入研究，有助于更好地理解公民参与公共政策制定的基本规律，使一些纷繁复杂的现象得到更为合理的解释，在更加完整的层面归纳公民参与公共政策制定的综合效益，更好地评价、总结和完善公民参与公共政策制定过程。所以，对于公民参与公共政策制定的研究具有十分重要的现实意义。

一 促进政策制定科学化的非线性功能

公共政策制定主体在政策制定时所获得的相关信息未必是十分完善的。仅靠政策制定主体一家去掌握所有的与所制定政策相关的信息是不可能的。公民参与政策制定过程，本身就包括公民利用自己所掌握的信息影响政策的价值取向的内容。与公民进行各种形式的、广泛的沟通，是公共政策制定主体获取相关政策信息的重要途径和责任。不同的公民具有不同的经济基础、不同的知识背景、不同的专业领域、不同的政治偏好、不同的生活经历和不同的政策经验，对待同样的公共政策问题会有不同的思考方式和不同的价值取向。虽然这些不同的思考方式和不同的价值取向可能具有局限性，可能会参差不齐，甚至可能会大相径庭，但公共政策制定同样存在兼听则明的问题。这种差异具有较大的互补性，恰当地运用这种互补性无疑能够促进公共政策制定的科学化，为寻找相对合理的政策方案奠定良好的基础。"由于公民或公民团体的参与，为公共决策带来了更多的有效信息，这使决策质量有望提高。公民提供的信息可以避免因建议不当而造成的政策失误。"① 如果从更深的层次考虑，公共政策制定主体的价值取向，往往会由于各方面的专业知识吸收不充分而不能做到尽善尽美。

---

① ［美］约翰·克莱顿·托马斯：《公共决策中的公民参与：公共管理者的新技能与新策略》，中国人民大学出版社 2005 年版。

公共政策是政治性和科学性的统一。公共权力的价值取向在许多情况下未必与科学性的价值取向完全一致。如果仅仅强调科学性而不顾政治性，或者仅仅强调政治性而不顾科学性，都不是政策制定的正确的选择。最理想的办法是尽量实现两者的统一。但在多数情况下，是公共权力掌握资源分配，而不是专业知识。这就经常出现由于科学性不足而导致政策失误的情况发生。正如詹姆斯·E. 安德森所说："权力和知识的分离有可能损害行政管理决定的合理性。"① 扩大公共政策制定中的公民参与，将会同时带来更多的与决策相关的专业知识，有利于在政策制定中实现政治性和科学性的统一。

案例 1-1　厦门 PX 项目事件始末：
化学科学家推动 PX 迁址

岁末的厦门，再次激荡出不平静。备受关注的 PX 项目争议事件，又有了新的进展。

种种迹象表明，面对几乎一致反对的声音，政府在对项目的态度上出现了松动。

12 月 8 日，福建省厦门市在网站上开通了"环评报告网络公众参与活动"的投票平台；12 月 13 日，厦门市政府开启公众参与的最重要环节——市民座谈会，市民参与踊跃。

有媒体报道，福建省日前召开了省委所有常委参加的专项会议，会议形成一致意见：决定迁建厦门 PX 项目，预选地将设在漳州市漳浦县古雷半岛。同时，厦门市委、市政府高层官员当晚已同翔鹭集团高层初步达成迁建意向。

这个消息目前尚未得到权威部门的证实。

有评论指出，这是一场民意的胜利。

喷薄而出的民众意见，阻挡了一个庞大的化工项目。回顾一年多

---

① ［美］詹姆斯·E. 安德森：《公共决策》，唐亮译，华夏出版社 1990 年版，第 131 页。

来有关 PX 项目的激烈争论，事件之初，正是厦门大学的一名教授，以科学家的社会责任，告诉了民众什么是 PX 工程。

她就是赵玉芬，全国政协委员、中国科学院院士、厦门大学化学系教授。赵玉芬不是第一个知道 PX 危害的人，但她是最先站出来的人。

2006 年 11 月，赵玉芬从厦门本地的媒体上看到一则 PX 项目开工的新闻。"由于 PX 是对二甲苯化学名的缩写，当时我也没有一下子意识到。后来，才清楚是对二甲苯化学名缩写。"

对于一个从事化学研究的专业人士来说，不留心都会忽略。赵玉芬想，普通民众肯定不知道 PX 是怎样的一个项目。

赵玉芬忧心忡忡，觉得必须通过正面渠道解决问题。同时，把这个情况跟同在厦门大学的其他几位科学家做了沟通。

2006 年 11 月底，赵玉芬被邀请参加厦门市部分干部的科普学习会议。由于事先被要求不要在会上提及 PX，作为到会的三位专家之一，她如坐针毡。

随后，赵玉芬、田中群、田昭武、唐崇惕、黄本立、徐洵 6 位院士联名写信给厦门市领导，从专业的角度力陈项目的弊端。

2006 年 12 月 6 日，还是这几位院士，面对面与厦门市主要领导座谈，未能取得进展。

2007 年 3 月的全国"两会上"，赵玉芬联合百余名全国政协委员，提交了"关于厦门海沧 PX 项目迁址建议的提案"。

提案中提到"PX 全称对二甲苯属危险化学品和高致癌物。在厦门海沧开工建设的 PX 项目中心 5 千米半径范围内，已经有超过 10 万的居民。该项目一旦发生极端事故，或者发生危及该项目安全的自然灾害乃至战争与恐怖威胁，后果将不堪设想"。

这份 105 名全国政协委员联名的提案中，有几十所著名高校的校长以及十多名院士。

至今还不被外界知晓的是，在这次"两会"上，赵玉芬准备了三份风格及内容截然不同的材料。

一份是她在参加小组讨论时，针对 PX 项目的发言稿；一份是提交的提案；还有一份是提供给《政协信息》的材料。三份材料，虽然都是针对 PX 项目，但角度各有不同，一份比一份理性。

后来被广为流传的是她的发言稿，这是一次很煽情的发言。"虽然这份发言稿上包含的数据远不如其他两份，但起到了意想不到的效果。"赵玉芬说。

"从专业的角度说，我更清楚其中的严重性。反映出来的数据和观点，都是以学术的态度进行了专业的论证，既然要想正面地解决这件事，不是光扯着嗓子喊上两句就可以的。"

即便是赵玉芬在开完"两会"回到厦门大学后，她和其他几位科学家还针对 PX 项目做了第二次论证。

他们检索了国内外大量的资料，分析 PX 项目中化学物品对大气和环境的影响。最后形成的报告虽然只有几页纸，却花费他们大量的时间和精力。

在这场影响深远的 PX 项目争论中，并不是赵玉芬一个人在战斗。在她的身后，有一群可亲可敬的科学家，以他们的治学为人之道和对社会的责任，力阻 PX 项目落户厦门。

厦门大学环境科学研究中心教授袁东星是其中之一。对项目可能产生的危害性，她进行了艰难的求证，从一遍遍的模拟实验到烦琐的资料收集。

袁东星教授的一些担忧，在提案中是没有被具体提到的，但这绝对是一组让人震惊的数字。

根据初步估算，加上翔鹭石化在厦门已经投产的 PTA（苯二甲酸）项目，一旦 PX 也开始生产，每年将有大约 600 吨的化学物质不可避免地泄漏到大气中。

"哪怕这个项目采用的是世界上最好的环保生产设备和工艺，这 600 吨的泄漏也是无法控制的。这个被称为是化工企业的跑冒滴漏现象。"

她说，就比如我们在家里炒菜时往锅里添加酒或者醋一样。尽管我们是往锅里添加，但鼻子却能嗅到酒或醋的味道。因为在我们添加的过程中，已有少量的酒精和醋挥发到了空气中。化工企业在生产的时候，各种流程和环节不可能避免这种泄漏。

对于从事环境化学研究的袁东星来说，专业领域有一个共识，那就是化学物低剂量的长期暴露是相当危险的。因为到现在为止，很少有专家或者机构对这种长时间跨度下化学物的影响及危害进行过全面深入的研究。

除此之外，还有化学物泄漏后与一些不确定物质结合在一起产生的协同效应和加和效应。它们带来的危害可能远远比单纯的单一化学物挥发要厉害得多。

"这个项目每天大约要消耗 5000 吨左右的煤，这一点对厦门空气质量的影响也不容小视。"赵玉芬告诉记者。

"我们并不反对 PX 项目，而是认为它应该迁址到在一个合适的地方。"赵玉芬和其他科学家在向公众传递了有关 PX 项目的信息之后，并没有停止他们的责任。

在经过求证和了解之后，他们向厦门市政府提出了几个迁址的建议。一个是湄洲湾，一个是漳州漳浦的古雷半岛。

湄洲湾已经是一个比较成熟的石化基地，接纳 PX 项目有可行性。漳浦的古雷半岛是一个直径为 20 千米左右的海岛，周边荒凉，岛上只有一个盐场。最适合 PX 项目。

由于 PX 项目每年能给厦门带来 800 亿元的 GDP，这些科学家思考引起了经济学的问题，他们建议厦门市政府通过"飞地"的形式来解决 PX 项目的争议。即政府在外买地，或者总部设在厦门，企业在漳州，项目带来的利益两地共享……

而这一切体现了科学家的责任，而这些责任却并不应该由他们来承担。

出乎意料的是，当这场持久的 PX 项目之争即将结束，民众将迎来胜利曙光之时，这些科学家又悄然隐退。12 月 21 日，记者致电赵玉芬院士，她的助手婉拒了记者的采访请求。事实上，在 6 月 1 日之后，她再也没接受过媒体采访。而她此前在接受记者采访时频频提到的"学者的社会责任"，至今还在这个年度中回响。

（本案例参见涂超华《厦门 PX 项目事件始末：化学科学家推动

PX 迁址》,《中国青年报》2007 年 12 月 28 日,有删节)

　　公民有序参与的功能之一是可以弥补政府制定政策的有限理性,促进政策制定的科学化。但这种功能的表现是需要一个过程和条件的。政策学家麦克斯维尔指出:"为了求得新的智慧,有必要让所有的组织成员参与到政策制定过程。"① 艾克斯坦也认为:"如果一个政府中的权威模式与社会中其他的权威模式保持一致的话,该政府往往是稳定的。"② 这些观点虽然有其合理的一面,但在现实政策制定过程中,可能更多的是表达一种理想化的愿望。公共权力的目标指向和科学知识的目标指向并不具有天然的亲和力。政府中的权威模式与社会中其他的权威模式并不经常保持一致。实现公共权力的目标指向和科学知识的目标指向的结合并不总是一蹴而就的事。换言之,虽然公民参与具有促进政策制定的科学化的功能,但这种功能的发挥是以得到公共权力的认可为前提的。因为"在当代治理主义的精神下,政府组织在整个社会中依然充当着非常重要的角色,特别是在合法地使用暴力、决定重大的公共资源分配方向和维护公民基本权力、实现公平价值等方面,政府仍将发挥着其他组织不可替代的作用"。③ 而要得到公共权力的认可,需要经过一个艰苦的理解与磨合过程。从上述案例来看,厦门市政府的公共政策目标似乎比较关注经济方面,而化学科学家更关注环保方面。专业知识的力量、公民的参与,最终影响了厦门市政府的公共政策目标,在公共政策方案中体现了政治性与科学性的统一,实现了权力和知识的相对完美的结合。

　　但值得注意的是,以赵玉芬教授的全国政协委员和著名科学家的身份,以包括几十所著名高校的校长以及十多名院士参加的 105 名全

---

　　① 转引自〔韩〕金炯烈、朴贞子《政策制定理论初探》,《东方论坛》2004 年第 3 期。

　　② Eckstein, H. , "*A Theory of Stable Democracy*" *App. B of Division and Cohesion in Democracy*, Princeton University Press, 1966.

　　③ 孙柏瑛:《当代政府治理变革中的制度设计与选择》,《中国行政管理》2002 年第 2 期。

国政协委员联名提案的力度，从参与政策制定到实现权力和知识的相对完美结合，仍然历经了一个相当曲折的过程。这一方面反映了公共权力对于自己的目标指向的负责和慎重，另一方面也反映了科学家和公民对于自己的目标指向的尊重和执着。在这种情况下，磨合与理解就成为一种无法避免地存在于公共权力和公民之间的由互动到互适的过程。约翰·克莱顿·托马斯称这种过程为一种学习过程。"有证据表明，在公民参与带来任何收益之前，行政管理者和公民双方需要经历一些无计划的、特定的、在职的学习过程。"① 科尔的研究结果也有力地支持了这种观点：成功的公民参与过程表明，在参与过程中"存在一个有目共睹的、普遍性的发展循环，其中的各个阶段似乎是从'最初的乐观主义'到'冲突对抗'，再从'僵局'到'调解斡旋'，再到'有效决策制定'"。②厦门 PX 项目事件则从事实上进一步佐证了上述观点。权力和知识的结合并非天生的自然融合。公民参与的功能的表现必然要经历一个由互动到互适的过程。公民参与所提出的建议也未必完全正确，"由于公民常常不能理解政策质量标准中包含的知识和常识，所以，他们可能会对专业领域或科学界认定的政策质量标准提出质疑"。③ 公共政策制定主体的价值取向也未必完全正确。所以，促进政策制定科学化过程的功能显然是非线性的，即不是公民参与一经发生，促进政策制定科学化的功能就一定能够得到体现，而是必须经过一个非线性的曲折过程。促进政策制定科学化的功能是否得到体现，能够在多大程度上得到体现，都取决于非线性的互动过程能否得到理想的互适结果。如果不能达到理想的互适，这个功能就体现不了或不能得到很好的体现。认为只要存在公民参与就一定能够体现出促进政策制定科学化功能的思维显然是一种线性思维，与实际发生

---

① 转引自［美］约翰·克莱顿·托马斯《公共决策中的公民参与：公共管理者的新技能与新策略》，中国人民大学出版社 2005 年版，第 28 页。

② Cole, R. L., "Participation in Community Service Organizations", *Journal of Community Action*, 1981, No. 1, pp. 53−60.

③ ［美］约翰·克莱顿·托马斯：《公共决策中的公民参与：公共管理者的新技能与新策略》，中国人民大学出版社 2005 年版，第 25 页。

的非线性过程的逻辑是完全不吻合的。

二　提高政策合法性的非线性功能

公共政策的合法性是公共政策获得公民认可和支持的条件。这种合法性的获得不应该体现在公共政策的制定过程中，而应该体现在公共政策执行之后的评估过程中。公民在政策制定中的有序参与有助于促进公民对政策的认同，有助于奠定提高公共政策合法性的基础，也有助于减少公共政策的执行阻力。公民参与之所以有助于奠定提高政策合法性的基础，其原因是多方面的。

第一，公民参与有助于解决政策信息不对称问题，缩小公众和政策制定主体之间存在的信息鸿沟。公民加深了对公共政策制定主体在政策制定过程中作用的理解，公共政策制定主体也增强了对公民政策诉求的了解。政策制定主体和公民的沟通是公共政策获得公民支持的基础。

第二，公民参与加强了公共政策对公民政策诉求的回应性，更多地体现了公民的意愿和智慧，强化了公民对于公共政策的感情接纳，有助于减少政策执行中的认知障碍。按照政策执行中的政策或行动连续途径的观点，政策制定者将做出限制其他行动者权力的决策，行动者将做出回避决策的行动。公民在政策制定中的有序参与，既有助于减少政策制定主体对于其他行动者权力的不当限制，又有助于减少行动者做出回避决策的不适当行动。两个"减少"最后的指向都有助于奠定提高政策合法性的基础。公共政策制定中的公民参与通过上述两个"减少"对政策或行动连续途径中互相对立的"限制"与"回避"进行了一定程度的调和。

第三，公共政策的最终目的在于解决公共政策问题。公民参与并不是公共政策制定的最终目的。因此，公共政策的合法性最终要靠公共政策对于公共问题的解决程度来实现。"统治者的合法性通常依赖于他们满足一些关键选民对他们政绩的期望。"[①] 如果一项具有广泛公

---

① ［美］塞缪尔·亨廷顿：《第三波——20 世纪后期民主》，刘军宁译，上海三联书店 1998 年版，第 59 页。

民参与特征的公共政策在解决公共政策问题方面是失败的，那么仍然得不到公民的认可和支持，仍然不具有合法性。所以，从政策过程的逻辑考虑，判断影响公共政策是否具有合法性，应该在政策执行之后。

案例1-2 杭州"四小车"治理中的公民参与

正三轮摩托车、燃油助动车、营运三轮车和有动力装置的有证残疾人专用车在杭州被称为"四小车"。近年来，杭州市"四小车"逐渐增多。这些落后的交通工具，交通效能较低，违章现象严重，影响交通安全畅通和市容市貌的整洁。据公安交通部门统计，2003年，杭州市区发生涉及"四小车"的道路交通事故100多起，造成11人死亡，94人受伤。同时，"四小车"在营运时也产生了很大的环境污染。一辆燃油助动车的尾气排放量相当于8辆小型客车的尾气排放量的总和。此外，2004年杭州"两会"期间，代表、委员意见建议最多的，就是"两难"问题。所谓"两难"，就是行车难、停车难。造成"两难"问题的原因虽然有多种，但"四小车"泛滥是其中比较突出的一种。所以，依法管理"四小车"，有利于缓解杭州日益严重的"两难"问题，对提升杭州国际化旅游城市的形象品位、进一步改善城市环境、创建生态城市也提供了有利条件，既顺应城市经济发展的需要，又符合广大老百姓的根本利益。因此，从2004年3月起，杭州市对市区范围内的"四小车"实施了依法管理。

政策制定中实施广泛的公民参与

由于依法管理"四小车"涉及的对象有相当一部分是需要加倍帮扶的困难群体和弱势群体，市委、市政府明确提出既要依法行政，又要友情操作。从"群众利益无小事"的高度出发，在制定政策期间，市"两难"办召集社会各界召开座谈会，征求他们的建议。在政策出台前夕，市"两难"办就依法管理"四小车"的相关政策问题和残疾车主代表、三轮车企业的法人代表、个体户的车主进行面对面的座谈和交流，充分听取他们的意见。在充分吸纳公民政策诉求的基础上，市委、市政府在政策上确定了一系列的优惠措施：对有证"四小车"实行从优折价回收置换；对有证车主交车后过渡时期家庭生活较为困难的实际，采取发放过渡期限生活补贴的方式，以解决车主（车工）的实际困难；制定了引导车主（车工）自谋职业、帮助车主（车工）择业、鼓励企业和单位吸纳车主（车工）就业等一系列优惠政策；对车主家庭中的"半边户"和困难户予以特殊帮扶，落实了解决户口、办理低保或困难、专项救助、临时救济、配偶或子女替岗就业等一系列倾斜帮扶政策；全市上下一方面积极筹措岗位，帮助车主就业；另一方面对特别困难的车主（车工）家庭也给予特别的照顾和补助。各区也从实际出发，充分发挥政策优势，明确了一些具体规定和帮扶措施，得到了广大车主的拥护和支持。

依法行政是依法治国的重要内容，也是政治文明建设的必然要求。通过立法途径，把人民群众要求解决"四小车"问题的意愿上升到地方法规的高度，不但可以使政府行为有法可循，而且还可以使政府行为更具有权威性和约束力。为了使依法管理"四小车"工作做到有法可依，市法制办会同市公安局交警支队等有关部门草拟了《杭州市市区道路交通管理条例（修正案）》，经市人民政府常务会议讨论通过，提请市人大常委会审议。修改法规工作得到了省、市人大常委会的高度重视和大力支持。市人大常委会在 2003 年 12 月 19 日审议通过了《杭州市市区道路交通管理条例（修正案）》。2004 年 1 月 16日，省人大常委会批准了市人大常委会《关于修改〈杭州市市区道路交通管理条例〉的决定》，为解决"四小车"问题提供了坚强的法律保障。为应对有可能出现的法律诉讼，市"两难"办会同市法制办和市法院的同志作专门的研究和讨论，做到主体到位、程序到位，有备无患。

为确保依法管理"四小车"工作顺利进行。市委宣传部根据市委、市政府的要求，积极做好宣传工作。在依法管理"四小车"工作前夕，新闻媒体充分发挥沟通桥梁的作用，大力宣传依法管理"四小车"的必要性和与之相关的法律依据及政策措施，争取车主（车工）的理解、支持和广大市民的拥护、赞同。在车辆回收工作的前夕，市委宣传部及时刊登了《致有证三轮摩托车车主的公开信》《致有证燃油助动车车主的公开信》和《致有动力装置的有证残疾人专用车的公开信》，同时以连载的形式，向广大车主（车工）宣传解释补偿政策和配套措施；为依法管理"四小车"营造了良好的舆论氛围，起到了团结、稳定、鼓劲的重大作用。全市上下从思想教育工作入手，把政策送到社区、送到家里，真正做到入户入心、入情入理。各区政府（管委会）充分发挥街道（乡镇）、社区的工作网络，开展逐户逐人的宣传。各区组织街道干部、社区干部、警务区民警和治安积极分子组成的工作小组，担负起入户调查、宣传政府帮助择业、维护稳定的工作责任，真正做到依靠群众、疏堵结合，把思想工作做进社区、做到家庭、做到个人。

政策执行中，增强政策的合法性

在正式开展车辆回收置换工作之前，街道（乡镇）、社区的工作人员几乎走访了所有车工（车工）的家庭，了解实际情况，帮助解决困难。上城区的三轮车个体户孟先生，曾多次扬言要上京上访，并有过激的言语，上城区政府和街道工作人员多次上门，反复动员并努力帮助解决其实际困难。3 月 26 日，孟先生上交了营业人力三轮车，为表达对市委、市政府的感激之情。车辆回收工作期间，市、区分管领导多次亲临现场，和车主（车工）"零距离"接触、面对面交流。市"两难"办及各区"四小车"办的全体工作人员都到现场办公，实实在在地为他们排忧解难，真正做到了人性化操作。

车辆回收工作结束后，市"两难"办立即分赴各区政府（管委会），对于"四小车"车工（车工）落实安置保障工作。市劳动保障局专门召开市属企业腾岗、献岗动员大会，积极动员市属企事业单位为广大车主（车工）腾岗、献岗。同时，市劳动保障局还联系《钱江晚报》开展"民情桥梁"系列活动，帮助三轮车车工和残疾车车主解决就业问题。区劳动保障局向内使劲，积极动员辖区企业、单位腾岗、献岗，以拓宽就业途径。市、区劳动保障部门在做好岗位对接工作的基础上，针对多数车主愿意自谋职业的实际情况，发挥优势，采取帮助车主兴办公司、安排市场摊位、提供经营门面等方式，广辟渠道，帮助车主（车工）就业。市民政局也根据车主（车工）的家庭情况，及时将132户车主（车工）家庭纳入了低保户，41户车主（车工）家庭纳入困难户，体现了市委、市政府对特困群体和弱势群体的关心及爱护。

各区政府（管委会）也充分发挥社区的基础作用，密切掌握车主的思想动态。市、区坚持每天收集、分析、研究、处理各类信息，对发现的不稳定苗头，不分昼夜，立即反馈给责任区、责任部门和单位。各区的有关部门及时组织工作小组和工作人员上门做工作，有效地疏导、化解了一系列矛盾。为了确保工作期间不发生影响全局稳定的事情，市"两难"办工作人员从始至终坚守岗位，坚持在一线接待处理车主上访事宜，有效地处置了多次集体上访事情和不稳定苗头，使依法管理"四小车"工作在平稳中达到了预期目标，确保了社会稳定。各区政府（管委会）及市公安局、残联、信访等有关部门，也根据工作要求，加强相互间的协作，时刻保持警惕，密切关注发现的各种不稳定因素，一方面加强工作力度，另一方面制订应急预案，做好了应对各种突发事件的准备工作。另外，还落实了24小时值班制度，做到一有情况，随时汇报，立即采取对策措施，确保社会稳定。市公安局在依法管理'四小车'的工作中也发挥了重要作用。在工作之初，提前制订工作预案，以应对各类突发事件；在车辆置换前后，及时收集信息，掌握车主的思想动态，做好防范工作；在车辆置换中，调派警力，维持置换现场秩序，加强对置换现场的巡逻。

经过精心组织，周密计划，科学调度，全市回收登记在册的营业人力三轮车953辆；回收用动力装置的残疾人专用车1390辆（其中无牌无证91辆），有1135名车主购置了新车（其中带后座的342辆）；回收燃油助动车6446辆；回收正三轮摩托车10辆。据统计，全市共有营业人力三轮车车工1350人。截至2004年4月28日，申领一次性自谋职业费的有1152人，要求政府安置就业的有21人（全市共腾岗4840个，已安置上岗24人），要求购买养老保险的共235人（政府缴纳58人，笔者自缴177人）。全市共有残疾车主1317人，其中，要求申领一次性自谋职业费的有573人，要求政府安置就业的有 43 人（全市共腾岗 773 个，其中已安置上岗的有 11 人），要求购买养老保险的有 171 人（政府缴纳 86 人，笔者自缴 85 人）。从腾岗数量与要求安置的比例来看，营业人力三轮车工达到了 201∶1，残疾车主达到了 70∶1。这次依法管理工作，社会局势总体平安稳定，基本做到了领导满意、群众满意、置换对象满意。

（本案例系笔者根据在杭州市收集的实地调研资料整理而成）

出台任何一项新的公共政策都是对社会资源的一种重新分配。如果稍有不慎，就会影响社会局势的稳定。杭州市政府通过公共政策依法管理"四小车"的专项行动也是如此。在这次专项行动中，杭州市仅仅经过 50 多天的工作，车辆回收置换工作就全部结束，车主（车工）的情绪基本稳定，基本做到了领导满意、群众满意、置换对象满意。这其中在政策方案制订中三个阶段的公民参与功不可没。在公共政策问题形成阶段，公民参与集中表现为"两会"期间，代表、委员所提出的关于市内交通方面公共政策问题的建议："2004 年杭州'两会'期间，代表、委员意见建议最多的，就是'两难'问题。所谓'两难'，就是行车难、停车难。"在政策方案制订阶段，公民参与表现为杭州市"'两难'办召集社会各界召开座谈会，征求他们的建议。在政策出台前夕，市'两难'办就依法管理'四小车'的相关政策问题和残疾车主代表、三轮车企业的法人代表、个体户的车主进行面对面的座谈和交流，充分听取他们的意见。"在政策合法化阶段，公民参与表现为"省人大常委会批准了市人大常委会《关于修改〈杭州市市区道路交通管理条例〉的决定》"，完成了公共政策向法律的转化即政策法律化的重要步骤。在政策制定的三个阶段中，如此密集而广泛的公民参与，为提高公共政策的合法性功能奠定了基础。

从案例来看，在政策制定完成之后，杭州市政府又为提高公共政策的合法性进行了艰苦不懈的努力。包括进行充分的政策宣示，有效地疏导、化解一系列矛盾，市、区分管领导多次亲临现场和车主（车工）"零距离"接触、面对面交流，对于"四小车"车主（车工）落实安置保障工作等。在这种情况下，才"基本做到了领导满意、群众满意、置换对象满意"，才基本体现了公共政策的合法性。显然，仅仅有政策制定中的公民参与，能否提高公共政策的合法性依然充满了不确定性。因为公共政策合法性的体现也是一个非线性过程。在同一输入作用下，系统以不同的输出去响应，表现出较高的不确定性。这种非线性现象称为多值响应效应。公共政策制定之后，各个目标群体对同一项政策经常表现出不同的反应，这直接影响到系统的整体输出效果。多值响应效应使政策执行系统有时在整体上表现出非均衡的输出，政策执行或者左右摇摆，或者前后不连贯，或者力度分布不均匀，表现出较高的不确定性特征，增加了政策执行的难度，也影响了政策合法性的表现过程，使其呈现出非线性的特征。例如，政策执行之后时有不稳定、不均衡的现象出现等。这是由于政策目标群体不同、价值判断不同，所以，对公共政策的理解和反应也不同。对于公共政策的执行过程而言，这种多值响应效应未必是一个积极因素，因为往往会引发步调不一致，增加政策执行方面的混乱度。

　　三　强化公民监督的非线性功能

　　我国宪法规定公民有对重大决策和法规制定的知情权、批评建议权。延安时期，毛泽东在回答黄炎培先生关于一个国家如何跳出"其兴也勃焉，其亡也忽焉"的历史周期率问题时明确指出："我们已经找到新路，我们能跳出历史周期率。这条新路就是民主。只有让人民来监督政府，政府才不敢松懈，只有人人起来负责，才不会人亡政息。"[①] 公民通过有序参与公共政策制定，行使宪法规定的知情权和批评建议权，是人民民主的体现形式之一。李习彬认为："公民、政治系统与政府系统三者之间可以看作这样一个委托—代理链条，即公民是政治系统向政府授权的始端（权力之源），同时又是行政管理与服务的最终对象（行政系统的末端）。"[②] 所以，公民通过有序参与政策制定对公共政策制定主体进行监督，是公民参与的题中应有之义。这

　　① 黄炎培：《延安归来》，文史资料出版社 1982 年版，第 148 页。
　　② 李习彬：《"政治与行政二分"命题的组织整合理论解析——兼谈公共管理学科建设中国化与科学化的途径》，《学术研究》2006 年第 3 期。

种监督在整个政治监督体系中最能体现民主精神，其广度和深度体现了一个国家政治民主化的程度。这种通过公民参与政策制定对公共政策制定主体进行监督的形式真正反映了我国社会主义监督制度的本质和特征。公共政策制定主体在权力和信息方面的强势地位以及政府的自利性，使其为追求自身利益而损害公民利益的行为成为可能；同时，公共政策制定主体所制定的公共政策由于各种原因所导致的有悖于科学精神和公共精神的情况也时有发生。通过公民参与政策制定的监督形式，为促进公民对公共政策制定主体的监督，弱化其自利倾向，限制政府官员利用公权谋取私利的行为，纠正公共政策制定主体在执行决策过程中出现的失误和偏差，提供了制度方面的可能。

案例 1 - 3 陕西省政府通报批评草率发布华南虎信息事件

2007 年 10 月 5 日，陕西省镇坪县林业局向省林业厅报告称：镇坪县农民周正龙 10 月 3 日在该县神州湾一处山崖旁，用数码和普通胶片照相机拍摄到华南虎照片 71 张，其中数码照片 40 张、胶片副片 31 张。陕西省林业厅委托镇坪县林业局进行核实后，在没有派员进行实地调查的情况下，仅由本厅技术力量和省内有关专家对照片进行了鉴别，就于 10 月 12 日召开新闻发布会，宣布"镇坪县发现野生华南虎"，公布了周正龙拍摄的两张华南虎照片，并向其颁发奖金 2 万元。此后，新闻发布会上公布的两张照片引起了媒体和公众的纷纷质疑。

在交流 PS 技术的论坛上，网民提出非常专业的观点，对照片失真、可能被进行过技术处理甚至造假等可能各抒己见。质疑声一浪推一浪迅速高涨。在百度输入"华南虎"，可以找到相关网页约 1800 万篇，相关新闻约 4.5 万篇。诸如"华南虎照片""华南虎事件"的相关词达到 100 个。以"华南虎"命名的论坛也有数百个。而博客的数量更是不计其数。公民对此事件的参与程度之高，几乎令所有的人始料未及。

而当事的另外一方，陕西省林业厅副厅长朱巨龙 10 月 17 日则表示，野生华南虎照片的公布是慎重的、负责任的。华南虎研究专家、陕西省动物研究所研究员许涛清也介绍，陕西省镇坪县是野生华南虎的历史分布区，这一地区老百姓曾听到虎啸、见到虎踪。2006年，陕西省林业部门组织专业调查队伍深入巴山，采集到野生华南虎的连续性足迹、虎爪、虎毛、粪便等。这些都说明野生华南虎在当地有频繁活动，周正龙拍摄到野生华南虎是偶然更是必然。

从10月19日开始，针对此公共政策的公民的参与行为升级。中国科学院专家傅德志以头担保照片有假。11月16日，网友"攀枝花xydz"称，"华南老虎"的原型实为自家墙上年画。此后，义乌年画厂证实确曾生产过老虎年画。11月20日，宝鸡一律师正式向西安市公安局举报周正龙。

11月23日，陕西林业厅就华南虎照片发表声明称："我们坚信陕西镇坪县存在野生华南虎这个基本事实，周正龙2007年10月3日在该县神州湾拍摄的71张野生华南虎照片，包括40张数码照片和31张胶卷副片，经我们鉴定认为是真实的。"

2007年12月2日，网易聘请的包括李昌钰在内的六方专家得出自己的结论：照片造假。

2007年12月9日，汹涌澎湃的公民参与行为受到了国家林业局的高度重视和回应，国家林业局宣布已要求陕西省林业厅委托国家专业鉴定机构对周正龙所拍摄的华南虎照片依法进行鉴定，并如实公布鉴定结果。

2007年12月21日，陕西省林业厅重新启动虎照鉴定工作。

2008年1月14日，2008年第1期中国科协学术会刊《科技导报》发表了国防科技大学李立春等7人的论文《"华南虎"照片的摄像测量研究》。该论文认为，周正龙拍摄的"照片虎与年画虎的主纹理骨架、轮廓基本重合，相似率为0.9986，满足平面变换条件"。通俗地说：华南虎照片拍的是一个平面虎，这只平面虎与年画虎是同一只虎。

2008年2月3日，陕西省政府对陕西省林业厅"违反政府新闻发布制度"进行了公开通报批评。认为"省林业厅举行此次新闻发布会，既未按规定程序履行报批手续，也未对华南虎照片拍摄情况进行实地调查，在缺乏实体证据的情况下，就草率发布发现华南虎的重大信息。当引起媒体和公众质疑后，有关人员又一再违反纪律，擅自发表意见、参与争论，加剧了舆论的关注程度，造成了不良的社会影响，在一定程度上损害了政府形象"。

2008 年 2 月 4 日，陕西省林业厅就"草率发布发现华南虎的重大信息"发出《向社会公众的致歉信》。信中说："2007 年 10 月 12 日，我厅召开新闻发布会，宣布'镇坪县发现野生华南虎'，并公布了周正龙拍摄的两张华南虎照片。……举行此次新闻发布会，我们既未按规定程序履行报批手续，也未对华南虎照片拍摄情况进行实地调查，在缺乏实体证据的情况下，就草率发布发现华南虎的重大信息，反映出我厅存在着工作作风漂浮、工作纪律涣散等问题。"

当陕西省林业厅的致歉信刚刚披露出来时，红网报道称，陕西省林业厅副厅长朱巨龙已经因为此事于 2 月 3 日被停职。当记者向林业厅副厅长朱巨龙求证其被停职的传闻时，朱引用了《菜根谭》中一句意味深长的话："宠辱不惊，坐看庭前花开花落；去留无意，闲望天空云卷云舒。"

而网友"漫漫求索路"则为庆祝公民参与的"阶段性胜利"借诗抒情："今夜无眠，对酒当歌。痛饮何哉，泪光辉辉。"

（本案例根据 2008 年 2 月 5 日 00：00 人民网《华南虎是否真的存在？真假照片始末追踪》，以及红网、新华网 2 月 5 日相关报道的内容整理而成）

在舆论传播速度超乎人们想象的今天，公民通过公共舆论来影响政策，已经成为公民参与政策制定的一种主要形式，"无论公共舆论作为政策制定的指标是多么不充分，谁也无法否定它在政治生活中的重要地位"。[①] 华南虎事件的真相之所以能被如此"逼近"，是因为在长达 4 个月的时间里，无数公民对陕西省林业厅的"挺虎"政策的主动参与和积极追问。公民的质疑，不仅是在行使表达权和知情权，更

---

① ［美］乔·萨托利：《民主新论》，东方出版社 1998 年版，第 150 页。

是以积极主动的姿态，参与公共事务的讨论和决策，并借这种参与形式进行公民监督。从这个角度看，持续 4 个月的"虎照事件的一个重大意义，就在于它以公众参与的巨大激情，见证了时代的进步：一个信息日趋多元化、人民真正当家做主的社会，必须学会容纳多种声音"。① 公民监督与其他监督形式相比，虽然不具备国家监督所具有的法律强制性和约束力，但监督主体所拥有的政治自由如言论、出版、集会、结社等方面的自由，同样会产生强烈的政治压力。在参与政策制定过程中，公民通过对知情权、批评建议权、言论自由权等法定监督权的行使，利用政策诉求的监督形式直接介入权力运行过程，不仅可以表达对公共政策的意愿和要求，使公共政策的价值取向以民意为依归，而且还有助于公共政策制定主体全面整合民意，提升决策理性，有效地抵制公共权力的变异，在权力所有者和权力行使者相分离的情况下，发挥其重要的政治监控功能。同时，公民广泛的政策参与，有利于形成不同阶层、群体和集团之间的博弈制衡局面，从而很大程度上避免了强势群体的操纵，保证政策的公共价值。

需要指出的是，公民监督并不总是同政治稳定呈线性相关关系。在公民参与政策制定的过程中，公民监督的形式最容易引发各方面的冲突和歧异。亨廷顿指出："城市化、识字率、教育和接触传播媒介的水平的提高，都在提高人们的愿望和期待，而如果这些愿望和期待不能得以满足，就会刺激个人和集团投身于政治。在缺少强有力和灵活的政治制度的情况下，这种参与的增加便意味着动乱和暴力。"② "任何一种给定政体的稳定都依赖于政治参与程度和政治制度化程度之间的相互关系。如果要想保持政治稳定，当政治参与提高时，社会政治制度的复杂性、自治性、适应性和内聚力也必须随之提高。"③ 可见，公民参与中的公民监督功能并不天然地与参与绩效之间呈现线性

---

① 卢新宁：《华南虎事件，怎样才是对全国人民负责？》，人民网—观点频道，2007 年 11 月 30 日。

② ［美］塞缪尔·亨廷顿：《变化社会中的政治秩序》，王冠华等译，生活·读书·新知三联书店 1989 年版，第 44 页。

③ 同上。

相关关系，其他制度建设也是影响参与绩效的重要影响变量。在缺乏规范的监督机制和充分的公民监督意识的条件下，无约束地扩大公民监督有可能影响公民监督的绩效，使公民监督同监督的绩效之间表现出非线性关系。此外，参与政策制定的公民的代表性也是影响监督功能发挥的一个重要变量。约翰·克莱顿·托马斯认为："不管是在何种场合或条件下，很多有资格参与的人和已经参与的人都很难代表那些所有有资格参与的公众。"① 例如，利益集团监督政策制定的能力是显而易见的，但其公共性却经常引发人们的质疑。甚至很多代表特定群体利益的公民在受邀参与公共决策后追逐特殊的利益，从而导致了更广泛层面的公共利益缺失。这实际上也体现出了公民参与的非线性特征。由此可见，为了使公民监督与政治稳定之间保持一种良性互动关系，必须加快制度建设的步伐，尽可能地将公众日益增长的政治参与要求纳入制度化的轨道，以此来提高社会政治制度的复杂性、自治性、适应性和内聚力，抑制公民参与中表现在参与者之间的非公共性，尽可能实现从非线性特征到线性特征的回归，从而提高公共政策制定中公民参与的绩效。

---

① ［美］约翰·克莱顿·托马斯：《公共决策中的公民参与：公共管理者的新技能与新策略》，中国人民大学出版社 2005 年版，第 23 页。

第二章　公共政策制定中公民参与的基本认知

公民参与公共政策制定的行动是建立在与公民参与相关的一些基本认知的基础上的。本书讨论的基本认知主要包括两个方面，即我国公民对于公共政策制定过程的关注度和公民参与公共政策制定过程的动机。基本认知是公民参与行为的先声，对于公民参与行为将产生深刻影响。传统的规范性研究方法对于此类研究容易引发歧异，所以，本书定位在以实证研究为基础的量化研究层面。为了讨论这些认知以及奠定后续各章的其他研究的基础，本书对全国31个省（市、自治区）进行了广泛的调查研究。从本章开始，主要以在全国进行的实证调查为根据展开讨论。

第一节　调查的基本设计

本书属于实证研究，调查的目的在于为包括本章所讨论的内容在内的、我国公共政策制定中公民参与的研究获取相关数据、事实和文献资料，以奠定深入进行量化研究的基础。调查的内容主要在于了解公共政策制定中的公民参与在中国的实施状况、公共政策制定中公民参与的效果、影响我国公共政策制定中公民参与的因素、如何使公民参与在公共政策制定中发挥应有的作用等。本书的实证调查分为实地调查和问卷调查两个路径。

考虑到公共政策制定中的公民参与同经济状况相关性比较大，首先以多层随机抽样方式，对全国31个省（市、自治区）5000位各种职业、各种社会层次的公民进行问卷调查。问卷调查采用结构访谈的方法，问卷设计为无记名问卷。调查员主要委托北京大学政府管理学院、武汉大学政治与公共管理学院、华中师范大学管理学院、中南财经政法大学公共管理学院、深圳大学管理学院、武汉工业学院人文科学系等高校的行政管理专业的研究生及本科生担任。调查员在调查之前均进行了相关知识的培训。本次问卷调查共发出问卷5000份，收回有效问卷3218份。

问卷调查是一种很好的公共政策资料收集方法。但是，由于其容量所限，很难满足对于政策过程复杂问题的详细了解。所以，本书又以判断抽样的方式，在东部地区、西部地区和中部地区6个省（市、自治区），选择省、市、县、乡四级政府50位政府官员、政策研究人员及其他社会各界相关人士进行结构访谈和无结构访谈，以了解公民参与公共政策制定的复杂过程和详细情况。无结构访谈采用焦点团体座谈会和个别访谈的方法进行。本部分任务主要由笔者通过实地考察来完成。

政府部门有关档案、有关新闻报道及其他有关资料是记录公民参与公共政策制定状况的重要载体之一。包括关于公民参与公共政策制定的历史、教训、经验以及当前状况、发展动态的重要信息。这些信息对于实证研究具有非常重要的参考价值，是问卷调查难以涵盖的，也是实地访谈无法代替的。所以，本书从政府部门有关档案、有关新闻报道及其他有关资料中随机提取18个相关案例和相关数据进行分析，以便更准确地确认我国公共政策制定与公民参与的现状及动态。本部分调查任务也主要由笔者完成。

本书原设计的调查时间跨度设计为一年，但由于调查内容及调查范围覆盖面较宽，信息获得难度较大，且存在去伪存真和去粗存精的过程，所以，实际调查时间跨度扩展为2004年8月至2007年8月。

第二节　调查的描述性统计

公共政策制定过程涉及政策制定主体和政策制定的客体。政策制

定主体包括政府组织和各类非政府组织，政策制定客体包括公民在
内。对于政策制定主体的调查，以实地调查为主、问卷调查为辅；对
于政策客体公民的调查，以问卷为主、实地调查为辅。本书属于实证
研究，建立在抽样调查基础上，样本是否具有代表性和均衡性是决定
后续研究是否可靠的重要影响因素。因此，本部分首先对样本的代表
性和均衡性进行讨论。

一　样本的代表性

我国是一个人口大国，有 13 亿人口。由于人力、物力和财力所
限，对公民在公共政策制定中的参与状况进行调查，不可能对所有公
民都进行调查。抽样调查能够很好地解决这个问题。例如，"对美国
公民的调查如果能够抽样询问两千到三千人的话，人们就会认为已经
有足够的案例可以准确地反映全部的二亿九千万的人口"。[①] 而且，
"按一般想法，总体越大，样本也要求越大。但我们也应该知道，这
两者变化并不成正比关系。实际上，当总体规模达到一定程度时，样
本大小几乎与总体大小无关"。[②] 有鉴于此，本书采用无放回简单抽样
办法向全国发出 5000 问卷进行抽样调查。所谓"无放回简单抽样"，
是指每个样本在抽样中最多只能被抽中一次的抽样方法。而与之相对
应的，是"有放回简单抽样"。所谓"有放回简单抽样"，是指每个
样本在抽样中有可能被抽中多次的抽样方法。对于"无放回简单抽
样"，简明和胡玉立介绍了当给定相对误差和置信水平时，其样本量
n 的确定方法:[③]

$$n = \frac{n_0}{1 + \frac{n_0}{N}}$$

式中，N 为总体的单位数。

当 N 足够大时，可以证明:

---

① ［美］W. 菲利普斯·夏夫利:《政治科学研究方法》第六版，新知译，上海世纪出
版集团 2006 年版，第 117 页。

② 张彦、吴淑风:《社会调查研究方法》，上海财经大学出版社 2006 年版，第 49 页。

③ 简明、胡玉立:《市场预测与管理决策》第三版，中国人民大学出版社 2003 年版，
第 149 页。

$n \approx n_0$

式中，n_0 为"有放回简单抽样"条件下的样本量。

$$n_0 = \left(\frac{tS}{\bigtriangledown} \right)^2$$

式中，t 为概率度，当置信水平为 95% 时，$t = 1.96$；$\bigtriangledown$ 为允许的最大绝对误差，本书令其为 1.8%；S 为总体的标准差。

于是有：

$$n_0 = \left(\frac{tS}{\bigtriangledown} \right)^2 = \left(\frac{1.96S}{0.018} \right)^2 = (108.9S)^2$$

"统计学家已经发现，当比例等于 0.5 时，这个比例的标准差是最大的。……最大的标准差为 0.5。"[1] 按照这一原理，本书如果估计标准差 S 为 0.5，则有：

$$n \approx n_0 = (108.9S)^2 = (108.9 \times 0.5)^2 = 2965$$

在 95% 的置信水平下，为使估计的绝对误差不超过 1.8%，当标准差达到最大值 0.5 时，需要的样本量为 2965 份。而本书所收回的问卷为 3218 份，大于 2965 份。因此，本书的样本是具有代表性的，能够在 95% 的置信水平和绝对误差不超过 1.8% 的条件下反映我国的基本情况。

二 样本的均衡性

（一）作为调查对象的政策制定主体的分布范围

作为调查对象的政策制定主体的分布范围是本书的重要影响变量。对于政府组织，主要关心其地域分布和层级分布；对于非政府组织，主要关心其地域分布和类型分布。公共政策的制定主体不仅仅限于政府序列，在治理语境下，非政府组织同样是公共政策制定主体。非政府组织有公共性强弱之分，为此，本书也对非政府组织进行了实地调查。实地调查部分的公共政策制定主体中非政府组织的地域分布如表 2 - 1 所示。

实地调查部分的公共政策制定主体中，地方政府的地域分布和层

---

① ［美］肯尼思·J. 迈耶、［美］杰弗里·L. 步鲁德尼：《公共管理中的应用统计学》第五版，李静萍译，中国人民大学出版社 2004 年版，第 212 页。

级分布如表2－2所示。

表2－1　　样本中公共政策制定主体（非政府组织）的地域和类型分布

区域	省份	政治协商组织	行业协会	自治组织	高校、医院等
东部	浙江省	浙江省政协温州市政协	温州市商会	唐安李村委会	
中部	江西省	九江市政协		玉京村村委会	江西师范大学
	湖北省	湖北省政协		常青花园管委会	武汉工业学院
	河南省		许昌市贸促会	枪杆刘村委会	许昌市中医院
西部	广西壮族自治区			城箱官田村委会	

表2－2　　样本中公共政策制定主体（政府序列）的地域和层级分布

区域	省份	省级政策制定主体	市级政策制定主体	县级政策制定主体	乡级政策制定主体
东部	浙江省	浙江省政府浙江省人大杭州市委杭州市人大杭州市政府	温州市政府温州市委	宁海县政府宁海县委	宁海县城关镇政府
中部	江西省		九江市委	星子县委星子县政府	星子县白鹿乡政府
	湖北省		十堰市委十堰市政府	老河口市委	
	河南省	河南省委河南省政府	许昌市委许昌市政府	许昌县委许昌县政府	许昌县小召乡政府
西部	甘肃省	甘肃省委			
	广西壮族自治区	自治区政府自治区人大	玉林市委玉林市政府	博白县委博白县政府	博白县城关镇政府

（二）问卷调查部分的样本基本数据分布范围

问卷调查共收回有效问卷3128份，样本的性别、年龄、政治面貌、年收入、文化程度、职业等身份特征分布分别见图2－1、图2－2、图2－

3、图2-4、图2-5 和表2-3。3128 个有效样本来自全国 31 个省（市、自治区），其地域分布见表2-4。

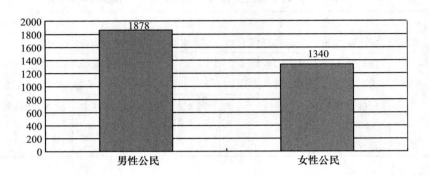

图 2-1　样本性别分布

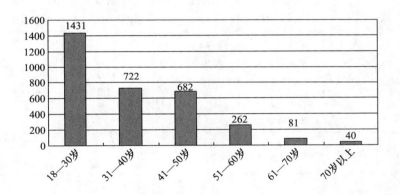

图 2-2　样本年龄地分布

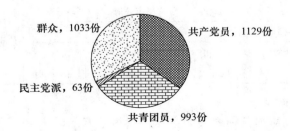

图 2-3　样本政治面貌分布

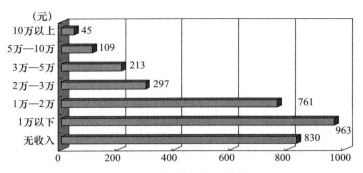

图 2－4　样本年收入分布

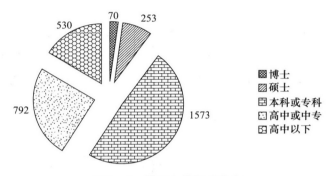

图 2－5　样本文化程度分布

表 2－3	样本的职业分布
职业	人数
工人	304
农民	318
军人	87
公务员	326
律师	31
下岗职工	131
科学、教育、文化、卫生、工程技术等领域的工作者	577
大学生	614
农民工	41
职员	226
退休职工	94
企业家及个体经营者	120
中专生、中学生	116
餐饮、旅社及其他服务机构的从业者	84
其他工作者	149

表 2-4   样本的地域分布

区域	省份	有效问卷（份数）
东部	北京、天津、河北、辽宁、吉林、黑龙江、上海、江苏、浙江、福建、山东、广东、海南	1056
中部	湖北、湖南、安徽、山西、河南、江西	1451
西部	内蒙古、广西、重庆、四川、贵州、云南、西藏、陕西、甘肃、青海、宁夏、新疆	711

从样本的性别、年龄、政治面貌、年收入、文化程度、职业等身份特征的分布情况来看，基本上呈现一种均衡分布状态；从地域分布特征来看，也基本上呈现一种均衡分布状态。所以，样本能够有效地保证研究的正确性和均衡性。

第三节　公民对于公共政策制定过程的关注度

加强公共政策制定中的公民参与是提高公共政策合法性的重要手段，也是"现代社会区别于传统社会的标志之一"。[①] 公民对于公共政策制定过程的关注度直接影响公民的参与行为和参与效果。研究公共政策制定中的公民参与，必须首先研究公民对于公共政策制定过程的关注度及其影响因素。本书以湖北、湖南、河南、江西、安徽和山西 6 省为个案，进行公民对政策制定关注度的若干影响因素的量化分析。资料获取通过问卷调查方式进行。调查的时间跨度为 2004 年 8 月至 2006 年 9 月。共发出问卷 1600 份，收回有效问卷 1384 份。2006 年 9 月后，又陆续收回问卷 67 份。由于该部分问卷收回时，主体研究已经开始进行，所以，本书对于中部 6 省相关问题的研究，仍使用 2006 年 9 月以前收回的 1384 份问卷。

――――――――――

① 李雪卿：《我国公民政治参与的现状分析》，《南京社会科学》1998 年第 5 期。

一　公民对公共政策制定过程的关注度和淡漠度

公民对公共政策制定过程的关注度是一个多元函数。就公民自身条件而言，受到年龄、职业、个人收入、文化程度等诸多因素的影响。为了考察这些因素如何在量化层面影响公民对公共政策制定过程的关注程度，问卷设计了"你对公共政策制定过程的关心情况"的问题。该问题为单项选择问题，备选项为"非常关心""关心""不关心""厌倦"。设计本题的目的在于通过对答案的量化分析，揭示性别、年龄、职业、个人收入、文化程度等变量与"公民对公共政策制定过程的关心程度"之间存在的量化关系。

对公共政策制定过程关注的人数越多，说明公民对公共政策制定过程关注的程度就越高。故本书将关注度定义在关注人数的基础上。在"非常关心""关心""不关心""厌倦"4 个选项中，"非常关心"和"关心"表达了对于公共政策制定过程的程度不同的关注，反映了一种积极态度。而"不关心"和"厌倦"则表达了对于公共政策制定过程的程度不同的淡漠，反映了一种消极态度。本书将积极态度和消极态度区分开来，建立两个概念，分别称为关注度和淡漠度。对公共政策制定过程表示关注的人数占总人数的比例称为关注度；对公共政策制定过程表示淡漠的人数占总人数的比例称为淡漠度。关注度体现积极态度，淡漠度体现消极态度。两者的计算方法如下：

关注度 = 选择"非常关心"选项的人数占总人数的比例 + 选择"关心"选项的人数占总人数的比例

淡漠度 = 选择"不关心"选项的人数占总人数的比例 + 选择"厌倦"选项的人数占总人数的比例

关注度 = 1 − 淡漠度

显然，由关注度可推导出淡漠度，故本书仅讨论关注度。

二　关注度随着年龄增长而变化的过程呈现类似抛物运动规律

将问卷中不同年龄段的公民对公共政策制定过程的关心状况进行统计，数据如表 2 − 5 所示。

表 2 - 5　　　　　　　　　　年龄对公共政策制定过程关注度的影响

| 年龄（岁） | 对公共政策过程的关注情况 | | | | | | | | 关注度（%） |
| | 非常关心 | | 关心 | | 不关心 | | 厌倦 | | |
	人数	比例（%）	人数	比例（%）	人数	比例（%）	人数	比例（%）	
18—30	58	8.6	424	63.9	167	25.2	15	2.3	72.5
31—40	40	13.5	184	62.2	70	23.6	2	0.7	75.7
41—50	42	14.6	173	60.1	66	22.9	7	2.4	74.7
51—60	14	14.6	57	59.4	24	25.0	1	1.0	74.0
61—70	2	6.9	17	58.6	8	27.6	2	6.9	65.5
70 及以上	2	18.2	3	27.3	4	36.4	2	18.2	45.5

注：因为计算过程中的四舍五入，所以各分项百分比之和，有时不等于100%。下同。

首先，考察样本数据表现出的综合特征。从表 2 - 5 可知，对于绝大多数年龄段来说，关心公共政策制定过程的人数依然占样本中各年龄段公民的大多数。但各年龄段公民的关注度则呈现明显的不同。在所有年龄段中，31—40 岁的群体对公共政策制定过程的关注度最高，为 75.5%；18—30 岁群体的关注度是 72.5%，明显偏低，仅比 61—70 岁年龄组的 65.5% 稍高。如果说 61—70 岁年龄组的公民已经退出劳动者主体队伍，对于公共政策制定过程的关注程度有所降低是正常现象，但青年人通常被认为是比较关心政治的群体，对于公共政策制定过程的关注度偏低则是一种不正常的现象。这说明当前青年群体的政策参与淡漠情绪偏高，公民意识及公民责任感偏低。20 世纪 50 年代青年人的政治热情、80 年代青年人的公共精神是当前的青年群体难以相比的。这里可能有许多原因，如社会转型加剧、就业压力增大、理想精神缺失、价值取向更加功利化、对社会失范现象的治理丧失信心等。但无论如何，当前青年群体政策参与热情的衰减将在很大程度上影响我国公共政策制定的民主化进程。

其次，考察各年龄段中年龄增量对于关注度所起作用的大小和作用的方向。用 1、2、3、4、5、6 依次表示表 2 - 5 中从低到高的 6 个年龄段，将表 2 - 5 中年龄段和关注度数据进行曲线拟合，得到曲线方程及其图示（见图 2 - 6）。

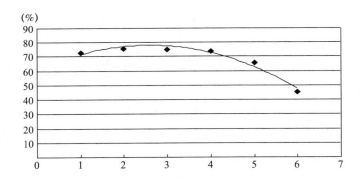

图 2 - 6　中部 6 省公民各年龄段对于关注度的影响曲线

关注度 = - 0.026 × (年龄段的序号)^2 + 0.1349 × 年龄段的序号 + 0.6022

$R^2 = 0.9633$

复测定系数为 0.9633，表明关注度的变化可以用年龄的变化来解释 96.33% 。

可以证明该曲线方程连续且可导，此处不赘述。为便于对各个年龄段进行比较研究，对上述方程分别求出一阶导数和二阶导数的表达式，并代入相关数据，求出各年龄段所对应的一阶导数值及方程的二阶导数值。一阶导数值见表 2 - 6，二阶导数值为 - 0.52。曲线方程的二阶导数为负值，说明该方程存在一个极大值，且一阶导数为单调减函数，即一阶导数随着年龄的增长而单调减小。这就意味着从该函数的特征出发，至少有三点结论可以得到理论证明。

表 2 - 6　　　　　　　　各年龄段对应的一阶导数值

序号	1	2	3	4	5	6
年龄段（岁）	18—30	31—40	41—50	51—60	61—70	70 以上
一阶导数值	0.0829	0.0309	- 0.0211	- 0.0731	- 0.1251	- 0.1771

结论一：年龄增量对关注度的影响因年龄段而异。从表 2 - 6 可知，每一年龄段所对应的一阶导数值都不同，这说明年龄增量对关注度的影响因年龄段而异。例如，31—40 岁和 61—70 岁两个年龄段，

年龄的增量都是 9 岁，但一阶导数值却分别为 0.0309 和 - 0.1251。前者为正值，说明在 31—40 岁年龄段中，年龄增量对于关注度的提高起着积极作用。后者为负值，说明在 61—70 岁年龄段，年龄增量对于关注度的变化起着消极作用，使关注度降低。从绝对值来看，0.1251 是 0.0309 的 4 倍。说明在 61—70 岁年龄段，年龄增量对于关注度的影响，远远大于 31—40 岁年龄段中年龄增量对于关注度的影响，前者影响力是后者的 4 倍。

结论二：关注度因年龄增长而提高的过程存在临界慢化效应。即在若干年龄段内，关注度随年龄的增长而提高，但这种提高不是无限的，而是存在一个极大值，又称为临界值。关注度在随年龄增长而提高的过程中，越接近临界值，其提高的速率越慢。这种现象称为临界慢化效应。① 从表 2 - 6 中可以看出，31—40 岁年龄段的关注度最高。以此为分界标志，前面的两个年龄段，关注度随年龄的增长而提高，但提高的速率随着年龄的增长逐渐变慢。18—30 岁年龄段关注度的提高速率是 0.0829，而 31—40 岁年龄段关注度的增加速率是 0.0309，后者更接近临界值，但速率却不及前者的一半。这种现象说明关注度的提高速率随年龄的增长而逐渐变慢，即存在临界慢化效应。

结论三：关注度的速率变化过程呈现类似抛物运动规律。41—50 岁及其后面的三个年龄段，关注度随年龄的增加而降低，但降低的速率却随着年龄的增长逐渐加快。如 51—60 岁年龄段关注度的降低速率是 - 0.0731，负号表示关注度向降低的方向变化。61—70 岁年龄段关注度的降低速率却是 - 0.1251，是前一年龄段的 1.7 倍。如果把结论之二描述的临界慢化效应考虑在内，则关注度速率随年龄增长而变化的整个过程就好像向天空中抛石块，随着时间的增加，越接近最高点，石块的速度越慢，但过了最高点之后，石块下降时，随着时间的增加，其速度却越来越快。这表明，中部 6 省公民对于公共政策制定过程的关注度随年龄增量而变化的过程呈现类似抛物运动规律。

---

① 傅广宛：《非线性视角中的公共政策执行过程》，《中国行政管理》2003 年第 5 期。

三　年收入与关注度之间存在低度正相关关系

将不同年收入状况的群体对于公共政策制定过程的关心程度进行统计，得到表 2 - 7。

表 2 - 7　　　　实际年收入对公共政策制定过程关注度的影响

实际年收入（万元）	对公共政策过程的关注情况								关注度（%）
	非常关心		关心		不关心		厌倦		
	人数	比例（%）	人数	比例（%）	人数	比例（%）	人数	比例（%）	
无收入	40	9.0	278	62.5	111	24.9	16	3.6	71.5
1 以下	47	10.7	265	60.5	119	27.2	7	1.6	71.2
1—2	42	13.0	206	63.6	74	22.8	2	0.6	76.6
2—3	13	12.9	64	63.4	23	22.8	1	1.0	76.3
3—5	8	19.0	25	59.5	7	16.7	2	4.8	78.5
5—10	6	27.3	14	63.6	2	9.1	0	0.0	90.9
10 以上	2	16.7	6	50.0	3	25.0	1	8.3	66.7

为了更精确地探讨关注度与公民年收入之间相关程度的高低，将关注度与公民年收入情况进行线性相关分析。线性相关情况使用 Spearman 相关系数来度量。首先提出零假设 H_0，在显著性水平为 0.05 的条件下，假设中部 6 省公民对于公共政策制定过程的关注度与年收入之间不存在线性关系。经过计算后可以得到描述收入与关注度之间相关程度的 Spearman 相关系数为 0.055，该数值为正值，说明两者在样本中存在正相关关系。显著性水平为 0.04，提示应该拒绝"零假设"。即不仅在样本中存在正相关关系，而且样本所来自的总体对于公共政策制定过程的关注度与年收入之间也存在正相关关系。当相关系数的绝对值大于 0.8 时，表明两变量之间具有较强的线性关系；当相关系数的绝对值小于 0.3 时，表明两变量之间的线性相关关系较弱。而中部 6 省公民年收入与关注度两变量的 Spearman 相关系数仅仅为 0.055，说明关注度与年收入之间存在低度正相关关系。

为进一步探讨这种正相关关系的解释能力，将关注度与公民年收入进行回归分析，可得复测定系数为 0.072，说明用年收入变化可以解释关注度变化的 7.2%，解释能力显然不高。如相对于更低收入群体，中部 6 省年收入 10 万元以上群体对于公共政策的关注度不是提高而是降低。这种正相关关系解释能力低下的现象说明，不可以过分依赖收入因素解释关注度的变化。

分析表 2－7 可知，正相关关系的解释能力低下的原因主要是由 10 万元以上高收入阶层的关注度偏低所致。中国的高收入阶层处于初生期，其阶层意识目前尚处于萌芽状态，尚未形成全面而系统的政策诉求。该阶层中相当一部分人对公共政策制定的关心未必出于公共精神，更多的是出于自我保护意识，所以，政策诉求覆盖面不宽。"其要求主要集中在两个相互联系的问题上，即合法的私营财产和民主权利的法律保护。"① 一些以"企业家"身份当选的人大代表或政协委员，对其政治身份相当看重，但其看重的并不是政治身份承担的为民代言的神圣责任，而是这一特殊身份为谋取私利和规避风险所带来的便利。一个缺乏全面、系统的政策诉求的阶层不会对公共政策制定过程投入高度的关注。公共精神匮乏、社会责任感流失所带来的对于公共政策制定的关注度偏低，将有可能导致政治层面"为富不仁"的社会现象加剧。目前状况下，高收入阶层在政策制定中的作用难以寄予高度期望。

四 文化程度与关注度之间存在高度正相关关系

"受教育的程度愈高，对民主的要求就愈强烈。"② 阿尔温·托夫勒的这个观点实际上指出了文化程度和对民主要求之间存在正相关关系。但是，从量化视角出发，文化程度每提高一个层次，对民主的要求将提高多少，阿尔温·托夫勒却没有深入回答。至于我国公民的文化程度每提高一个层次，公民对于公共政策制定过程的关注度会提高多少，就更未见文献报道。为了弥补这个不足，本书将样本中不同文化程度群体对于公共政策制定过程的关心程度进行统计，得到如

---

① 董明：《对私营企业主阶层研究的有关文献综述》，《中共浙江省委党校学报》2006年第 4 期。

② ［美］阿尔温·托夫勒：《权力的转移》，中共中央党校出版社 1991 年版，第 232页。

表 2 - 8 所示的数据。

表 2 - 8　　　　　　　　文化程度对公共政策制定过程关注度的影响

文化程度	对公共政策过程的关注情况								关注度（%）
	非常关心		关心		不关心		厌倦		
	人数	比例（%）	人数	比例（%）	人数	比例（%）	人数	比例（%）	
博士	10	32.3	16	51.6	5	16.1	0	0.0	83.9
硕士	6	8.7	49	71.0	13	18.8	1	1.4	79.7
本科或专科	92	13.2	446	64.3	148	21.3	9	1.3	77.4
高中或中专	31	9.0	217	63.3	88	25.7	7	2.0	72.3
高中以下	19	7.7	130	52.8	85	34.6	12	4.9	60.5

用 1、2、3、4、5 分别代表"高中以下""高中或中专""本科或专科""硕士""博士"5 个学历层次，然后将文化程度和关注度进行一元回归分析，可以得到如下方程：

关注度 = 0.0542 × 文化程度的序号 + 0.585

$R^2 = 0.9058$

这意味着从"高中以下"为起点向上，依次为"高中或中专""本科或专科""硕士"，直至"博士"5 个学历层次，学历每提高一个层次，公民对于公共政策制定过程的关注度就比相邻较低的学历层次群体约提高 5.42%。复测定系数为 0.9058，表明关注度的变化可以用学历变化解释 90.58%。学历与关注度之间存在高度正相关关系。

图 2 - 7 中，直线为利用方程计算所得的理论值，各个黑点为实际统计值。图 2 - 7 表明理论值与实际值是很吻合的。该方程的意义在于，不仅用量化方式清晰地表述了学历与关注度之间高度正相关关系，而且回答了中部 6 省公民的学历提高多少，公民对于公共政策制定过程的关注度因此而提高多少的问题。同时，利用该方程还可以计算出中部 6 省任何学历群体对于公共政策制定过程的平均关注度。

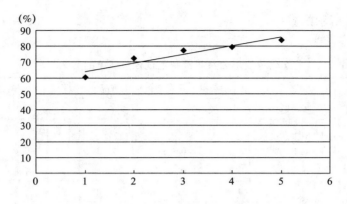

图2-7 文化程度与关注度的回归分析

五 职业对公共政策制定过程中关注度的影响

公民对于公共政策制定过程的关注度高低与公民所从事的职业相关。职业对公共政策制定过程关注程度的影响见表2-9。

表2-9 职业对公共政策制定过程关注度的影响

职业或工作领域	对公共政策制定过程的关注情况								关注度（%）
	非常关心		关心		不关心		厌倦		
	人数	比例（%）	人数	比例（%）	人数	比例（%）	人数	比例（%）	
工人	13	10.3	75	59.5	35	27.8	3	2.4	69.80
农民	7	5	73	51.8	58	41.1	3	2.1	56.80
军人	6	20	19	63.3	2	6.7	3	10	83.30
公务员	36	23.2	100	64.5	19	12.3	0	0	87.70
律师	4	40	5	50.0	0	0.0	1	10.0	90.0
下岗职工	4	8.7	28	60.9	11	23.9	3	6.5	69.6
科教文卫、技术	28	15.0	123	65.8	35	18.7	1	0.5	80.8
大学生	35	10.0	221	63.1	89	25.4	5	1.4	73.1

续表

职业或工作领域	对公共政策制定过程的关注情况								关注度（%）
	非常关心		关心		不关心		厌倦		
	人数	比例（%）	人数	比例（%）	人数	比例（%）	人数	比例（%）	
农民工	2	10.0	9	45.0	9	45.0	0	0.0	55.0
职员	1	1.2	55	67.9	24	29.6	1	1.2	69.1
退休职工	3	9.7	23	74.2	5	16.1	0	0.0	83.9
企业家、个体户	8	13.6	32	54.2	17	28.8	2	3.4	67.8
中专、中学生	3	5.3	40	70.2	9	15.8	5	8.8	75.5
餐饮、旅社服务业	2	5.7	17	48.6	15	42.9	1	2.9	54.3
其他职业	6	10.7	38	67.9	11	19.6	1	1.8	78.6

注：表中，"大学生"与"大学文化程度的公民"并非同一概念；"中专、中学生"与"中专（中学）文化程度的公民"并非同一概念；"退休职工"与"61—70 岁年龄段的公民"并非同一概念。

从表 2-9 中的数据来看，一些不同的职业对关注度的影响相互之间区别不大。如果以各种职业为分析单元，将公民对于公共政策制定过程的关注度从高到低排序，显得过于细化，缺乏实际意义。所以，进行集约处理并按照不同的类别进行排序是一种更为合理的、可以使结果更加清晰的方法。为此，将各种职业的公民对于公共政策制定过程的关注度按照类别间平均连接法的思路进行聚类分析。聚类分析结果见表 2-10。

表 2-10　各种职业的公民对公共政策制定过程关注度的聚类分析结果

组别	第一组	第二组	第三组	第四组
关注度	87.7%—90%	78.6%—83.9%	67.8%—75.5%	54.3%—56.5%
职业或工作领域	律师、公务员	科教文卫、技术领域，军人，其他工作者，退休职工	大学生、工人、中专生、中学生、下岗职工、职员、企业家、个体户	农民、农民工、餐饮、旅社服务业等

聚类分析的结果揭示了三项重要内容。

第一，按照严格的科学逻辑，计算出了中部 6 省公民对于公共政策制定过程的关注度应区分为 4 组，并列出了每组内部所包含的关注度比较接近的各种职业的公民群体。这种方法比未经计算而仅仅凭借一般的观察直觉就对关注度进行分类的方法更为精确和可靠。

第二，依照关注度的大小，准确地排出了各组关注度的大小顺序，从第一组至第四组，各组中的公民对于公共政策制定过程的关注度依次降低。值得关注的是，大学生、中专生及中学生群体对于公共政策制定过程的关注度排列在第三组，这种位次靠后的现象说明对于大中专学生以及中学生的公民意识教育依然任重道远。

第三，通过聚类分析，更加清晰地表述了转型期社会各阶层对于公共政策制定过程的关注度发生分化的政治现象及其分化依据。按照既往传统的政治标准，工人、农民和军人对于公共政策制定过程的关注度应该位于同一组，但聚类分析结果却表明，中部 6 省工人、农民和军人对于公共政策制定过程的关注度区分为三组。这种现象在一定程度上说明，当前公民对于公共政策制定过程关注度的分化不是以政治身份为分化依据，而是以职业身份和经济收入为分化依据。从这个意义上说，这种分化对于如何巩固传统意义上的工农联盟提出了新的命题，"正视并切实巩固和发展新形势下的工农联盟成为历史的必然"。[①] 由此出发，这种分化也必将带来公共政策制定模式及其价值取向发生深刻的改变。

第四节　公民参与公共政策制定的动机

参与公共政策制定的动机是公民为实现一定目的而表现出参与行动的原因。参与动机是公民个体的内在驱动过程，参与行为是这种内

---

① 刘曼抒：《农民工素质全方位提高的重要意义及对策思考》，《社会科学战线》2005 年第 4 期。

在驱动过程的外在表现。参与公共政策制定的动机对于公民参与公共政策制定的行为具有引发、指引和激励的功能。了解公民参与政策制定的动机，有助于理解公民参与公共政策制定过程的行为表现。

为了解公民参与政策制定的动机，本书设计了"如果你有过参与政策制定的想法或行为，其原因是什么"的问题，该问题为多项选择问题。备选答案有6项，依次为"从众行为""个人兴趣""个人利益""维护公共利益""公民权利""公民责任心"。6项备选答案的排列顺序是基于其与政治制度的关系。

一　政治制度对于公民参与动机的影响

作为社会政治领域中要求政治实体遵从的各类准则或规范，政治制度具有广义和狭义之分。广义的政治制度包括"正式约束和非正式约束两个部分"。① 狭义的政治制度只包括"正式约束及其结构化的形式，特别是组织机构及其所遵循的规则"。② 这里研究的政治制度是指广义的政治制度。上述6项备选答案的排列顺序是根据我国的具体情况，利用德尔菲法征询专家意见后，按照每项备选答案与政治制度关系的强弱由小到大依次排列而成。

在选项中，"公民责任心"和"维护公共利益"并不是同一个概念。本书所界定的"公民责任心所进行的政策制定过程的参与，是指在我国社会主义制度下，出于公民对社会和他人应具备的最基本的生活准则所进行的政策制定过程的参与。在本书的界定中，这种参与结果的利益促进是微观的，即主要是指促进有限数量的他人利益，而不是全社会的利益。本书所定义的"维护公共利益"所进行的政策制定过程的参与，其参与结果的利益促进是宏观的，即主要是指促进全社会的利益。本书所定义的基于公民权利所进行的政策制定过程的参与，是指公民基于对宪法所规定的公民权利的遵从所进行的政策制定过程的参与。

根据对湖北、湖南、河南、江西、安徽和山西中部6省的统计结

① 宁骚：《公共政策学》，高等教育出版社2003年版，第101页。
② 同上。

果，共有 1974 人次对参与政策制定的动机做出了回答，其中，男性
公民 1169 人次，女性公民 805 人次。统计结果见表 2 – 11。

表 2 –11　　　　　　　　社会性别与公民参与政策制定的动机

社会性别	参与公共政策制定的动机											
	公民责任心		公民权利		维护公共利益		个人利益		个人兴趣		从众行为	
	人次	比例（%）	人次	比例（%）	人次	比例（%）	人次	比例（%）	人次	比例（%）	人次	比例（%）
男	393	33.6	296	25.3	218	18.6	134	11.5	93	8.0	35	3.0
女	251	31.2	208	25.8	113	14.0	123	15.3	84	10.4	26	3.2

用 1、2、3、4、5、6 依次分别代表"从众行为""个人兴趣"
"个人利益""维护公共利益""公民权利""公民责任心" 6 个参与
动机的级别。对公民出于某项动机而参与政策制定的人次占总参与人
次的比例进行回归分析。可以得到下式：

出于某项动机而参与的人次占总参与人次的比例 = 0.0573 × 该参
与动机的级别 + 0.0342

$R^2 = 0.9783$

复相关系数为 0.9783，说明在政策制定中出于某项动机而参与的
人次占总参与人次的比例变化可以用参与动机的变化来说明 97.83%。

上式至少说明了两个问题。首先，按照"从众行为""个人兴
趣""个人利益""维护公共利益""公民权利""公民责任心" 6 个
参与动机级别的顺序，公民参与人次与动机级别之间呈现良好的线性
相关关系。公民参与人次与动机级别呈正相关关系，每发展一个参与
动机级别，公民参与人次大约增加 5.73%。

其次，按照"从众行为""个人兴趣""个人利益""维护公共利
益""公民权利""公民责任心" 6 个参与动机级别的顺序排列，诸动
机与政治制度的关系呈现出由不密切到逐渐密切的变化，而参与人数
则按照动机级别的上述顺序呈现出由少到多的变化。这种关系清楚地
表明，参与动机与政治制度的关系越紧密，或者说参与动机接受政治

制度的干预越多，就越容易激发公民参与公共政策制定的积极性，越容易引发更多的公民参与政策制定。公民参与人次与参与动机的线性关系见图2-8。

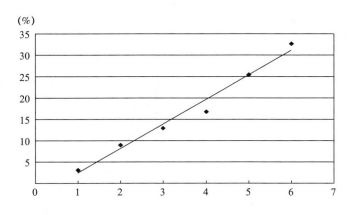

图2-8 公民参与人次与参与动机的线性关系

从图2-8中可以直观地看出，如果以选择人次比例15%为分界线，则公民参与政策制定的动机有3个低选择率项，即"个人利益""个人兴趣"和"从众行为"，在这3项上选择人次较少。也有3个高选择率项，即"公民责任心""公民权利"和"维护公共利益"，在这3项上选择人次较多。男性公民在3个高选择率项上选择人次占总选择人次的77.5%，在3个低选择率项上选择人次占总选择人次的22.5%。女性公民在3个高选择率项上选择人次占总选择人次的71.1%，在3个低选择率项上选择人次占总选择人次的28.9%。这说明，公共政策制定中的公民参与动机，主要是出于公心、出于有利于他人、出于高尚的情操和道德。而出于"个人利益""个人兴趣""从众行为"的选择虽然占有一定的比例，但不是公民参与动机的主流。从主流来说，我国公民参与公共政策制定的动机是可靠的。

二 社会性别对于公民参与动机的影响

社会性别不同于自然性别。社会性别是后天形成的一种社会角色和社会形象的定位。由于社会性别不同，公民所承担的社会分工也不同，这就有可能造成公民在公共政策制定中的参与动机方面的差异。从表2－11可以看出，在"个人利益""个人兴趣"两个选项上，女性选择人次比例高于男性；在"公民责任心""维护公共利益"两个选项上，男性选择人次比例高于女性。为使观察结果更直观起见，将其表示为图2－9。

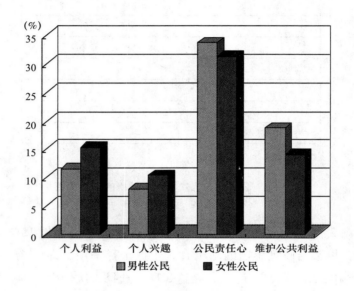

图2－9　男女公民参与动机的公共性比较

　　图2－9直观地表明：在"个字头"的选项上，女性公民选择人次的比例高于男性公民；在"公字头"的选项上，女性公民选择人次的比例低于男性公民。为更准确地界定这种差异，构建一个新的函数，称为"亲公共价值指数"。定义亲公共价值指数为：

　　亲公共价值指数＝选择"公民责任心"的人次百分比＋选择"维护公共利益"的人次百分比－选择"个人利益"的人次百分比－选择"个人兴趣"的人次百分比

　　由于亲公共价值指数的构成是"公字头"选项上的人次与"个字头"选项上的人次之差，所以，能够很好地反映某一特征群体参与动机的亲公共价值程度。将表2－11中的有关数据代入上式可求得：

男性公民的亲公共价值指数 = 32.18%

女性公民的亲公共价值指数 = 28.0%

显然，男性公民的亲公共价值指数高于女性公民 4.18 个百分点。换言之，虽然男女公民参与公共政策制定的动机都具有亲公共价值维度，但男性公民参与动机的亲公共价值维度较女性公民更为明晰。这在一定程度上说明，女性公民在公共政策制定的参与动机上比男性公民更加感性化。一个可能的解释是，女性公民承担着人类社会物质文明生产、精神文明生产和人口再生产的多重任务，置身于家庭事务和社会职业的角色冲突之中，在努力争取与男性公民平等的公民权利过程中，女性公民更"关心并渴望了解与自身利益相关的公共事务"①，这使女性公民不得不更多地考虑感性色彩浓厚的参与动机。此外，长期以来，在社会性别方面政治社会化的结果，使"男主外、女主内"的传统思想根深蒂固。男性公民被塑造为政治化色彩浓厚的自然人，而女性公民被塑造为非政治化色彩浓厚的自然人。这直接造成了女性公民较低的公共治理参与心理。与男性公民相比较而言，其参与动机自然也会呈现出低公共性特征。

三　文化程度对于公民参与动机的影响

为了解文化程度对公民参与动机的影响，利用对全国 31 个省（市、自治区）的问卷调查结果，将不同文化程度公民的参与动机进行统计，统计结果见表 2 - 12。

为讨论方便计算，用 1、2、3、4、5 分别代表"高中以下""高中或中专""本科或专科""硕士""博士"；用 y 表示参与人次的比例，用 x 表示文化程度的序号。然后再根据表 2 - 12 中的数据，将各类文化程度的公民在每一种参与动机上的人次分布规律归纳为数学模型，见表 2 - 13。

---

① 杨翠萍：《性别与民主：村委会选举中的妇女参与——以河南曹村为例》，《华中师范大学学报》（人文社会科学版）2002 年第 6 期。

表 2 – 12   不同文化程度公民的参与动机

文化程度	参与公共政策制定的动机											
	公民责任心		公民权利		维护公共利益		个人利益		个人兴趣		从众行为	
	人次	比例(%)	人次	比例(%)	人次	比例(%)	人次	比例(%)	人次	比例(%)	人次	比例(%)
博士	30	29.1	24	23.3	25	24.3	15	14.6	7	6.8	2	1.9
硕士	142	34.6	89	21.7	80	19.5	52	12.7	35	8.5	13	3.1
本科或专科	754	32.8	608	26.5	414	18.0	281	12.2	202	8.8	39	1.7
高中或中专	310	29.7	265	25.4	139	13.3	186	17.8	91	8.7	52	5.0
高中以下	187	26.9	169	24.3	83	11.9	156	22.5	55	7.9	45	6.5

表 2 – 13   不同文化程度的公民参与动机的数学模型

参与动机	数学模型
公民责任心	$y = 0.0262x + 0.2445$（未含博士）；$R^2 = 0.9891$
	$y = 0.0093x + 0.2783$（含博士）；$R^2 = 0.2301$
公民权利	各个学历层次无太大区别
维护公共利益	$y = 0.031x + 0.081$； $R^2 = 0.9664$
个人利益	$y = 0.0138x^2 - 0.1036x + 0.3188$； $R^2 = 0.9659$
个人兴趣	$y = -0.0039x^2 + 0.0207x + 0.0616$；$R^2 = 0.9732$
从众行为	$y = -0.0111x + 0.0697$； $R^2 = 0.72$

（一）文化程度与出于"公民责任心"而参与的公民人次的关系

从表 2 – 13 中"公民责任心"一栏内的数学模型可知，在不考虑文化程度为博士层次的公民的情况下，从"高中以下"为起点向上，依次为"高中或中专""本科或专科"直至"硕士"4 个学历层次。学历每提高一个层次，出于"公民责任心"而参与的公民人次比例就比相邻较低的学历层次群体约提高 2.62%。复测定系数为0.9891，说明参与人次比例的变化可以用文化程度的变化说明98.91%。文化程度与出于"公民责任心"而参与公共政策制定的人次之间比例存在高度的正相关关系。从"高中以下"到"硕士"，文化程度越高，出于"公民责任心"而参与公共政策制定的人次比例就越高（见图 2 - 10）。

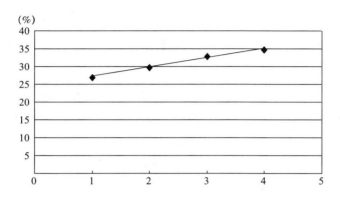

图 2 - 10　文化程度与出于"公民责任心"而参与的
公民人次比例的关系（未含博士）

　　将博士层次的公民考虑在内之后，复测度系数由 0.9891 变为 0.2301。说明出于"公民责任心"而参与的人次比例与文化程度的关系，由高度的正相关关系降低为低度的正相关关系。其中，原因显然是博士层次的公民出于"公民责任心"而参与的人次比例较小所致（见图 2 - 11）。

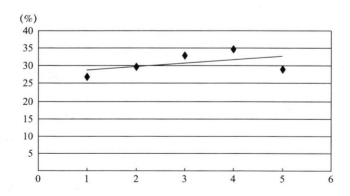

图 2 - 11　文化程度与出于"公民责任心"而参
与的公民人次比例的关系（含博士）

（二）文化程度与出于"个人兴趣"而参与的公民人次的关系

从表 2 – 13 中"个人兴趣"一栏内的数学模型可知，随着学历的提高，出于"个人兴趣"而参与政策制定的公民人次比例的变化比较复杂。其变化呈现抛物线规律。即随着文化程度的提高，出于"个人兴趣"而参与政策制定的公民人次比例经历了一个由低到高、经过最高点之后再由高到低的变化。曲线的最高点对应本科文化程度的公民群体，最低点对应博士文化程度的公民群体。换言之，本科文化程度的公民出于"个人兴趣"而参与的人次高于其他文化程度的公民；博士文化程度的公民出于"个人兴趣"而参与的人次比例最低。这可能与博士文化程度的公民考虑问题更加理性化有关。复测定系数为 0.9732，说明出于"个人兴趣"而参与公共政策制定的人次比例的变化可以用文化程度的变化说明 97.32%（见图 2 – 12）。

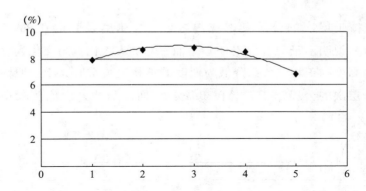

图 2 – 12　文化程度与出于"个人兴趣"而参与的公民人次的关系

（三）文化程度与出于"维护公共利益"而参与的公民人次的关系

从表 2 – 13 中公共利益一栏内的数学模型可知，学历每提高一个层次，出于"维护公共利益"而参与的公民人次比例就比相邻较低的学历层次群体约提高 0.31%。复测定系数为 0.9664，说明参与人次比例的变化可以用文化程度的变化说明 96.64%。文化程度与出于"维护公共利益"而参与公共政策制定的人次比例存在高度的正相关关系。从"高中以下"到"博士"，文化程度越高，出于"维护公共利益"而参与公共政策制定的人次比例就越高（见图 2 – 13）。

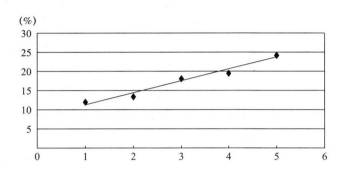

图 2 – 13　文化程度与出于"维护公共利益"而参与政策制定的公民人次的关系

（四）文化程度与出于"个人利益"动机而参与的公民人次的关系

从表 2 – 13 中"个人利益"一栏内的数学模型可知，随着学历的提高，出于"个人利益"而参与政策制定的公民人次比例的变化也呈现抛物线规律（见图 2 – 14）。复测定系数为 0.9659，说明出于"个人利益"动机而参与公共政策制定的人次比例的变化可以用文化程度的变化说明 96.59%。

从图 2 – 14 中看出，总的趋势是，出于"个人利益"而参与政策制定的公民人次比例，高学历公民群体比低学历公民群体为低。具体来说，随着文化程度的提高，出于"个人利益"动机而参与政策制定

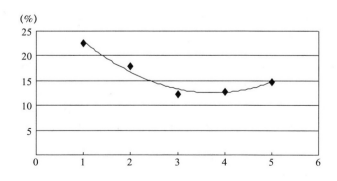

图 2 – 14　文化程度与出于"个人利益"而参与政策制定的公民人次的关系

的公民人次比例经历了一个由高到低、经过最低点之后再由低到高的变化。曲线的最低点对应本科文化程度的公民，最高点对应高中以下文化程度的公民。高中以下文化程度的公民出于"个人利益"而参与的人次比例最高。本科、硕士和博士三个学历层次的公民人次比例，均低于高中和高中以下两个学历层次的公民人次比例。这既说明了高学历群体在参与公共政策制定时具有更加理性化的特征，也说明了低学历群体在参与公共政策制定时具有更加感性化的特征。

但这并不意味着在高学历群体内部，存在学历越高参与动机就越理性的事实。对表2-13"个人利益"一栏中的数学模型求导，并将相关数据代入，得到表2-14。

表2-14　　　　文化程度与出于"个人利益"而参与的公民人次关系曲线的微分值

学历	高中以下	高中	本科或专科	硕士	博士
公民群体代码	1	2	3	4	5
y′值	-0.076	-0.0484	-0.0208	0.0068	0.0344
y′形式	$\dfrac{dy}{dx} = 0.0276x - 0.1036$				

从表2-14中可以看出，从高中以下到本科或专科，导数值都为负值，但从硕士开始却变为正值，这说明文化程度的提高对于各个学历群体的影响是不同的。对本科以下文化程度的公民群体，文化程度越高，出于"个人利益"参与的人次越少；对于硕士、博士两个文化程度的公民群体，文化程度越高，出于"个人利益"参与的人次越多。出现这种非线性现象的原因，可能与硕士、博士年龄较大，在我国当前状况下，仍然属于比较稀缺的资源，因之享受的既得利益较多，对于既得利益也更加珍视有一定关系。由此联想到一些地区的"引博工程"。所谓"引博工程"，即对博士、硕士群体许以一定行政职务，把未经一定层级锻炼和实践锻炼的硕士和博士安排在领导岗位上工作的做法。从表2-14的数据来看，这种做法是否具有一定的理论依据、是否具有很好的行政效果，可能需要时间的进一步检验，或

者可能需要重新进行审视和评估。

（五）文化程度与出于"从众行为"动机而参与的公民人次的关系

从表2－13中"从众行为"一栏内的数学模型可知，出于从众动机而参与公共政策制定的人次比例，随着文化程度的提高而降低。低学历群体更易于出于"从众行为"动机而参与政策制定，高学历群体不易出于"从众行为"动机而参与公共政策制定。出于"从众行为"动机而参与公共政策制定的人次比例与文化程度之间存在负相关关系。复测定系数为0.72，说明出于"从众行为"动机而参与公共政策制定的人次比例可以用文化程度的变化说明72%（见图2－15）。

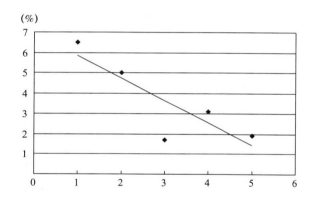

图2－15　文化程度与出于"从众行为"动机而参与政策制定的公民人次的关系

（六）文化程度与公民参与动机的亲公共价值指数的关系

按照前已界定的亲公共价值指数的定义，根据表2－12中的数据，计算出不同文化程度公民的参与动机的亲公共价值指数（见表2－15）。

表2－15　　　不同文化程度的公民群体参与动机的亲公共价值指数

文化程度	博士	硕士	本科或专科	高中或中专	高中以下
公民群体代码	5	4	3	2	1
参与动机的亲公共价值指数（%）	32	32.9	29.8	16.5	8.4

再将表 2 – 15 中的数据进行回归分析，得数学模型及图 2 – 16。

亲公共价值指数 = 0.0636 × 按照文化程度区分的公民群体代码 + 0.0484

$R^2 = 0.849$

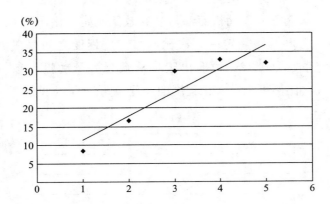

图 2 – 16　参与动机的亲公共价值指数与文化程度的关系

显然，不同文化程度的公民群体，其参与公共政策制定动机的亲公共价值指数是不同的。高学历群体参与公共政策制定动机的亲公共价值指数高于低学历群体。学历与参与公共政策制定动机的亲公共价值指数呈正相关关系。一般来说，学历越高，参与公共政策制定动机的亲公共价值指数就越高，亲公共价值维度就越明晰。复测定系数为 0.849，说明相关程度很高，是一种高度的相关关系，也说明公民参与动机的亲公共价值指数可以用学历的变化说明 84.9%。

四　年收入对于公民参与动机的影响

为了解年收入对公民参与动机的影响，利用对全国 31 个省（市、自治区）的问卷调查结果，将不同年收入公民群体的参与动机进行统计。共有 4520 人次进行了回答，统计结果见表 2 – 16。

表 2 - 16 不同年收入公民群体的参与动机

年收入（万元）	参与公共政策制定的动机											
	公民责任		公民权利		维护公共利益		个人利益		个人兴趣		从众行为	
	人次	比例（%）	人次	比例（%）	人次	比例（%）	人次	比例（%）	人次	比例（%）	人次	比例（%）
无收入	336	27.3	283	23	221	17.9	176	14.3	170	13.8	46	3.7
1 以下	421	32.2	337	25.8	182	13.9	241	18.4	83	6.4	43	3.3
1—2	334	32.6	279	27.2	165	16.1	150	14.6	63	6.15	34	3.3
2—3	137	30.6	116	25.9	88	19.6	64	14.3	29	6.5	14	3.1
3—5	97	33	77	26.2	53	18	34	11.6	26	8.8	7	2.4
5—10	47	31.5	46	30.9	24	16.1	14	9.4	15	10.1	3	2
10 以上	21	32.3	17	26.2	8	12.3	11	16.9	4	6.2	4	6.2

（一）年收入与公民参与动机的亲公共价值指数的关系

经济收入决定一个人的经济地位。经济地位对于公民参与政策制定动机的公共价值维度可以产生十分重要的影响。这种影响对不同收入的公民群体是均等的还是非均等的、是积极影响还是消极影响、影响程度如何等数量刻画方面的问题，是关于公民参与政策制定的研究应该做出回答的。但是，关于这些问题的研究成果目前均尚未见文献报道。为了完善既有公民参与研究的不足，接下来，利用表 2 - 16 中的数据对上述问题进行研究。

首先，利用表 2 - 16 中的数据求出以收入划分的各个公民群体参与动机的亲公共价值指数（见表 2 - 17）。

表 2 - 17 不同收入群体参与动机的亲公共价值指数

年收入（万元）	无收入	1 以下	1—2	2—3	3—5	5—10	10 以上
公民群体代码	1	2	3	4	5	6	7
参与动机的亲公共价值指数（%）	17.1	21.3	28.0	29.4	30.6	28.1	21.5

其次，为了讨论方便，根据表2－17中的计算结果，求出不同收入的公民群体参与动机的亲公共价值指数的数学模型及其曲线（见图2－17）。

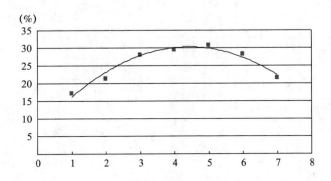

图2－17　参与动机的亲公共价值指数与年收入群体的关系

$$亲公共价值指数 = -0.012 × （按照收入区分的群体代码）^2 +$$
$$0.1061 × 按照收入区分的群体代码 + 0.066$$

$R^2 = 0.9577$

根据数学模型，至少可以得出两个结论：

首先，从数学模型看出，参与动机的亲公共价值指数与年收入群体的关系是二次方程而不是直线方程。即参与动机的亲公共价值指数与年收入群体的关系是非线性关系而不是线性关系。所以，不存在收入越高，恒有参与政策制定动机的亲公共价值指数越高的情况。也不存在收入越高，恒有参与政策制定动机的亲公共价值指数越低的情况。

求出不同收入群体参与动机的亲公共价值指数的微分值（见表2－18）。

表2－18　　不同收入群体参与动机的亲公共价值指数的微分值

年收入（万元）	无收入	1以下	1—2	2—3	3—5	5—10	10以上
公民群体代码	1	2	3	4	5	6	7
y'值	0.0821	0.0581	0.0341	0.0101	-0.0139	-0.0379	-0.0619
y'形式	$\dfrac{dy}{dx} = 0.024x - 0.1061$						

从表 2-18 可以看出，一阶导数值对不同的群体是不同的，说明公民群体自身的经济基础对于参与动机的亲公共价值维度的影响不是均等的而是非均等的。位于前四位的一阶导数值为正值，位于后三位的一阶导数值为负值，说明随着收入水平的提高，这种影响对于亲公共价值维度的作用由积极的转化为消极的变化。由于无收入群体、年收入 1 万元以下群体以及 10 万元以上群体三个群体所对应的一阶导数值的绝对值比较大，可以认为就影响程度来说，收入水平的增加对这三个群体的影响程度将大于对其他群体的影响。

从图 2-17 也可看出，随着收入水平的提高，亲公共价值指数也逐渐提高，但经过一个最高点之后，随着收入水平的提高，亲公共价值指数却逐渐降低。最高点对应的群体是年收入 3 万—5 万元群体，最高点左侧有两个次高点，分别对应年收入 1 万—2 万元和 2 万—3 万元群体；最高点右侧有一个次高点，对应的是年收入 5 万—10 万元群体。这说明目前我国各个收入群体中，年收入在 1 万—10 万元群体参与动机的亲公共价值维度比较清晰。应该是公民参与政策制定过程中就参与动机来说应该信赖的主流群体。

其次，目前我国各个收入群体中，参与动机的亲公共价值维度不太清晰的群体主要包括无收入群体，年收入在 1 万元以下的低收入群体，以及 10 万元以上群体。对于年收入在 1 万元以下的低收入群体来说，平均每月也就数百元。如果考虑养家因素的话，则目前在我国该群体和无收入群体属于生活不十分充裕甚至比较困难的群体。其参与动机的亲公共价值维度不太清晰的原因，可以用马斯洛的需求层次理论来解释。因为这些群体首先需要考虑的是自身生存的需要，然后才能考虑包括自我实现层次在内的其他层次的需要，这可能直接影响了其参与动机对公共价值的追求。至于年收入 10 万元以上群体，虽然其中也不乏忧国忧民之士，但与其他群体比较而言，其参与动机的公共价值维度有待于提高。这与该阶层或者群体没有形成阶层意识以及对于自身利益的追求比较投入有关。收入也是一种激励因素。收入越高，对自身利益追求过程所获得的激励就越强，对于自身利益的关注也就愈加投入，这也影响到其参与动机的公共价值维度。

毫无疑问，就我国目前的具体情况来说，年收入 10 万元以上的公民群体中，私营企业主占有相当比重。私营企业主群体中的一些人也有很强的参与意识和参与积极性，但其参与动机却未必具有很清晰的公共价值维度。

年收入 10 万元以上群体，一般都在当地具有一定的影响，在影响公共政策制定方面是一个不可忽视的重要群体。更多地吸收该群体参与政策制定，并使其参与动机的公共价值维度更加清晰化，能够为公共政策制定及执行带来许多益处。但从目前该群体中一些私营企业主参与政策制定动机的公共价值维度来看，难以促成其参与行为达成一个理想的参与绩效。所以，提升年收入 10 万元以上群体尤其是私营企业主的公民意识，增强其参与公共政策制定动机的公共价值，应该是提升政策制定中公民参与绩效需要确立的一个重要政策目标，也是值得去认真探索解决的一个重要政策问题。尤其是私营企业主的参与，如何以现代民主政治的精神实质，通过制度化和法制化的途径，激励私营企业主增强参与动机的亲公共价值维度，约束其借公民参与的合法化平台为自身过度谋取利益的亲自我价值倾向，防止官商结合对公共利益所带来的损失，更是值得在扩大公民有序参与政策制定的过程中认真加以解决的问题。

（二）年收入与基于公民权利而参与政策制定的公民人次的关系

将年收入与基于公民权利而参与政策制定的公民人次两个变量进行相关分析。由于年收入为非等距变量，所以，采用 Spearman 相关系数。经分析，Spearman 相关系数为 0.032，显著性水平为 0.067（双尾）。可以认为，年收入与基于公民权利而参与政策制定的公民人次两个变量之间没有相关关系。在我国，公民对于自己公民权利的认同与年收入之间没有很大关系。或者说，年收入对基于公民权利而参与政策制定的公民人次的多少没有很大影响。在不同年收入的公民群体中，基于公民权利而参与政策制定的人次占样本总人次的比例绘制雷达图（见图 2 - 18）。由图 2 - 18 可以直观地看出，尽管收入水平有很大不同，但不同收入水平的公民群体之间，基于公民权利而参与政策制定的公民人次的比例并无很大区别，基本位于同一水平的环形带上。

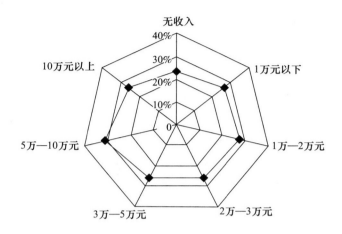

图 2 - 18　年收入与基于公民权利而参与政策制定的公民人次的关系

　　上述事实充分说明，改革开放以来，我国公民意识正在向正常定位回归。公民是一个不分收入多少的概念，基于公民权利而参与公共政策制定也应该是一个不分收入多少的概念。公民在参与公共政策制定过程中的权利是平等的。"今天，公民权利和政治权利的平均主义分配，已经成为现代国家治理的普遍共识。"① 但是，由于我国长期以来的封建文化等因素使然，在实际政策制定过程中，存在一些公民参与权利不平等的现象。而且不少公民的权利意识也在很长一个历史阶段处于一种比较淡漠的状态。年收入与基于公民权利而参与政策制定的公民人次之间没有相关关系，意味着在公民权利方面实现了从依附意识向自主意识的转变。这是一种值得欣慰的社会进步，也是市场经济发展和公民文化程度提高对民主政治产生的必然结果。说明各个收入水平的公民群体在政策制定中的权利意识已经基本趋于平等状态，没有哪个群体因为自己年收入较低就放弃或者降低自己基于公民权利的参与动机。对于公民权利的自我确认实质上为公共政策制定中的公

---

　　① 杨宏山：《论政府在公共服务领域的底线责任》，《学习与实践》2007 年第 5 期。

民参与奠定了一个很好的参与意识基础。以公民个人身份和公民权利的确认为出发点，实现公共政策过程中的广泛参与，属于后现代主义公共行政理论积极倡导的公民主义的行政模式。这种行政模式也是公共行政的发展方向之一。我国公民意识向正常定位的回归，既是促进传统行政模式与公民主义行政模式的对接，完成抽象公共行政价值向具体行政价值的转换，实现从治理向善治过渡的重要环节，也是扩大公共政策制定中有序公民参与的良好契机。

我国公民的权利意识向正常定位回归，也对政府的制度供给提出了新的要求。政府制度需要面对公民参与意识中权利意识增强的冲击，对公共政策制定过程的内在价值设定做出必要的调整和修正。这种调整和修正主要体现在三个方面。

第一，公平正义是公共政策过程所追求的核心价值目标之一，只有致力于维护公平正义，才能提高公共政策的合法性，增强公共政策执行的有效性。"要让正义成为社会主义制度的首要价值"①，适应我国公民的权利意识向正常定位回归的变化，需要在公共政策制定的公民参与过程中，从制度设计上尽量体现公民个人平等的参与权利和参与机会，特别注意让年收入低下的弱势群体拥有平等的利益表达权利和参与政策制定的机会。

第二，公民权利意识向正常定位的回归和公民对于参与权利均等化的追求，必然进一步谋求公共权力与公民权利的对称，谋求政府责任与公民责任的共同担当，谋求政府权力与公民权利的合理配置。为此，构建新的公共权力约束框架，实现从无限政府到有限政府的回归，进一步扩大政策制定中公民参与的渠道和途径，努力实现公共权力与公民权利的和谐共存，就成为优化公共政策制定过程的必然选择。

第三，随着公民权利意识向正常定位的回归，必然出现公共政策制定过程中利益主体更加多元化、公共政策参与主体更加多元化的局面。培育和发展公民社会就成为政府治道变革的必然选择。换言之，

---

① 《温家宝总理答中外记者问》，《人民日报》2007 年 3 月 17 日第 2 版。

政府在制度供给方面，必须努力健全政府与公民之间、公民与公民之间的协商对话机制，形成更加开放的公共治理格局，建立和谐的、多中心的利益表达和利益聚合平台，形成多元利益诉求和谐共存的格局。只有这样，才能够进一步实现社会的和谐与稳定。

（三）年收入与基于从众动机而参与的公民人次的关系

出于从众动机参与公共政策制定，是指公民个人在真实的或臆想的群体压力下，在认知上或行动上把多数人参与政策制定的行为当作参照基准，在行为上尽量与之保持趋同的参与现象。从众动机是公共政策制定中公民参与的常见动机之一，近年来，许多合乎法律的公民表达政策诉求的群体性事件中，不少公民都是出于从众动机而参与的。尤其在政策议程的系统议程中，出于从众动机的公民参与现象更为普遍。年收入与基于从众动机而参与的公民人次之间存在一定的相关关系。深入讨论这种相关关系，分析年收入对于从众动机的影响，有利于从微观层面认识公民参与政策制定的动力。

将表 2 - 16 中表述年收入与基于从众动机而参与的公民人次的相关数据（从无收入群体至年收入在 5 万—10 万元群体）进行回归分析，可以得到数学模型如下：

出于从众动机参与的人次比例 = - 0. 3257 × 按照收入区分的公民群体序号 + 4. 1067

$R^2 = 0.9131$

显然，年收入与基于从众动机而参与的公民人次之间存在负相关关系。复测定系数为 0. 9131，说明参与人次的变化可以用收入群体的不同来说明 91. 31%。

图 2 - 19 清晰地表明了这样一种关系：从无收入群体至年收入在 5 万—10 万元群体，群体的序号每增加一个单位，基于从众动机而参与的公民人次比例大约减少 32. 57%。年收入越多，在公共政策制定中出于从众动机而参与的人次就越少。之所以出现年收入与基于从众动机而参与政策制定的公民人次之间存在负相关关系的现象，是由多种原因造成的。就我国目前的具体情况而言，比较突出的有以下三方面的原因。

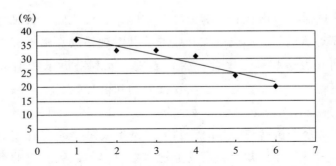

图2-19　基于从众动机而参与的公民人次比例与年收入群体的关系

　　第一，从众动机与我国历史上的传统政治文化有关。长期的封建社会中，在森严的宗法等级观念下，民众对政府的不信任、社会群体之间的互不信任，以及笃信"法不责众"的传统理念，促成了人们在政治领域的从众参与动机，希冀以此来规避风险，保护自己的平安。这种传统的政治文化是一种广义的政治制度。按照历史制度主义的解释，政治制度具有巨大的惯性，这种惯性对于今天的公共政策制定和政治后果具有十分重要的作用。突出表现之一，就是形成了一部分公民明哲保身的处世方式。在一定经济收入范围内，经济收入越低下，承担风险的能力就越差，明哲保身的意识就越重。这种小农经济的处世方式对于现代社会公民的参与动机将产生很大影响，是公民出于从众动机而参与公共政策制定的主要历史原因。在这种从众动机的驱动下所进行的公共政策制定中的公民参与，显然是一种不十分负责任的、缺乏公共责任感的、难以具有创新精神的公民参与。除与公民参与所应该具有的自主精神、开放精神、进取精神相悖之外，还具有"干扰社会问题的准确界定，影响政策议程的及时建立，严重压抑政策方案拟订和选择时的不同意见，直接干扰公共政策制定的质量"等问题。[1] 归根结底，将对平等协商和民主参与公共政策制定产生消极影响。

---

　　① 朱立言、王森：《从众效应在群体决策中的危害及其防治》，《成人高教学刊》2004年第1期。

第二，改革开放以来，我国经济增长速度很快，但经济增长的成果真正为全体人民所分享尚需要一个过程。由于各种原因导致贫富差距拉大，一部分公民的社会经济地位相对下降，使转型期社会利益结构调整所带来的深层次社会矛盾也逐渐突出。在一个具有浓郁的"不患寡而患不均"的文化传统的国度里，社会经济地位相对下降的一部分社会群体的心理可能会逐渐失去平衡。再加上腐败现象、官僚主义，医疗、教育、住房等改革不到位，加重了新的社会不公现象等，使这部分社会群体中积存了一定的怨气。当遇到能够发泄这种怨气的机会，一部分公民就会在不十分理智的情况下出于从众动机而采取各种行动去影响公共政策制定。我国近年来发生的一些人参加的群体性事件，当时的大部分公民就属于这种类型的参与。越是相对收入低，越容易产生出于从众动机的公民参与。图 2 - 19 显示的规律，即年收入与基于从众动机而参与的公民人次之间存在显著的负相关关系，就非常清楚地说明了这个问题。与其说这种动机是一种带有浓郁感情色彩的参与动机，倒不如说是一种缺乏理性考虑的盲目冲动。其参与结果也不会是一种很负责任的理性结果。

第三，对于较低收入群体的一部分公民来说，从众参与动机可能与公民个体心理素质不强、决策能力有限具有一定关系。心理素质是公民个人在心理上所具备的基本条件、状况和特征。在参与政策制定动机中，较弱的心理素质主要表现在对公共问题缺乏主见，独立意识不强、自控能力较差等方面。在面对错综复杂的公共问题时，一般不愿意参与其中。即使参与，也是出于从众动机的参与。因为从众动机能使公民个人达到心理的暂时平衡。当公民个人意识到自己与大多数人没有保持一致时，往往会产生一种焦虑。而从众动机能够缓解这种焦虑，使公民个人感觉到一种类似于获得群体接纳的慰藉。公民个人的决策能力有限，主要表现在公民个人决策技能和决策知识的欠缺、片面化的思维方式以及单向度的决策分析模式等。决策能力有限容易导致公民个人对群体产生依赖心理，在复杂的公共问题出现时，往往选择从众这种被认为是最可靠的办法。无论是心理素质不强还是决策能力有限，与经济收入都没有直接联系，但一定有间接联系。文化程度与从众动机负相关。如果个人或家庭的经济收入低，接受教育的程度可能也低，这将直接影响到分析公共问题的能力。此外，经济收入低，直接影响其社会地位和参与政策制定的机会，参与决策实践的机会少，参与能力很难提高，自然就会产生一定程度的从众动机。经济收入低，也带来了一定的自卑心理。在公共问题面前，更容易寄托于别人或群体的意志，从而更容易从众。

毫无疑问，出于从众动机的参与，对于公共政策制定中扩大有序的公民参与并不是十分有利的。尽量降低出于从众动机参与的成分，是民主政治的明智选择。在当前我国经济发展较快但面临深层次矛盾的情况下，努力构建社会主义和谐社会，注重社会公平、公正与正义，正确反映和兼顾不同社会群体的利益，注意化解由于分配不公所产生的社会矛盾，妥善协调各方面的利益关系，努力使改革开放所得到的经济发展成果惠及全体人民，扩大公民畅通的表达政策诉求的合法渠道，有效地降低公民参与中来自参与渠道方面的阻力，从而降低公民的从众意识，是扩大公共政策制定中有序的公民参与所亟待解决的问题，也是公共权力机关需要大力推进的重大历史任务。同时，具有较强现代精神的公民素质能有效增强公民个人的抗压能力，降低从众意识产生的概率，这就要求公共权力机关要不断地在全社会加强公民意识教育，加强提高公民素质的制度供给和资源配置，努力提高和强化公民自身的公共责任感、使命感和独立参与意识，尽可能减少公共政策制定中出于从众动机的参与行为。

第三章　公民参与公共政策制定的宏观形态研究

如果说，公共政策制定中公民参与的认知是一种务虚过程，那么公民参与公共政策制定的基本过程则是一种务实的过程。本书把公民参与公共政策制定的基本过程的研究分为宏观形态研究和微观形态研究两部分。所谓宏观形态研究，是指对于公民参与政策制定的信息获取、参与频次、参与类型等方面的研究，这些研究能够对参与过程进行宏观特征的描述。通过这些研究，能够进一步发现微观过程的不足，从实践的层面更好地认识公共政策制定中的公民参与，了解参与实践中存在的问题，对于公民参与政策制定的整体研究具有十分重要的积极意义。关于微观形态的研究，则是对参与方法、参与途径和参与绩效等更接近实质性操作过程的参与形态的研究。本书将在第五章进行具体研究。

第一节　公民了解公共政策信息的第一渠道

了解公共政策信息，是公民参与公共政策制定的重要前提之一。缺乏公共政策信息，公民很难对政策环境中各种不确定因素做出相对准确的判断，从而不能很好地在参与政策制定的过程中保持理性状态。埃弗雷特·M. 罗杰斯认为："不确定性是指特定情景下各种事件发生的可能性。不确定性促使决策者具体地收集信息。当个体面临多种不确定性的选择方案时，信息往往起着重要的作用。"[①] 公民通过什

---

① ［美］埃弗雷特·M. 罗杰斯：《创新的扩散》，辛欣译，中央编译出版社 2002 年版，第 1 页。

么渠道了解公共政策信息，对于公民的参与动机、参与努力和参与规模具有相当大的影响。所以，本书在问卷中设计了"你了解国家公共政策信息的第一渠道"的问题。该问题为单项选择问题，备选答案有8个："国内电视""国内广播""国内报纸""国内杂志""互联网""会议及文件""街谈巷议""外国或港澳台媒体"（大陆之外的媒体，简称外媒）。这里采用湖北、湖南、河南、江西、安徽和山西中部6省的调查结果。共有1384人进行了回答，其中，男性公民836人，女性公民548人。具体回答情况见表3－1。

表3－1 公民了解公共政策信息的第一渠道

性别	国内电视		国内广播		国内报纸		国内杂志		互联网		会议及文件		街谈巷议		外媒	
	人次	比例(%)	人次	比例(%)	人次	比例(%)	人次	比例(%)	人次	比例(%)	人次	比例(%)	人次	比例(%)	人次	比例(%)
男	536	64.1	23	2.8	159	19	5	0.6	66	7.9	24	2.9	22	2.6	1	0.1
女	363	66.2	13	2.4	80	14.6	12	2.2	55	10	7	1.3	14	2.6	4	0.7

一 公民了解公共政策信息的主要渠道

从表3－1中可以直观地看出，公民获取政策信息的主渠道有3个，按照选择人数多少依次为"国内电视""国内报纸"和"互联网"。这3个渠道的人数合计占总人数的91.3%，而通过"各种会议及文件"获取政策信息的公民人数仅仅占总人数的2.9%，前者的人数比例远远超过后者。这就引出了一个值得重视的问题，即传统意义上通过各种会议及文件获取政策信息的渠道已经风光不再，"国内电视""国内报纸"和"互联网"3个渠道在传递政策信息方面已经占据绝对优势，其对公民参与政策制定所发挥的功能是其他渠道所无法比拟的。同时，"国内电视""国内报纸"和"国内广播"3个传统媒体也发生了分化，"国内广播"在传递政策信息方面的地位已经被"互联网"所取代。"国内电视""国内报纸"和"互联网"3个渠道已经取得了压倒性优势的地位，成为促进政策沟通、推动政策社会化的主渠道，在公民参与政策制定过程中的作用空前突出。

"国内电视""国内报纸"和"互联网"3个渠道的功能并不仅仅是向公民进行政策信息的输入、承载公民政策诉求的表达，更重要的还在于其对社会成员的政治塑造。政治塑造影响政策制定中公民的参与品格，参与品格影响公民的参与效果。随着传统的"会议及文件"传递政策信息作用的弱化，其承担的政治塑造功能也趋向弱化，"国内电视""国内报纸"和"互联网"的政治塑造作用则更加突出。如果说其中的"国内电视"和"国内报纸"的政治塑造作用还十分突出的话，那么，在社会秩序控制弱化趋势进一步增加的现代社会，如何培育和规范互联网的政治塑造功能就成为一个有待深入思索的严峻问题。毕竟，"缺少规范的互联网会助长绝对自由主义和无政府主义，从而为政治带来致命性的影响"。①

互联网作为提供公共政策信息的渠道和公民参与的平台，反映了社会政治文明的进步和民主化程度的提高。能够成为我国公民的第三大获取公共政策信息的渠道也是必然的。但是它也具有两面性。一方面，互联网使公民更多地、自由地参与到公共政策决策中，伸张社会正义、追求社会平等。其所提供的政治传播和自由表达政策诉求的力量是公民参与政策制定的新的驱动力。另一方面，作为一种社会尚未准确认识和定位其功能的信息传播形式，其信息传播的公信力有待提高，已经成为一个不争的事实。信息真实是公民获取政策信息应该具备的基本条件。目前在我国，传统媒体受公共政策制定主体的控制，"一般通过'议程设置'和两级传播模式来引导和控制舆论"②，并以专业的素养和政治原则对信息来源予以审视，所发布信息的真实性和可靠性比较高。而互联网是一种"去中心化"的传播方式，各种政策信息缺乏必要的过滤，容易引发无序的公民参与。所以，在珍视并充分发挥互联网提供政策信息优势的同时，公共权力机关应积极探索对网络信息的发布及其责任进行适当规范的途径。

二　社会性别对公民了解公共政策信息渠道的影响

为考察性别因素对于公民选取接收政策信息渠道的影响，对表

---

① 王天笑：《网络时代公民参与探悉》，《人大研究》2007年第4期。
② 赵燕平等：《关于"政治博客"的几点思考》，《青年教师学报》2007年第1期。

3－1 中行、列变量的相关性进行卡方一致性检验。假设在显著性水平为 0.05 的条件下，性别因素对于公民选择了解公共政策信息的第一渠道没有影响。检验结果为，Pearson χ^2 值等于 19.896；P 值等于 0.006，小于 0.05。这就意味着零假设不成立。因此，我国不同性别的公民选取接收政策信息渠道的偏好具有显著差异。更具体地说，在"国内电视""国内广播"和"街谈巷议"3 项选择上，男女公民的选择虽然没有表现出明显的差异。但在"国内报纸""会议及文件""国内杂志""互联网"和"外国或港澳台媒体"5 项上，男女公民的选择呈现较大差异。

上述较大差异表现在，选择"国内报纸"和"会议及文件"作为接收政策信息第一渠道的男性公民多于女性公民，男性公民人数分别是女性公民人数的两倍、3.4 倍；而选择"国内杂志"和"外国或港澳台媒体"作为接收政策信息第一渠道的女性公民则多于男性公民，女性公民人数分别是男性公民人数的 2.4 倍和 4 倍。这些数据说明，男、女公民在选择接收政策信息的渠道方面具有明显不同的偏好，男性比女性更倾向于利用"国内报纸""会议及文件"获取政策信息，女性比男性更倾向于利用"国内杂志"和"外国或港澳台媒体"获取政策信息。显然，男性公民了解公共政策信息的渠道更倾向于主流的、能够反映国内政治动向的媒体，女性公民了解公共政策信息的渠道相对而言更倾向于自由度更大、更为宽松的媒体。扩大公共政策制定中有序的公民参与，使公民及时了解有效的公共政策信息是非常重要的前提。而针对男、女公民不同的偏好，适当强化不同的信息供给渠道，可以大大优化公民的政策信息接收效果。

三　文化程度对公民了解公共政策信息渠道的影响

文化程度是公民个人素质的一个组成部分，其对于公民了解公共政策信息的渠道将会产生一定的影响。为了研究这种影响，将样本中全国 31 个省（市、自治区）不同文化程度群体的公民了解公共政策信息的第一渠道进行统计，得到表 3－2。

表 3 - 2　不同文化程度群体的公民了解公共政策信息的第一渠道

文化程度	公民了解公共政策信息的第一渠道															
	国内电视		国内广播		国内报纸		国内杂志		互联网		会议及文件		街谈巷议		外媒	
	人次	比例(%)	人次	比例(%)	人次	比例(%)	人次	比例(%)	人次	比例(%)	人次	比例(%)	人次	比例(%)	人次	比例(%)
博士	33	47.0	1	1.4	6	8.5	1	1.4	21	30.0	4	5.7	1	1.4	3	4.2
硕士	106	41.9	10	4.0	43	17.0	3	1.2	79	31.2	8	3.2	2	0.8	2	0.8
本科或专科	908	57.8	61	3.9	297	18.9	22	1.4	213	13.5	55	3.5	10	0.6	7	0.5
高中或中专	585	73.9	38	4.8	96	12.1	11	1.4	25	3.2	16	2.0	20	2.5	1	0.1
高中以下	404	76.4	24	4.5	41	7.8	1	0.2	11	2.1	2	0.4	43	8.1	3	0.6

　　为了深入了解不同文化程度的公民群体利用各种渠道了解公共政策信息的特点，用 5、4、3、2、1 分别代表博士、硕士、本科或专科、高中或中专、高中以下等文化层次；用 y 表示不同文化程度的公民群体对不同政策信息提供渠道选择的人数百分比，用 x 表示不同的信息渠道。利用表 3 - 2 中的数据求出描述不同文化程度的公民群体利用各种渠道了解公共政策信息特点的数学模型（见表 3 - 3）。

表 3 - 3　不同文化程度群体利用各种渠道了解公共政策信息的模型

渠道	数学模型
国内电视	$y = -0.0908x + 0.8664$，$R^2 = 0.8572$
国内广播	$y = -0.007x + 0.0582$，$R^2 = 0.6742$
国内报纸	$y = -0.0245x^2 + 0.1533x - 0.0618$，$R^2 = 0.8906$
国内杂志	$y = 0.0013x^3 - 0.0136x^2 + 0.0431x - 0.0288$，$R^2 = 0.9979$
互联网	$y = 0.0838x - 0.0914$，$R^2 = 0.8885$
会议及文件	$y = 0.0118x - 0.0058$，$R^2 = 0.9082$
街谈巷议	$y = -0.0151x + 0.0721$，$R^2 = 0.586$
外媒	$y = 0.0079x - 0.0113$，$R^2 = 0.5566$

根据表 3 – 3 分析不同文化程度群体利用各种渠道了解公共政策信息的基本特点。

(一) 关于国内电视

表 3 – 3 中第一栏的数学模型表明,选择国内电视作为获取公共政策信息第一渠道的人数百分比与文化程度呈负相关关系。文化程度越低,利用国内电视了解政策信息的公民选择人数越多。文化程度每降低一个层次,利用国内电视了解政策信息的公民选择人数大约增加9.08%。选择人数的百分比变化可以用文化程度的变化解释 85.72%。国内电视是大多数公民喜闻乐见的一种政策信息提供渠道。文化程度高的群体之所以在获取公共政策信息的渠道方面对国内电视的选择人数比例小,可能与高学历群体拥有更多的政策信息获取渠道和对于国内电视的依赖性不高有关。反之,低文化程度群体在获取公共政策信息的渠道方面对国内电视的选择人数比例较大,则可能与低学历群体拥有非常有限的政策信息获取渠道和对于国内电视的依赖性较高有关。如果这个假设成立,则势必引发政策信息在接收量方面以及信息的具体化程度方面的不公平。来自信息接收不均衡,又将引发公民在政策制定中的参与能力和参与效果方面的不公平。

(二) 关于国内广播

电视和互联网相对普及之后,国内广播的受众人数每况愈下。被挤出三大主要传播渠道之列。虽然选择人数总体上较少,但表 3 – 3 中第二栏的数学模型仍然清楚地表明了文化程度与选择国内广播作为获取公共政策信息的第一渠道的关系。即选择国内广播作为获取公共政策信息第一渠道的人数百分比与文化程度呈负相关关系。文化程度越低,利用国内广播了解政策信息的公民选择人数越多。文化程度每降低一个层次,利用国内广播了解公共政策信息的公民人数大约增加0.7%。选择人数的百分比变化可以用文化程度的变化解释 67.42%。国内广播在大多数公民眼里是一种比较便捷的政策信息提供渠道。文化程度高的群体之所以在获取公共政策信息的渠道方面对国内广播的选择人数比例较小,可能与高学历群体拥有更多的政策信息获取渠道和对于国内广播的依赖性不高有关。反之,低文化程度群体在获取公

共政策信息的渠道方面对国内广播的选择人数比例较大，则可能与低
学历群体拥有非常有限的政策信息获取渠道和对于国内广播的依赖性
较高有关。

　　随着文化程度的降低，选择国内电视与国内广播作为获取政策信
息渠道的公民人数都呈现出增加的态势。但与国内电视相比较，国内
广播的回归系数的绝对值比较小（0.007 < 0.0908）。说明随着文化程
度的降低，选择国内广播作为获取公共政策信息的第一渠道的人数虽
然在增加，但增加的速度，远远小于选择国内电视作为获取公共政策
信息的第一渠道的人数的增加速度。换言之，由于文化程度的不同，
将引发接收公共政策信息渠道上人数分布的不同。国内电视与国内广
播相比，前者引发的人数分布的不均衡程度远远大于后者。也可以认
为，前者引发的政策信息接收方面的不公平程度远远大于后者。从社
会公平的角度考虑，国内广播途径可以有效地降低由于文化程度不同
所带来的公民在政策信息接收方面的不公平，从而缩小不同文化程度
群体的公民之间由此所引发的参与能力和参与效果方面的差距。国内
广播传播公共政策信息的优势，同其主要载体便于携带、不受环境条
件限制、价格低廉且受众广泛具有一定关系。从缩小信息接收量不公
平的角度考虑，从投入少、见效快的特点出发，公共权力部门尽量向
公民提供更多的公共广播，应该是扩大公民有序参与政策制定过程中
的一个非常有效的政策信息传播模式。

　　（三）关于国内报纸

　　与国内电视和国内广播中的线性关系不同，表 3 - 3 中第三栏的
数学模型表明，随着学历的增加，其选择人数的变化为一个抛物线形
的变化，是一个二次函数。其变化特征是：从高中以下文化程度开
始，随着文化程度的提高，选择报纸作为政策信息接收渠道的人数比
例也增加，但到本科或专科达到了顶峰。本科层次公民群体是利用国
内报纸接收政策信息偏好曲线的拐点。文化程度再继续增高，选择人
数的比例反而下降（见图 3 - 1）。对这种现象的比较合理的解释是：
文化程度较低的公民如农民或失业者等由于接触报纸的机会少，或者
由于少数公民文化程度有限而不愿意看报等原因，影响了对于报纸这

一政策信息接收渠道的选择。而硕士和博士层次的公民则可能是由于对专业的投入而影响了其对报纸的利用。

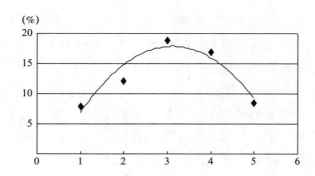

图3-1   不同文化程度的公民群体对利用国内报纸接收政策信息的偏好

（四）关于国内杂志

表3-3中第四栏的数学模型表明，随着学历的增加，以国内杂志作为接收政策信息的第一渠道的选择人数的变化情况符合三次函数的描述，其图形见图3-2。

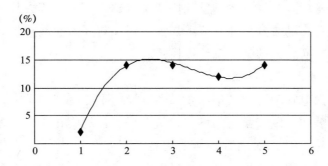

图3-2   不同文化程度的公民群体对利用国内杂志接收政策信息的偏好

从图3-2中看出，不同文化程度的公民群体利用国内杂志接收政策信息的偏好均不很强。大致可以分为两种情况：一种情况是高中以下文化程度的公民较少利用杂志；另一种情况是相对于高中以下文化程度的公民，高中以上文化程度的公民对国内杂志的利用较高，且高中以上文化程度的四个层次之间，除硕士层次之外，其他没有很大区别。对其进行方差分析，也同样证明了这一点。如果选择五个学历群体，方差分析的结果是，F 值为 6.37518，大于临界值 5.31766，可知其达到了显著性水平。在 95% 的置信水平下，五种层次的学历对利用国内杂志作为接收公共政策信息的途径的偏好有差异。如果将高中以下文化程度不列入方差分析过程，则 F 值为 11.03，临界值为 5.99，F 值仍然大于临界值。显然是由硕士层次引起的。如果不将硕士考虑在内，则 F 值为 4.81，临界值为 7.71。F 值小于临界值，高中或中专、本科或专科以及博士三种层次的学历群体对杂志的偏好无差异，学历与利用国内杂志接收政策信息的偏好之间不具有相关性。

（五）关于互联网

表 3-3 中第五栏的数学模型表明，选择互联网作为获取公共政策信息第一渠道的人数的比例与文化程度呈正相关关系。文化程度越高，利用互联网了解政策信息的公民选择人数越多。文化程度每提高一个层次，利用互联网了解政策信息的公民选择人数大约增加 8.38%。选择人数的比例变化可以用文化程度的变化解释 88.85%。互联网是一种异军突起的政策信息提供渠道。文化程度高的群体之所以在获取公共政策信息的渠道方面对互联网的选择人数比例较高，可能与高学历群体拥有更多的信息技术、文化知识和接触互联网的机会有关。具备基本的文化知识是上网的必要条件，这在一定程度上是促成文化程度较低群体在获取公共政策信息的渠道方面对互联网的选择人数比例较小的结果。另外，偏远地区和农村互联网尚未普及，也是文化程度较低群体在获取公共政策信息的渠道方面对互联网的选择人数比例较小的一个原因。但不管如何，目前通过互联网途径接收公共政策信息的确存在较大的不公平。同国内电视一样，这种不公平将引发公民在政策制定中的参与能力和参与效果方面的不公平。但按照罗杰斯的创新扩散理论，"新事物的发展通常呈现 S 形，当普及率在

10%—20% 时，扩散过程会加快，直至达到一定数量之后才会慢下来"。[①] 而 2006 年 12 月中国互联网普及率是 10.5%，2007 年 12 月中国互联网普及率增至 16%，因此，中国正处于网民快速增长的阶段。据第 21 次互联网发展报告[②]，"互联网逐步向学历低的人群渗透，初中及以下文化程度的网民增长较快"。但同时又认为，"大量学历较低的网民被互联网的娱乐休闲功能吸引而涌入互联网"。所以，对于低文化程度公民群体通过互联网获取政策信息较少的不公平现象，可以得出这样一个结论，偏远地区和农村互联网尚未普及虽然是影响其从互联网获取政策信息的一个原因，但文化程度低才是最主要的原因。如果希望这种不公平局面在不远的将来得到改善，则主要取决于公民文化程度能否得到提高。

（六）关于会议及文件

"文山会海"是人们描述我国一些地方官僚主义盛行的一种常用语言。虽然过多的会议和文件是不可取的，但是，其传递公共政策信息的功能却功不可没。在一个很长的历史时期，由于信息与传播技术的限制，会议及文件是我国公民获取公共政策信息的主渠道之一。表 3-3 第五栏的数学模型清楚地表明，我国公民利用会议及文件获取公共政策信息的人数与文化程度呈正相关关系。文化程度越高，利用会议及文件了解政策信息的公民选择人数越多。文化程度每提高一个层次，利用会议及文件了解政策信息的公民选择人数大约增加 1.18%。选择人数的比例变化可以用文化程度的变化解释 90.82%。相关系数为 0.118，说明随着文化程度的提高，各个不同文化程度层次的人数增加不多，即各个层次之间有区别但区别不是太大。这里有两种原因：一是会议及文件传递的公共政策信息可靠度高，各个学历群体对其的认可度比较接近。所以，对通过会议及文件接收政策信息的方式也持有比较接近的认可度。二是会议及文件在许多情况下是一种制度

---

① ［美］埃弗雷特·M.罗杰斯：《创新的扩散》，辛欣译，中央编译出版社 2002 年版，第 1 页。

② 中国互联网络信息中心：《中国互联网络发展状况统计报告》，《网易科技报道》2008 年 1 月 17 日版。

性的规定，各种不同文化程度的公民群体都是需要参加的。所以，导致了不同文化程度的公民群体之间的偏好区别不大。

（七）关于街谈巷议

街谈巷议是公共政策议程中系统议程的重要组成部分。一方面，它具有构建公共政策问题的奠基作用；另一方面虽然其可靠性有限，但仍具有传递公共政策信息的作用，是最方便的公共政策信息的传递方式。从表 3 - 3 第六栏的数学模型看出，文化程度与利用街谈巷议接收政策信息的人数比例负相关。文化程度越高，利用街谈巷议了解政策信息的公民选择人数越少。文化程度每提高一个层次，利用会议及文件了解政策信息的公民群体的人数大约减少 1.51%。偏好人数的比例变化可以用文化程度的变化解释 58.6%。文化程度越高，利用街谈巷议了解政策信息的公民选择人数越少的现象，与高学历群体更加理性，社会地位较高，对这种可靠性有限的公共政策信息传递方式不十分青睐有关。

（八）关于外媒

在我国，媒体更多的是作为政府的喉舌而存在。在信息传播方面，媒体的报道面以主流的意识形态为基准，不可能把所有的信息传递给公民，只能选择一部分与主流意识形态吻合的、影响广泛的信息向公民进行传播。而公民的需求是形形色色的，一些公民为了扩大自己的信息需求，就选择了通过外媒获取信息这种方式。随着我国的改革开放的逐渐深入和香港、澳门的回归，外国或港澳台媒体对于内地的影响逐渐增强。虽然与内地的主流媒体相比，其影响力非常有限，但毕竟也还是有一些公民通过这些媒体获取公共政策信息。表 3 - 3 显示，文化程度与利用外媒接收政策信息的人数比例呈正相关关系。文化程度每提高一个层次，利用会议及文件了解政策信息的公民选择人数大约增加 0.79%。选择人数的百分比变化可以用文化程度的变化解释 55.66%。相关系数为 0.0079，说明各个不同文化程度的群体之间在利用外媒这个渠道上的偏好有一些区别，但区别不是十分大。

四　年收入对公民了解公共政策信息渠道的影响

为了考察收入对于公民公共政策信息渠道的影响，将不同收入群体了解公共政策信息的渠道进行统计，得到表3－4。

表3－4　　　　不同收入的公民群体了解公共政策信息的第一渠道

年收入（万元）	公民了解公共政策信息的第一渠道							
	国内电视	国内广播	国内报纸	国内杂志	互联网	会议及文件	街谈巷议	外媒
无收入	441	42	174	10	130	3	24	5
比例（%）	53.2	5.1	21.0	1.2	15.7	0.4	2.9	0.6
1以下	705	45	107	11	41	17	35	2
比例（%）	73.2	4.7	11.1	1.1	4.3	1.8	3.6	0.2
1—2	531	30	91	10	59	29	11	0
比例（%）	69.8	3.9	12.0	1.3	7.6	3.8	1.5	0
2—3	172	5	48	4	46	17	2	3
比例（%）	57.9	1.7	16.2	1.4	15.5	5.7	0.7	1.0
3—5	121	4	27	2	44	12	0	3
比例（%）	56.9	1.9	12.7	0.9	20.7	5.6	0	1.4
5—10	45	5	28	1	23	6	1	0
比例（%）	41.3	4.6	25.7	0.9	21.1	5.5	0.9	0
10以上	20	3	8	0	7	1	3	3
比例（%）	44.4	6.7	17.8	0	15.6	2.2	6.7	6.7

为了进一步分析由于收入差异所导致的公民了解公共政策信息的第一渠道的不同，将表3－4中不同收入群体了解公共政策信息的渠道进行方差分析，分析结果见表3－5。

表3－5　　　　不同收入的公民群体了解公共政策信息的
第一渠道的方差分析

差异源	平方和	自由度	均方差	F值	P值	F临界值
组间	0.004643	6	0.000774	$2.02E-06$	1	2.290432
组内	18738.02	49	382.4086			
总计	18738.03	55				

由于 P 值大于 0.05，未达到 0.05 的显著性水平，因此，总的来说，收入差距对于公民了解公共政策信息第一渠道的偏好没有显著影响。

五　年龄对于公民了解公共政策信息渠道的影响

不同年龄段的公民群体了解公共政策信息的第一渠道见表 3 - 6。

表 3 - 6　　　不同年龄段的公民群体了解公共政策信息的第一渠道

年龄（岁）	了解国家公共政策信息的第一渠道							
	国内电视	国内广播	国内报纸	国内杂志	互联网	会议及文件	街谈巷议	外媒
18—30	783	65	263	18	249	13	31	9
比例（%）	54.7	4.5	18.4	1.3	17.4	0.9	2.2	0.6
31—40	458	28	101	11	72	30	20	2
比例（%）	63.5	3.9	14.1	1.5	10.0	4.2	2.8	0.3
41—50	519	12	78	4	26	31	9	3
比例（%）	76.2	1.8	11.4	0.6	3.8	4.5	1.3	0.4
51—60	193	16	30	1	3	9	10	0
比例（%）	73.7	6.1	11.5	0.4	1.2	3.4	3.8	0
61—70	55	8	7	4	0	2	5	0
比例（%）	67.9	9.9	8.6	4.9	0	2.5	6.2	0
70 以上	28	5	4	0	0	0	1	2
比例（%）	70	12.5	10	0	0	0	2.5	5

再根据表 3 - 6 中的数据将不同年龄段公民群体接收政策信息的渠道偏好归纳出具体特征（见表 3 - 7）。

表 3 - 7　　　不同年龄段的公民群体了解政策信息渠道的特点

渠道	特点
国内电视	大致呈现山峰形的变化
国内广播	$y = 0.0178x + 0.0022$，$R^2 = 0.6883$
国内报纸	$y = -0.0167x + 0.1817$，$R^2 = 0.8004$

渠道	特点
国内杂志	$y = -0.003x + 0.0172$，$R^2 = 0.855$
互联网	$y = -0.0342x + 0.1736$，$R^2 = 0.8386$
会议及文件	$y = -0.6036x^2 + 3.9193x - 1.98$ $R^2 = 0.9252$
街谈巷议	61—70 岁群体的利用率最高
外媒	$y = -0.0015x + 0.0071$，$R^2 = 0.8272$

注：国内杂志一项是剔除了异常值 4.9% 以后的结果。

表 3 - 7 显示，不同年龄段的公民对于了解公共政策信息的第一渠道的偏好可以分为 3 种类型。一种是偏好与年龄段之间存在线性关系的类型，包括国内广播、国内报纸、国内杂志、互联网和外媒五种；另一种是偏好与年龄段之间呈现非线性关系的类型，包括国内电视、会议及文件和街谈巷议三种。以下按照线性关系和非线性关系的标准分别进行讨论。

呈现线性关系的又可以分为正相关和负相关两种类型。偏好与年龄之间呈现正相关关系的只有国内广播一种渠道。年龄越大，越乐于采用广播作为了解公共政策信息的第一渠道。偏好与年龄之间呈现负相关关系的，包括国内报纸、互联网和外媒三种途径。年龄越大，采用这三种途径的人数越少。如果将呈现负相关关系的三种途径进行比较，则在这四种途径中，互联网的相关系数的绝对值为 0.0342，国内报纸的相关系数的绝对值为 0.0167，国内杂志的相关系数的绝对值为 0.003，外媒的相关系数的绝对值为 0.0015。这意味着在互联网渠道上，年龄的增加对公民人数的影响最大，在国内报纸渠道上，年龄的增加对公民人数的影响居中，在国内杂志和外媒两个渠道上，年龄的增加对公民人数的影响最小。比如，增加同样的年龄幅度，利用互联网人数的降低程度是国内报纸的 2 倍左右，是外媒的 22 倍左右。利用国内报纸人数的降低程度是外媒的 11 倍左右。61 岁以上的公民群体基本不使用互联网。

呈现非线性关系的情况。国内电视可以分为三组,利用率低的为18—30岁年龄段;居中的为31—40岁、61—70岁、70岁以上三个年龄段;最高的为41—50岁和51—60岁两个年龄段。随着年龄由低到高的变化,人数分布基本上呈现一种低—高—低的山峰形的变化。街谈巷议的最大特点是,61—70岁群体的利用率最高,可能与这部分公民退出劳动者主体队伍有关。会议及文件呈现出比较规律的二次曲线的变化。

第二节 公共政策制定中公民
参与的频次分布

我国公共政策制定中公民参与的频次分布在我国是一个尚待研究的领域,目前还未见文献报道。这种频次分布能够在较大程度上从量化层面反映我国公共政策制定中公民参与的现状,体现了一种工具理性的价值。本部分主要对我国公共政策制定中公民参与的频次分布进行讨论。内容涉及公共政策制定中公民参与的频次分布、公共政策制定中公民参与的形式分布、公共政策制定中公民参与的阶段分布等。讨论的主要依据是笔者对全国除港澳台之外的所有省(市、自治区)所做的3218份问卷调查。

一 公共政策制定中公民参与的频次分布概述

(一)我国公民参与公共政策制定的频次

为了考察我国公民参与公共政策制定的频次,设计了如下问题:"在过去两年中,您直接参与政策制定的次数是多少?"该问题为单项选择问题。备选答案有5项,即0次、1—2次(以1.5次为其均值)、3次、4次、5次、6次及以上。该问题旨在考察公民参与公共政策制定的频次,共有3217人进行了回答。统计结果见表3-8。为讨论方便起见,将表3-8中参与人数的百分比合并,然后与未参与人数(0次)的百分比一起作图,又得到图3-3。

表 3 - 8　　　　　　　我国公民两年中直接参与政策制定的次数

参与次数（次）	0	1—2	3	4	5	6 及以上	合计
参与人数（人）	2369	558	148	70	15	57	3217
比例（%）	73.6	17.3	4.6	2.2	0.5	1.8	100

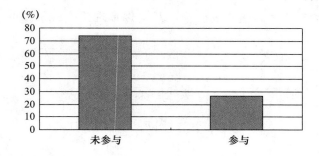

图 3 - 3　公民两年中直接参与政策制定的人数

　　首先考察参与人数。从表 3 - 8 明显看出，以两年的时间段来考察，我国公民直接参与公共政策制定的人数占回答问卷总人数的比例为 26.4%，而未直接参与政策制定的人数比例为 73.6%，参与人数和未参与人数之比为 2.8∶1。在长达两年的时间内，73.6% 的公民未直接参与公共政策制定，仅从这个比例来看，我国公民直接参与公共政策制定的人数比例显然不高。

　　其次考察参与次数。从表 3 - 8 中的数据来看，我国公共政策制定中公民直接参与的次数以 1—2 次为主，在两年中，我国公民所遇到的同自己利益直接相关的公共政策肯定远远不止 1—2 次，这意味着大多数政策制定过程很少有公民直接参与其中。因此，与我国公共政策制定的次数相比，公民在公共政策制定中的直接参与次数也不高。

　　公民参与次数的高低程度，只能和本国内的需要相比较。我国公民直接参与政策制定的人数和次数均不高，是根据我国的实际需要得出的结论。我国公民直接参与政策制定的人数和次数均不高的现象，与我国实行代议制民主具有一定的相关性。我国实行的人民代表大会制度是一种新型的代议制，为公民参与政策制定提供了一种间接渠道。全国人民代表大会和地方各级人民代表大会不仅直接行使立法权，而且由它产生国家和地方的行政、审判、检察等机关。这些机关都向人民代表大会负责，并受其监督，这可以从制度上保证人民真正行使国家权力，使代议机关不仅从形式上而且从内容上都能够体现公民意志。这保证了诸多公民意志通过我国的代议制即人民代表大会制度得到了有效表达。

此外，我国公民直接参与政策制定的人数和次数均不高，也与我国民主政治建设尚未完全适应经济社会发展具有一定的相关性。改革开放以来，我国经济社会发展取得了举世瞩目的进步，党和政府也一直强调扩大公民的有序参与，并以此作为推进中国特色民主政治建设的重要内容之一。但我国公民直接参与政策制定的人数和次数均不高的现象说明，当前我国民主政治建设仍然存在如何进一步适应我国经济社会发展的问题，存在如何进一步适应人民群众参与愿望增强的问题。我国民主政治建设依然任重道远。胡锦涛指出："要丰富社会主义基层民主政治的实现形式，适应我国经济社会发展和人民群众参与愿望增强的要求，从基层经济、政治、文化、社会生活等方面，扩大人民群众的有序参与。"[1] 正是党和国家在新形势下针对包括扩大公民参与在内的民主政治建设所提出的新要求。

（二）参与次数与参与人数的相关性

求出表 3 - 8 中表达公民参与次数同参与人数关系的数学模型，可以得到关系式及其曲线（见图 3 - 4）。

该曲线的数学表达式为：

参与人数占总人数的比例 $= 0.0144 \times$（参与次数）$^2 - 0.1415 \times$ 参与次数 $+ 0.3502$

$R^2 = 0.9918$

---

[1] 《胡锦涛强调：提高社会主义基层民主政治建设水平》，南方网，2006 年 12 月 1 日。

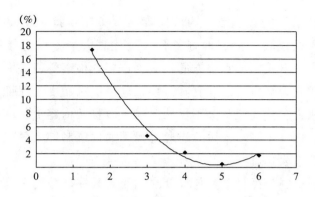

图 3 - 4   参与次数与参与人数的相关性曲线

上述函数的定义域为 [1.5，6]。其复相关系数为 0.9918。这说明参与人数占总人数的比例变化可以用参与次数的变化来解释 99.18%。

上述函数的意义在于其说明了两个重要问题：

第一，该函数说明，尽管存在一定的反复，但从总的趋势上看，参与次数越多，参与人数越少。参与人数在参与次数上的分布具有非均衡性。参与次数的增加对参与人数的增加起着一种抑制作用，两者的关系在整体上接近负相关关系。该函数的作用在于其在整体上准确地描述了参与次数对参与人数产生影响的二次曲线关系。这种曲线关系有助于解释和预测在任意参与次数上的人数分布规律，从而对于扩大政策制定中的公民有序参与提供有益的参考。

例如，如果要了解平均参与次数为 2.5 次的公民人数，即可以将 2.5 代入上式，解得：

在某项参与次数上的参与人数占参与总人数的比例 = 0.0144 × (某项参与次数)^2 - 0.1415 × 某项参与次数 + 0.3502

= 0.0144 × 2.5^2 - 0.1415 × 2.5 + 0.3502

= 0.08645

即在两年时间内，我国约有 8.645% 的公民平均参与政策制定 2.5 次。

第二，该函数说明，参与人数和参与次数之间的关系并不是线性关系，而是二次曲线关系。这意味着该函数证明了一个重要的概念，即提高相同的参与次数，对参与人数带来的变化结果并不是均等的，参与次数变化对参与人数变化的影响具有非均等性。扩大公共政策制定中的公民参与，离不开"人数"和"次数"两个方面，但两者之间存在一定的互动关系。上述数学模型从量化层面可以准确地描述这种互动关系。该函数的作用之二正是从量化层面准确地描述了这种参与次数对参与人数的影响程度。

例如，当参与次数从 2 次变为 3 次时，参与人数减少的比例为 12.48% – 4.3% = 8.18%；当参与次数从 3 次变为 4 次时，参与人数减少的比例却为 4.6% – 2.2% = 2.4%。

（三）社会性别与公民参与政策制定的频次

公共政策是"社会公共权威在特定的情景中，为达到一定目标而制订的行动方案或行动准则"。① "社会公共权威是一个比较宽泛的概念"②，既包括公共权力机关，也包括非政府组织。这就决定了公共政策既包括公共性强的政策，如政府机关和执政党的政策，也包括公共性不强但仍具有一定公共性的政策，如学校、社区、村委会等非政府公共组织的政策。本书讨论依然沿用"在过去的两年中，您直接参与政策制定的次数是多少"的问题，这里对直接参与公共政策制定的界定是，凡是经过自己的合法努力，使自己的意见、信息进入公共政策制定或者修改过程，不管是否对公共政策方案产生影响，都可以认为直接参与了公共政策制定。这里，利用中部 6 省的数据。调查中，共有 1383 人进行了回答，其中，男性公民 835 人，女性公民 548 人。答案选择情况见表 3 – 9。

表 3 – 9　　　　　　　社会性别与公民参与政策制定的次数

性别	0 次	1—2 次	3 次	4 次	5 次	6 次及以上
男	559	175	49	25	7	20
比例（%）	66.9	21.0	5.9	3.0	0.8	2.4

---

① 谢明：《公共政策导论》，中国人民大学出版社 2002 年版，第 6 页。
② 同上。

性别	0 次	1—2 次	3 次	4 次	5 次	6 次及以上
女	449	69	12	15	1	2
比例（%）	81.9	12.6	2.2	2.7	0.2	0.4

在显著性水平为 0.05 的条件下，对性别与公民参与政策制定的次数进行比例一致性假设检验。检验结果是，Pearson χ^2 值为 44.585，$P = 0.00$，显著性水平小于 0.05。这意味着不同性别的公民参与政策制定的次数有显著差异，性别对公民参与政策制定的次数具有重要影响。

用 $y_{男}$ 表示男性公民在某项参与次数上的参与人数占男性参与总人数的比例；$y_{女}$ 表示女性公民在某项参与次数上的参与人数占女性参与总人数的比例；x 表示参与次数（不含 0 次）。分别求出男、女公民参与人数的比例与参与次数关系的数学表达式，得到：

男性公民：

$$y_{男} = 0.462x^{-2.9867}$$

$$R^2 = 0.8045$$

R^2 为 0.8045，表明男性公民参与人数比例的变化可以用参与次数的变化来解释 80.45%。

女性公民：

$$y_{女} = 0.444x^{-2.7301}$$

$$R^2 = 0.8111$$

R^2 为 0.8111，表明女性公民参与人数比例的变化可以用参与次数的变化来解释 81.11%。

上述两指数方程的定义域均为 $[1.5, 6]$。

显然，分别求出的男、女公民参与人数的比例与参与次数关系的数学表达式均为负指数函数。这说明无论是男性公民还是女性公民，随着参与次数的增多，其参与政策制定的人数都呈现出以指数速度发展的急剧衰减过程。为了进一步比较男性、女性公民参与人数的递减速度，作如下计算：

$$\frac{y'_{男}}{y'_{女}} = 0.7567x^{0.733}$$

$$\left(\frac{y'_{男}}{y'_{女}}\right)' > 0$$

所以，$\frac{y'_{男}}{y'_{女}}$ 为一单调增函数。将定义域上最小的自变量值 1.5 代入，有：

当 x = 1.5 时，$\frac{y'_{男}}{y'_{女}} = 1.019 > 1$。

即 $y'_{男} > y'_{女}$

因为定义域上最小的自变量值是 1.5，其他的自变量值均大于 1.5，函数 $\frac{y'_{男}}{y'_{女}}$ 又为单调增函数，所以，对于定义域上所有的自变量值，都有：$y'_{男} > y'_{女}$。

所以，在 1.5（均值）—6 次的区间内，随着参与次数的增多，男性公民参与人数的递减速度大于女性公民参与人数的递减速度，或者说女性公民参与人数的递减速度较慢。对于女性公民参与人数随着参与次数的增多所产生的递减速度较慢现象的原因，有以下两种可能的解释：

其一，随着社会性别主流化的逐渐推进，女性公民独立的政策诉求更加明晰，公民意识愈发提高，实现自身政治价值的理念日益强化，所以，格外珍惜对女性来说来之不易的参与政策制定的机会。大多数女性公民尽可能地利用各种方式和途径保护自己的权利，不轻易放弃表达政策诉求的努力。

其二，与男性公民相比，由于长期的男女不平等使然，女性公民在政策制定中的参与行为处于低组织化状态。这种低组织化状态带来的影响之一，就是在参与人数递减时，使递减现象也处于低组织化状态，不容易形成较大规模的群体参与行为的递减现象，更不容易形成多个政策领域联动的递减现象。低组织化状态对女性公民参与人数的递减速度起到了一种缓冲作用。

二 公共政策制定中公民参与频次的纵向分布

公共政策制定中公民参与频次的纵向分布是指公民在参与国家、省、市、县、乡五级政府公共政策制定过程中,分布在各个纵向层级的人次占总参与人次的比例。了解公共政策制定中公民参与频次的纵向分布,有助于凸显在政府纵向层级公民参与的薄弱环节,更加有的放矢地扩大公共政策制定中公民的有序参与。

(一) 公民参与频次的纵向分布

为了考察公民参与政策制定人次的纵向分布,问卷设计了"如果您参与了政策制定,则您参与政策制定的级别是什么"的问题。该问题是多项选择问题,共有3218人次参与了回答。回答情况见表3-10。与上述参与频次的统计条件不同,参与频次的统计条件限定在两年之内,而本问题未对参与行为发生在哪时间段做出限制。

表 3-10　　　　　　　公民参与政策制定人次的纵向分布

政策级别	人次	比例（%）
未参与过政策制定	1140	35.4
参与过本乡政策制定	835	26.0
参与过县里政策制定	457	14.2
参与过市里政策制定	584	18.1
参与过省里政策制定	128	4.0
参与过国家政策制定	74	2.3
合计（人次）	3218	100

从表3-10可以看出,市、县、乡的政策制定中公民参与的人数最多,在总计为3242的参与人次中占1876人次,占58.3%。而参与过省里政策制定和参与过国家政策制定的人数最少。在总计为3242的参与人次(含0次)中占202人次。参与省政策制定的比例仅占3.95%,参与中央政策制定的比例仅占2.28%。两项合计为6.23%。由此可以认为,目前我国公共政策制定中的公民参与级别是以参与市、县、乡三级政府的政策制定为主体。

但值得注意的是，在参与市、县、乡三级政府的政策制定中，又以参与本乡政策制定的人数占比例最高。就平均文化程度而言，乡村参与政策制定者的平均文化程度无疑要低于城市参与政策制定者，但其参与频次却高于城市，这有悖于人们通常的判断。之所以产生这种特殊现象，应该和以下三个方面的原因有关：

第一，我国实行的是村民自治制度。村民自治是广大农民直接行使民主权利，依法办理自己的事情，实行自我管理、自我教育、自我服务的一项基本制度。我国实行村民自治的主要内容是"四个民主"，即民主选举、民主决策、民主管理和民主监督。其具体内涵是：按照宪法、村民委员会组织法等法律法规，由村民直接选举或罢免村民委员会成员；凡涉及村民利益的重要事项，都由村民会议或村民代表会议讨论，按多数人的意见做出决定；依据国家法律法规和有关政策，结合本地实际情况，由全体村民讨论制定或修改村民自治章程或村规民约。村民委员会和村民按照自治章程，实行自我管理、自我教育和自我服务；村民通过村务公开、民主评议村干部、村民委员会定期报告工作、对村干部进行离任审计等制度和形式，监督村民委员会工作情况和村干部行为。由于"四个民主"的范围包括大部分与村民相关的公共政策制定的范围，所以，农村农民的参与频次高于城市。

第二，土地是乡村利益分配的主要载体，乡村公共政策的制定多和土地有关。无论是修桥铺路、村庄规划、新农村建设还是从事种植业、林业、畜牧业、渔业生产，都以土地为资源分配的核心载体。从1979年起，我国乡村的大部分土地已经承包给农民，即农民取得了土地承包经营权。土地承包经营权，是指承包人承包土地从事农业生产经营活动，并获取收益的权利。土地承包经营权除承包合同另有约定外，一般都具有决策权、收益权、处分权、转让和转包权、优先承包权、继承承包权。这实际上也规定了我国乡村凡是直接或间接涉及土地资源重新分配的公共政策，都要经过土地承包者的同意。没有经过土地承包者的同意，任何与土地有关的公共政策在政策执行阶段都难以得到顺利执行。所以，乡村与土地有关的公共政策制定往往要吸收农民参加。这也是农民参与公共政策制定的频次较高原因之一。

第三，中国县政乡治的政治传统影响。"中国数千年的封建制度是以政权控制社会政治，以族权控制社会基层，以神权控制意识形态，以夫权控制伦理家庭。"[①]"中国封建社会时期地方政权仅止于州县"[②]，县以下基本由地方士绅或宗族大户维持秩序和推行教化。这就为当今社会宗族观念干扰公共政策制定埋下了伏笔。封建社会的乡村自治实际上是王权、族权和神权的结合。族权是宗法制度的产物，宗法制度是以血缘纽带连接的家族社会，具有很强的继承性和凝聚力。今天，虽然王权、神权等已经不复存在，但农业生产方式下形成的宗族观念依然存在，其对于村级公共政策制定的影响依然存在。长期的封建专制使以"家族本位""忽视个人权力"等为特征的依附性臣民意识在中国社会中具有牢固的基础，公民意识在社会现实中始终未能全面形成。在政治制度的惯性作用下，以追求宗族利益为特征的公民参与行为在许多场合总要顽强地表现自己，诸多村级公共政策制定目前难以摆脱宗族的影响。这也是造成乡村参与政策制定者的参与频次高于城市的一个重要原因。

公民参与的扩大，是以对平等原则更加敏感为条件的。宗族参与难免会从宗族利益出发制定公共政策，破坏平等原则，在多数情况下未必能够体现公共利益。公民参与具有非线性特征，并不是所有的公民参与都一定能够为公共利益带来促进作用。如果把能够促进公共利益的公民参与称为正参与，那么能够降低公共利益的公民参与就应该称为负参与。由于这种现象有悖于公共政策的基本理念，虽然也能够促进公民参与的有序化，并且起到公民参与的部分效果，但毋庸讳言，这种参与往往降低公共政策的公共性，属于公民参与中的负参与。这种现象不仅不宜提倡和推广，而且还应该加以抑制和控制。

我国农村乡以下公民参与频次高于城市的现象实际上归因于制度设计。这就引出了一个非常重要的理论问题，即文化程度和制度设计

---

① 于建嵘：《近代中国地方权力结构的变迁——对衡山县地方政治制度史的解释》，博客网，2007 年 6 月 2 日。

② 项继权：《集体经济背景下的乡村治理——南街、向高和方家泉村村治实证研究》，华中师范大学出版社 2002 年版，第 68 页。

两个变量相比较，对于公民参与的影响力孰大孰小的问题。通过对我国公民参与政策制定人次的纵向分布的分析，可以认为，制度设计对于公民参与的影响力应该大于文化程度。文化程度对于公民参与的影响是一种内源性的，基于文化程度所产生的参与动力是一种软约束激发下所产生的参与动力。而制度设计对于公民参与的影响是一种外源性的，基于制度设计所产生的参与动力是一种硬约束激发下所产生的参与动力。一般来说，内源性的参与动力相对富有弹性，外源性的参与动力相对富有刚性。所以，我国农村乡以下公民参与频次高于城市。

上述事实也引出了另外一个结论，即公民参与动力的培养不能仅靠教育来完成，正规教育不能完全替代公民参与动力的创造。但长期以来我国却有正规教育能够替代公民参与动力的创造的思想。清代思想家黄宗羲认为：“学校，所以养士也。”且“是故养士为学校之一事，而学校不仅为养士而设也”。“必使治天下之具皆出于学校”，“盖使朝廷之上，闾阎之细，渐摩濡染，莫不有诗书宽大之气，天子之所是未必是，天子之所非未必非，天子亦遂不敢自为非是，而公其非是于学校”。① 黄宗羲的思想从表层看是主张“学校”应该具有近代议会性质，认为“学校”参与政治事务，是对君权的一种限制。但其蕴含的深层次思想却是，学校能够培养出积极的参与意识，能够提供政治上的参与动力。事实上，这种超越现实的政治主张在古今中外从来没有能够真正实现，也不可能真正实现。无论在理论上还是在实践中，这种思想对于扩大公民的有序参与都是十分有害的。正是基于这个理念，扩大公共政策制定中的公民参与，除重视提高公民的文化程度等内在因素外，还应该更加重视制度安排。利用制度安排的强力来推动公民参与的有序扩大，是当前我国在公民参与制度的设计中不可忽视的重要选择。

（二）参与人次与政府级别的相关性

用 0 表示未参与，用 1、2、3、4、5 依次分别表示乡、县、市、

---

① 《黄宗羲全集》第一册，浙江古籍出版社 2005 年版，第 10 页。

省、中央五级政府。将参与各级政府政策制定的人次比例对政府级别
进行回归分析，得到参与各级政府政策制定的人次比例与政府级别的
量化关系式为：

参与各级政府政策制定的人数比例 = −0.0626 × 政府级别 + 0.3257

$R^2 = 0.8945$

复相关系数为 0.8945，说明参与各级政府政策制定的人数比例的
变化可以用政府级别的变化说明 89.45%，参与各级政府政策制定的
人次与政府级别之间的线性关系图示见图 3−5。

参与各级政府政策制定的人次比例与政府级别的量化关系式的意
义在于其比较准确地说明了一个重要问题，即参与各级政府政策制定
的人次与政府级别之间呈现良好的线性关系。政府级别与参与人次之
间呈负相关关系。大致的规律是，政府级别越高，参与人次越少；政
府级别越低，参与人次越多。由参与各级政府政策制定的人次比例与
政府级别的量化关系式可知，政府级别每提高一级，参与人次大约减
少 6.26%。图 3−5 清晰直观地表现了这种负相关关系。图中小黑点
为实际参与人次，直线为理论预测值。

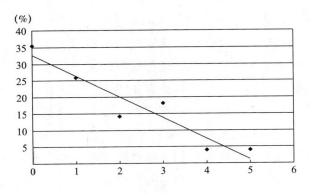

图 3−5　参与人次与政府级别的相关性曲线

前已述及，目前我国公共政策制定中的公民参与以参与市、县、
乡的公共政策制定为主体。之所以如此，主要是在目前我国的四级地
方政府体制中，市、县、乡三级政府的地理条件距离公民更近，其政

策制定对公民切身利益的影响更为具体。所以，公民参与的次数和机会也比较多。公民参与公共政策制定的频数是一个多元函数，存在诸多变量，但政府同公民的地域距离、公共政策同公民利益的相关程度等是非常主要的影响变量。公民在政策制定中的参与频数同这些影响变量呈正相关关系。在公民的参与频次与政府层级的关系中，更为重要的影响变量是政府同公民的地域距离以及公共政策同公民利益的相关度等。距离影响公民参与条件，利益影响公民参与动机。距离越远，公民参与就越不方便，参与频次自然就低；公共政策对公民利益的影响越大，公民参与的动机就越强烈，参与的频次就越高。

（三）公民关心的政策级别与实际参与的差距

虽然目前参与各级政府政策制定的人次与政府级别之间呈现良好的线性关系。但这并不意味着与公民对于政策级别的关心程度相吻合。目前，我国公民对于政策级别的关心程度与公民对于政策级别的参与程度是否一致，为了了解这个问题，我们设计了"您最关心哪一级别的政策"的问题，该问题为单项选择题，备选答案有 5 项，即"中央政策""省里政策""市里政策""县里政策"和"乡里政策"。回答问题情况见表 3 – 11。

表 3 – 11　　　　　　　　公民对不同级别政策的关心情况

政策级别	中央政策	省里政策	市里政策	县里政策	乡里政策	缺失值	合计
人次	1670	308	700	253	286	1	3218
比例（%）	51.9	9.6	21.7	7.9	8.9	0	100.0

为了比较目前我国公民对于不同级别政策的关心程度与公民对于不同级别政策的参与程度是否一致，将代表关心程度的表 3 – 11 中的数据和代表参与程度的表 3 – 10 中的数据在同一坐标系中绘出折线图（见图 3 – 6）。

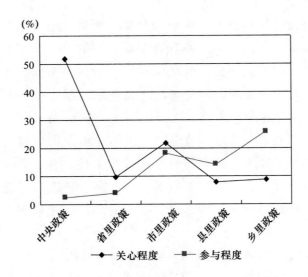

图3-6 公民对于各级政策的关心程度和参与程度

图3-6的两条折线走势正好相反，关心程度的折线是随着政府级别的降低而从高到低，参与程度的折线是随着政府级别的降低而从低到高。两条线在市政策附近交叉，同时每条折线都有两个高峰。两条折线的走势清楚地表明了以下两个问题：

第一，存在双峰现象。无论关心程度还是参与程度，都分别存在明显的双峰现象。就关心程度来说，关心人数最多的第一个高峰是中央政策，第二个高峰是市政策。即在中央、省、市、县、乡五级政府中，公民最关心中央政策和市政策。就参与程度来说，参与人数最多的第一个高峰是市政策，第二个高峰是乡政策，即在中央、省、市、县、乡五级政府的政策制定中，公民参与人数最多的是市政策和乡政策。

第二，关心程度和参与程度之间存在明显的"剪刀差"现象。对于中央政策和省政策，公民关注程度高，但参与程度低；对于县政策和乡政策，公民关注程度低，但参与程度高；中间的市政策，公民关注程度高，参与程度也高。上述现象的曲线描述好像一把剪刀，市政策则是这把剪刀的轴心。特别明显的是，公民关心程度最高的是中央政策，参与程度最高的却是乡政策。除市政策外，在其他政策级别上公民的参与程度与关心程度存在背离现象。

之所以公民对于中央政策和省政策关心程度高于参与程度，主要有两个原因：一是我国的政治制度决定了中央政策和省政策要从"政策一般"的层面统辖市、县、乡各级政策，市、县、乡各级政策要受到中央政策及省政策的制约。这决定了中央政策和省政策的权威性要高于其他级别的政策，所以，公民给予了较高的关心。至于参与人数较少，则主要是由于面积较大，人口较多，参与不便所致。直接民主更适合于小国寡民的情况。公民对于县政策和乡政策的参与程度高于关心程度，也主要有两个原因：其一是县、乡两级政策的权威性不及中央政策和省政策；其二是参与方便。

公民对于中央政策和省政策关心程度高于参与程度，长期下去必将对公民的参与积极性带来挫伤。虽然地理距离是公民参与中央政策和省政策的主要原因，但在现代技术发展的条件下，地理距离不应该继续成为公民参与的主要阻力，而应该通过制度创新和技术创新来解决这个问题。随着网络技术的发展，行政结构扁平化的趋势逐渐明显，更多的公民以直接方式参与省级和中央的政策制定也势在必行。公民在县政策和乡政策上，参与程度高于关心程度，说明公民在诸多情况下是被动参与。长期的被动参与也将对公民的参与积极性带来挫伤。因此，必须提高公民对于县、乡政策的关注度。关注程度的提高标准应该尽量和参与程度相吻合，即应该着力提高两者的适配程度。扩大公民有序参与政策制定，对于不同级别的政府应该区别对待，即对于中央和省政策，应该促进公民的参与程度，对于县、乡政策，应该提高公民的关注程度。

三　公共政策制定中公民参与频次的横向分布

公共政策制定中公民参与频次的横向分布，是指公民在参与不同的政府职能领域的公共政策制定过程中，分布在各个政策职能领域上的参与人次占总参与人次的比例。本书按照公共政策涉及的内容领域对公共政策进行分类，分为政治、经济、教育、科技、文化、卫生、"三农"、城管、社保、外交、台湾、反腐败治理、军事13个政策领域。了解公共政策制定中公民参与频次的横向分布，有助于凸显在不同的政策职能领域中公民参与的不均衡状态，更加合理地平衡不同政策领域中公民的有序参与。

（一）公民参与频次的横向分布

为了解公民参与政策制定的横向分布频次，本问卷设计了"您的意见曾经对哪类政策产生过影响"的问题。该问题为多项选择问题。备选答案有 14 个：政治、经济、教育、科技、文化、卫生、"三农"、城管、社保、外交、台湾、反腐败、军事和其他。考虑到外交、台湾、反腐败在现今我国的特殊地位，所以，将其单独列出，而没有将其包括在一般的政治政策之中。共有 4410 人次进行了回答。在各个选项中，由于"其他"选项不十分明确，许多公民将"未产生影响"也填写在该项中，使该选项成为无效选项，对讨论造成了诸多不便，故本书不能包括该选项。表 3 – 11 中也未将"其他"选项列入，而仅将其余各项列入。舍掉"其他"选项后，有效答案的总人次为 2611人次，具体回答情况见表 3 – 12。

表 3 – 12　　　　公民的意见产生影响的政策领域的人次分布

政策领域	参与人次	比例（%）
经济	273	10.45
政治	138	5.29
教育	454	17.39
科技	138	5.29
文化	192	7.35
"三农"	303	11.6
卫生	183	7.00
城管	214	8.20
社保	287	11.00
台湾	96	3.68
反腐败	223	8.54
外交	51	1.95
军事	59	2.26
合计（人次）	2611	100

为了更清晰地表明公民参与政策领域的非均衡情况,将表 3 - 12 中参与人次的比例用图形表达(见图 3 -7)。

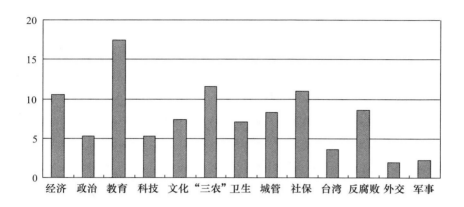

图 3 - 7 公民参与的频次在政策职能领域的非均衡分布

从图 3 -7 可以看出,代表人数比例的柱子高低不一,表明公共政策制定中公民参与的频次在政策职能领域的分布是非均衡的。如果以 5% 和 10% 两个标准来衡量,可以把参与的政策职能领域分为政策参与密集领域、政策参与一般领域和政策参与稀疏领域三类。参与人数比例高于 10% 的为政策参与密集领域,参与人数比例 5% —10% 的为政策参与一般领域,参与人数比例低于 5% 的为政策参与稀疏领域。从图 3 - 7 中可以直观地看出,政策参与密集领域包括经济、教育、"三农"、社保 4 个领域。在这些政策领域参与政策制定的公民人数比例均在 10.45% 以上;政策参与一般领域包括政治、科技、文化、卫生、城管、反腐败 6 个领域,在这些政策领域参与政策制定的公民人数比例在 5.29% —8.54%;政策参与稀疏领域包括台湾、外交、军事 3 个领域,在这些政策领域参与政策制定的公民人数比例均在 3.68% 以下。

之所以出现参与领域的非均衡的现象,与两个因素有关:一是与政府需要和公民需要的互动有关;二是与政策领域同公民参与的适配性有关。

当需要时，政府会从维护社会稳定、谋求经济发展、增加政策合法性的实际出发，起主导作用，加大公民参与的力度。这对于解决重大社会问题、推动民主政治建设、增加公共政策的可行性和科学性，具有很强的现实针对性。政府的着力推动是一方面，公民的参与需要是另一方面。如果公民不愿意参与，仅有政府的着力推动是不够的，反而会影响公民广泛参与的愿望和热情。只有实现了两者的良性互动，才能形成政策参与密集领域。图3－7中表达的政策参与密集领域，恰好是最能反映公民特别关心的国计民生问题的政策领域，也是政府着力推动的公民参与的政策领域。

并不是所有的政策领域都适合公民参与，也不是每个政策领域所表现出的对于公民参与的适配性都相同。"三农"政策就适合广泛的公民参与，但涉密的军事政策就未必适合广泛的公民参与。因此，政策领域同公民参与的适配性应该是造成参与领域的非均衡现象的另一个原因。外交政策、军事政策过于专业，同时还有保密程度较高的限制。所以，对于普通公民来说，参与这些领域难免会受到专业知识不足和保密制度的影响。和平时期毕竟与战争年代不同，战争年代以取得战争的最后胜利为主要任务。中国共产党所提倡的"人民战争"思想，其中就包含政策制定中广泛的公民参与。和平时期，这些政策领域并不太适合过于广泛的公民参与，和平年代以经济建设和社会协调发展为主要任务，不可能也不应该将广泛公民参与引入军事政策领域中。正是基于上述各种原因，军事、外交政策制定中的公民参与自然就成为政策参与稀疏领域。

值得注意的是，对台湾政策也属于政策参与稀疏领域，这与近几年台海局势的发展非常不相称。公民参与具有很多容易被人们忽视的优势，其中一项就是公民意志的表达背后所蕴含的一种力量展示及公共政策合法性的昭彰。陈水扁当局积极推动走向台独的所谓全民公投，正是在广泛吸收公民参与的幌子下，绑架台湾民意，蒙蔽台湾人民，以满足其彰显"民意"、展示力量、欺骗国际舆论的需要。与此形成鲜明对照的是，大陆对台湾政策的公民关心程度高，但参与程度较低，对台政策目前尚属于稀疏政策参与领域，这种现状可能不会很好地满足对台政策的实际需要，在政治层面不利于大陆公民力量的展示及公共政策合法性的昭彰。说明我国公民参与的横向频次分布也还存在不尽合理之处。如果能够将其发展为政策参与密集领域，更有利于争取国际舆论的支持。从这个意义上说，加强对台湾政策中的公民参与，坚持"任何涉及中国主权和领土完整的问题，必须由包括台湾同胞在内的全中国人民共同决定"①的原则，势在必行。

（二）公民的政策职能结构偏好

公共政策职能结构由不同的政策领域所组成。公民希望参与政策制定的政策领域表达了公民对公共政策职能结构的偏好。了解公民的公共政策职能结构偏好，有利于有针对性地扩大政策制定中的公民参与，同时也有利于实现公民参与的有序化。为了解公民的政策职能结构偏好，本问卷设计了"您最希望对哪类政策发表自己的意见"的问题。该问题为多项选择问题。备选答案有 14 个：政治、经济、教育、科技、文化、卫生、"三农"、城管、社保、外交、台湾、反腐败、军事和其他。考虑到外交、台湾、反腐败在现今我国的特殊地位，所以将其单独列出，而没有将其包括在一般的政治政策之中。剔除"其他"选项后，有 7647 人次进行了回答，具体回答情况见表 3 - 13。

表 3 - 13　　　　　　公民参与政策制定的职能结构偏好

政策领域	偏好人次	比例（%）
经济	793	10.37
政治	562	7.35
教育	1249	16.33
科技	320	4.19
文化	423	5.53
"三农"	654	8.55
卫生	388	5.07
城管	457	5.98

① 胡锦涛：《高举中国特色社会主义伟大旗帜 为夺取全面建成小康社会新胜利而奋斗——在中国共产党第十七次全国代表大会上的报告》，《人民日报》2007 年 10 月 15 日。

续表

政策领域	偏好人次	比例（%）
社保	990	12.95
台湾	377	4.93
反腐败	1130	14.78
外交	92	1.20
军事	212	2.77
合计（人次）	7647	100

从表 3 - 13 中人数比例的大小来看，我国公民最希望发表意见的政策职能领域可以划分为强烈偏好、比较偏好和一般偏好三个层次。强烈偏好的政策领域包括经济、教育、社保、反腐败，希望在这些政策领域发表意见的人数比例在 10.37% 以上；比较偏好的政策领域包括"三农"、政治、文化、卫生、城管、台湾，希望在这些政策领域发表意见的人数比例在 4.95%—8.55%；一般偏好的政策领域包括科技、外交、军事、其他，希望在这些政策领域发表意见的人数比例均在 4.19% 以下。

公民强烈偏好的政策领域有两个非常明显的特点：一是这些政策领域与公民切身利益密切相关，当前社会分配不公现象在这些政策领域有比较突出的表现，如经济、教育、"三农"、社保等政策领域。这体现出偏好的利益相关性特征。二是公民反映最为强烈、对社会稳定影响较大的政策领域，这些政策领域与当前的社会稳定密切相关。如反腐政策领域。这体现出偏好的责任相关性特征。显然，与公民切身利益关系越密切的政策领域，公民偏好程度越高；对于当前社会稳定越重要的政策领域，公民偏好程度越高。偏好是公民参与的意愿前提，偏好程度高，参与的意愿水平就高。公民的政策职能结构偏好说明，扩大我国公共政策制定中的公民有序参与，应以利益型参与和责任型参与为先导。即在政策领域的安排顺序上，从最能够表达公民利益和公民责任的政策领域入手，这样，能够减少许多来自公民自身方面的参与阻力，更容易提高公共政策的合法性。公民的政策职能结构偏好反映了公共问题进入系统议程的概率，与公民最希望发表意见的政策领域相对应的公共问题最容易进入系统议程。公共政策的首要问题是体现出公共精神。了解公民最希望发表意见的政策领域，有利于加强公共权力机关制定公共政策的回应性，制定更加符合公共利益、体现公共精神的公共政策。

（三）政策职能结构偏好与横向参与频次的相关性

根据表3-12和表3-13，将公民的政策职能结构偏好与横向参与频次在同一坐标系中分别绘出折线图（见图3-8）。

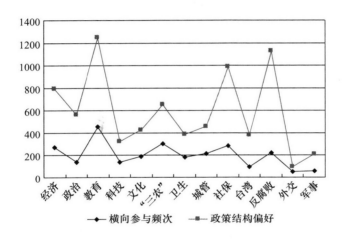

图3-8　政策职能结构偏好与横向参与频次的相关性

从图3-8可以清晰地看出，表达公民的政策职能结构偏好的折线起伏趋势，与表达横向参与频次的折线的起伏趋势是一致的。换言之，两者具有相关性。为了更精确地探讨政策职能结构偏好与横向参与频次之间相关程度的高低，将政策职能结构偏好的比例与公民的横向参与频次的比例进行相关分析。线性相关情况用Spearman相关系数来度量。首先提出零假设H_0，在显著性水平为0.05的条件下，假设我国公民政策职能结构偏好比例与横向参与频次的比例之间不存在线性关系。经过计算后可以得到描述政策职能结构偏好比例与横向参与频次的比例之间相关程度的Spearman相关系数为0.996，该数值为正值，说明两者在样本中存在正相关关系。显著性水平为0.00，提示应该拒绝"零假设"。即不仅在样本中存在正相关关系，而且样本所来自的总体中政策职能结构偏好与横向参与频次之间也存在正相关关系。当相关系数的绝对值大于0.8时，表明两变量之间具有较强的线性关系；当相关系数的绝对值小于0.3时，表明两变量之间的线性相关关系较弱。而我国公民政策职能结构偏好与横向参与频次两变量的Spearman相关系数为0.996，说明政策职能结构偏好与横向参与频次之间存在高度的正相关关系。

这种政策职能结构偏好与横向参与频次之间存在高度的正相关关系，至少说明了以下两个问题：

第一，高度的正相关关系，意味着政策职能结构偏好与横向参与频次两曲线的起伏走势是基本一致的。换言之，两者之间存在需求情况与实际情况的相对一致性，即公民希望参与程度高的政策领域，实际参与程度也相对高一些；希望参与程度低的政策领域，实际参与程度也低一些。希望参与程度和实际参与程度之间不存在背离现象，即不存在公民参与愿望走高，而公民参与程度反而走低的现象。对于公民参与来讲，希望参与程度和实际参与程度之间的背离现象是十分危险的，因为这种现象表明公共权力机关没有充分回应公民的政策诉求，或者说政府意志和公民意志产生了严重的背离和分歧。我国公民的希望参与程度和实际参与程度之间的相对一致性表明，当前公共权力机关与公民的互动是相对成功的，公共权力机关对公民的政策诉求表现出的回应性也是相对适宜的。

第二，两条折线虽然相关但不重合，说明政策职能结构偏好与横向参与频次之间仍然存在一定距离。政策职能结构偏好折线的位置高于横向参与频次的折线，说明在大多数政策领域内，普遍存在公民的参与愿望高，但实际参与程度低的现象。利用均值差可以准确地描述这种现象的严重程度。均值差是指希望参与人次均值与实际参与人次均值之差。

按照均值差的概念，对表3－12和表3－13中的相关数据进行计算，可得如下结果：

公民意见产生影响的人次均值为：2611/13 = 200.85；

希望意见产生影响的人次均值为：7647/13 = 588.2；

希望参与人次和实际参与人次的均值之差为：588.2 - 200.85 = 387.85。

希望参与人次和实际参与人次的均值之差说明，希望参与人次和实际参与人次之间存在比较大的差距。因此可以认为，目前公民的参与程度难以满足公民的参与愿望。

（四）参与程度指数

为讨论方便，建立参与程度指数的概念。参与程度指数代表公民参与愿望的平均满足程度。定义参与程度指数为：

$$参与程度指数 = \frac{实际参与人次}{希望参与人次} \times 100\%$$

参与程度指数大于100，说明实际参与人次大于希望参与人次，这种参与是被动参与；参与程度指数等于100，说明实际参与人次等于希望参与人次，是一种理想状态；参与程度指数小于100，说明实际参与人次小于希望参与人次，即参与动力强但参与条件难以满足参与愿望，属于参与程度不足。

将上述公民实际参与人次均值和公民希望参与人次均值代入，有：

$$参与程度指数 = \frac{200.85}{588.2} \times 100\%$$

$$= 34.15\%$$

参与程度指数为34.15%，即总体来说，我国公民在各个政策领域的参与愿望仅平均满足34.15%。从整体的平均参与程度指数来看，我国公民在公共政策制定中的参与程度处于参与不足状态。

图3-8中两条曲线的相关系数并不等于1，说明在各个具体的政策领域上参与愿望和参与频次之间的差距并不相等。或者说，公民的参与状态在各个政策领域中是不均衡的。这种不均衡一方面反映了当前公民参与中的不足，另一方面也为进一步扩大有序的公民参与指出了需要加强的政策领域。为了更具体地讨论公民参与的这种不均衡状态，需要先描述具体的政策领域的参与现状。为此，将各个公共政策

参与领域公民的参与程度指数逐一求出，计算结果见表 3 – 14。

表 3 – 14　　　　　　　　各个公共政策领域的参与程度指数

政策领域	实际参与人次	希望参与人次	参与程度指数（%）
经济	273	793	34.43
政治	138	562	24.56
教育	454	1249	36.35
科技	138	320	43.13
文化	192	423	45.39
"三农"	303	654	46.33
卫生	183	388	47.16
城管	214	457	46.83
社保	287	990	28.99
台湾	96	377	25.46
反腐败	223	1130	19.73
外交	51	92	55.43
军事	59	212	27.83

　　表 3 – 14 具体说明了各个公共政策领域中公民参与的程度差距。表 3 – 14 表明，从与民生关联的紧密领域来说，在经济、教育、社保、反腐败等政策领域参与程度指数偏低，即参与愿望高，但参与人次较低。这几个政策领域都是当前社会不公平现象比较突出的领域，也是公民亟待解决的事关民生问题的领域。越是与公民切身利益息息相关的事务，公民参与热情越高。经济领域的参与愿望属于经济性诉求；教育领域的参与愿望涉及公民的受教育权和发展权，属于发展性诉求；社保领域的参与愿望涉及公民的生存权，属于公民的福利性诉求；反腐领域的参与愿望属于责任性诉求。如果参与渠道不畅，上述政策诉求不能得到有效表达，则容易转化为其他政治性诉求。参与愿望高，但参与程度低，导致参与程度指数过低，这种现象说明政府的公民参与举措在这 4 个政策领域尚未及时跟上。"中国现在的群体性事件有迅速上升的势头。有关部门提供的数据表明，1993—2003 年的

10 年间，群体性事件数量急剧上升，年平均增长 17%，由 1994 年的
1 万起增加到 2003 年的 6 万起，增长 5 倍；规模不断扩大，参与群体
性事件的人数年均增长 12%，由 73 万多人，增加到 307 万多人。"①
这些群体性事件绝大多数属于上述政策领域的问题。越是严重的群体
性事件，越是同上述政策领域的关联度大。因此可以认为，无论是从
提高公共政策合法性的角度出发，还是从保证社会安全运行的角度出
发，扩大政策制定中的公民参与，既不能从其他政策领域扩大，也不
能在各个政策领域齐头并进地扩大，而应该以公民的基本需求为着眼
点，将民生问题或公民最关心的问题置于优先地位，从经济、教育、
社保、反腐败 4 个领域扩大。只有在其他政策领域的扩大而没有在这
4 个公民关心程度最高的政策领域的扩大，势必会挫伤公民参与的积
极性。由于"短板"效应使然，我国公共政策制定中的公民参与，如
果没有这 4 个领域的扩大，就没有公民参与的真正意义上的扩大。

第三节　公共政策制定中公民参与的主要类型研究

　　公民参与的类型纷繁复杂。为了便于深入讨论公共政策制定中的
公民参与，需要将公民参与的类型，按照一定的标准进行区分，以利
于分门别类的进行研究。

　　关于公民参与的类型，不少学者在一定的社会背景下也进行过一
定的探索。约翰·克莱顿·托马斯根据公民介入政策制定过程的深
度，由浅入深地将公民参与的类型划分为"以获得公民信息为目标的
公民参与、以强化公民对政策理解的公民参与和以促进公民与公共管
理者共同生产的伙伴关系建立的公民参与"。② 这种划分方法来源于欧

---

　　① 吴忠民：《关于构建和谐社会的几个问题》，《邓小平理论学习与研究》2005 年第 7
期。

　　② ［美］约翰·克莱顿·托马斯：《公共决策中的公民参与：公共管理者的新技能与
新策略》，中国人民大学出版社 2005 年版，第 3—5 页。

洲大陆兴起的公民参与理论尤其是丹麦的公共管理改革经验。划分的依据是托马斯在对公民参与的优点和缺陷进行总结的基础上，将政策质量和政策的公民可接受性作为公共政策制定及执行的两个核心变量引入政策模型，所获得的政策实践中公民参与深度的印象。著名政治理论学家卡罗尔·帕特曼在《参与和民主理论》一书中根据参与动力的来源把公民参与分为三个层次：一是动员性参与。这是国家机关为引发公共领域参与而动员群众，以示威、各种批判大会、静坐、大众性会议等的积极参与。这种参与的动力是自上而下的。二是许可性参与。这种参与以政权和集团之间所发生的公开或半公开的协商或谈判为形式，以减轻对特定政策的成功或失败的负担。这种参与的动力来源是政权和利益集团横向的互动。三是自发性参与。这种参与需要能代表各个社会集团利益的市民社会空间。这种参与的动力是自下而上的。① 唐文方从工业民主化的角度把工人的参与分为两种类型。通过集体谈判进行的参与，称为利益性参与；而通过思想发动进行的参与，称为动员性参与。中国工人对于利益性和经营性参与（自发性参与）的欲望较低，然而，对于道义性事务方面，动员式参与表现出较高欲望。② 肖唐镖等按农民参与行为的不同，将其分为三种类型：积极参与型、消极逃避型和随大溜型。③ 上述种种对于公民参与类型的描述都有其合理的一面，但也有其不足的一面。主要表现在：要么是根据西方的经验所做出的分类描述，与中国的实际不十分吻合；要么是对于政治学领域所做出的描述，对于政策制定中的公民参与不十分适用；要么是根据某一种社会职业所做出的描述，不能应用于全社会的一般情况。

事实上，公民参与的类型是一个多元函数，要受到许多因素的影响。公共政策制定中的公民参与是一个与国家或地区的政治发展、经

① Pateman，C.，*Participation and Democratic Theory*，Cambridge University Press，1970.

② 转引自冯同夫《企业改革中工人的自尊——对一种工人社会行动的考察》，《当代世界与社会主义》2001年第4期。

③ 肖唐镖、邱新有：《选民在村委会选举中的心态与行为——对40个村委会选举情况的综合分析》，《中国农村观察》2001年第5期。

济水平以及文化状况紧密相连的概念。国家或地区的政治制度不同、经济发展水平不同、文化状况不同，也就具有不同的公共政策制定中的公民参与类型。同时，政策制定环境不同、利益取向不同、公共政策问题的构建不同、采用的区分标准不同，也会产生不同的参与类型。经过笔者对北京、上海、河南、广西、浙江、湖北、广东等地的实地调查，发现我国公共政策制定中公民参与的外在表现形式比较复杂，参与类型也呈现比较复杂的特征。但总体来说，参与类型可以按照五种不同的标准来进行区分。五种不同的标准是：参与结果特征、参与过程特征、参与动机特征、参与主体特征和参与阶段特征。五种不同的标准大致上可以将我国公共政策制定中的公民参与分为 12 组共 25 五种不同的参与类型。这些参与类型能够基本上涵盖了目前我国公共政策制定中公民参与的各种类型。其中，参与结果特征之下只包含一组类型，参与过程特征、参与动机特征之下各包含三组类型，参与主体特征、参与阶段特征之下各包含两组类型。由于分类标准不同，所以，组与组之间没有可比性。可能存在包含关系，也可能不存在包含关系。准确地说，组与组之间的参与类型没有排他性。但每组内各种参与类型之间具有排他性，或者说互相之间不存在包含性。具体分类详见表3－15。

表 3－15　　　　我国公共政策制定中公民参与的主要类型

参与结果特征		参与过程特征						参与动机特征						参与主体特征					参与阶段特征					
无效参与	有效参与	无序参与	有序参与	制度化参与	随机化参与	感性参与	理性参与	责任参与	利益参与	被动参与	主动参与	从众型参与	目的型参与	组织参与	群体参与	个体参与	间接参与	直接参与	政策制定中参与	政策制定后参与	政策制定前参与	政策合法化参与	方案规划参与	政策议程参与

以下对 25 种参与类型进行界定和讨论。

一 按照结果取向划分

若着眼于参与结果，则我国公民参与公共政策制定的类型可以分为有效参与和无效参与。

有效参与是指公民在参与公共政策制定过程的任何一个环节或全部环节时，产生了一定影响，取得了政策制定机关的积极回应和肯定，这种情况即视为有效参与。如果公民参与的结果没有得到回应，则不能称为有效参与。

无效参与是指虽然公民也采取了一定措施对公共政策制定过程施加影响，但没有得到政策制定主体的任何回应，也没有收到任何效果，这种参与称为无效参与。

不考虑参与绩效的公民参与研究，无疑对于公民参与的研究不会起到很大的推动作用。将公共政策制定中的公民参与类型区分为有效参与和无效参与，从量化研究的意义上说，有利于公民参与的绩效评估，也有利于考察一个国家的民主化进程。

二 按照参与过程划分

在公共政策制定过程中根据公民参与过程的特征，可以把我国公民参与公共政策制定的类型区分为有序参与和无序参与、随机化参与和制度化参与、理性参与和感性参与三大类别。

（一）有序参与和无序参与

公民在政策制定中的参与必须和我国的政治制度建设相协调，必须与我国的民主政治建设进程相一致。"文化大革命"中，包括政策制定中的公民参与在内的无序政治参与，给我国人民带来了一场深重的灾难。"人类是有序存在的，秩序使人类能集体应对风险。不论是通过强制实施，还是通过合作生产的，秩序都是人类正常地生产生活所必需的。秩序覆盖着一个共同体或社会的全体成员，减少或免除了他们生存和发展面临的风险。对于他们来说，秩序既约束着其行为，也塑造着他们的行为预期以及彼此间相对稳定的关系。"① 正是这个原

---

① 杨雪冬：《秩序是一种公共品》，《学习时报》2006 年 3 月 28 日。

因，我国公共政策制定中的公民参与，必须强调有序参与。这样，必然产生有序参与和无序参与的类型区分。所以，有序参与和无序参与的分类方法是根据我国国情所得出的一种分类方法，其与在西方价值观基础上产生的分类方法有着本质的不同。

有序并不是一种随意达成的状态，而是指一种在遵从制度安排或公认的公民行为规范的基础上所形成的稳定状态。德国社会学家滕尼斯以"共同体"和"社会"为标准划分了两类秩序。一类是共同体秩序，另一类是社会秩序。共同体秩序是指"意志的协调一致，基本上是建立在和睦的基础之上，并通过习俗和宗教产生和改良"。① 社会秩序是指"以聚合一起的、联合的选择意志即惯例为基础的，通过政治的立法获得其安全，通过公众舆论而得到其思想的和有意识的解释，即获得自我辩护"的秩序。② 本书所定义的公共政策制定中的有序参与，是指按照法律法规、行政规章、组织规章和公民行为规范所进行的有秩序的政策制定中的参与。"有序意味着社会结构的均衡、社会运行的稳定和社会行为后果的可预测性。"③ 所以，这种参与的重要特征是参与过程的可控制性强，一般不会引发社会的无秩序状态。例如，公民通过听证会的方式参与政策制定就属于有序参与。从目前我国公民参与政策制定的实践来看，大多数属于有序参与。

无序参与是指违背行政规章、组织规章和公民行为规范所进行的无秩序的参与。这种参与的初衷可能是有利于公共政策制定的，也可能是不利于公共政策制定的，但其主要特征是参与过程的可控制性差。因此，无序参与的最终结果容易引发社会的混乱和无序，效果也不一定理想。这种参与类型在我国也比较常见。例如，公民在承认政府合法性的前提下因某一公共政策问题所举行的包括静坐、游行、示威等群体性事件，或者以其他形式迫使公共问题转化为公共政策问题的做法等。我国公民参与的实践证明，无序参与不应该成为我国政策

---

① 杨雪冬：《秩序是一种公共品》，《学习时报》2006 年 3 月 28 日。
② 同上。
③ 魏星河等：《当代中国公民有序政治参与研究》，人民出版社 2007 年版，第 21 页。

制定中公民参与的发展方向。从理论上理解，即便是西方的政治学家也认为，"一个国家可以没有自由，但绝对不可以没有秩序"，政策制定中公民参与的有序性，体现了公民对现有政治权威与秩序的认同。

（二）制度化参与和随机化参与

在公共政策制定过程中，公民参与过程完全遵从制度化安排，在时间、地点、内容、方式、程序等方面表现出严格的外在规定性特征，这种参与类型称为制度化参与。如参加由政府所举办的各种政策咨询会等。公共政策制定中制度化参与的前提是，参与的制度规范在参与过程中首先获得参与者的价值认同。而要获得这种认同，参与的制度规范必须具有合法性和合理性，然后才能产生参与行为同参与的制度规范之间的价值趋同性。当然，参与的制度规范容易导致参与行为的模式化，使参与行为模式在某些情况下很难适应复杂的政策制定过程。但正如任何参与类型都有缺陷一样，制度化参与也有缺陷，但这种缺陷不会影响其主流功能的发挥。制度化参与具有整合公民参与行为、为公共政策制定体系的正常运行提供连续、规范和对口的政策诉求及建议，为实现政策制定的科学化、规范化造就一个平稳的运行环境的功能。公共政策制定中的公民参与只有在稳定而有序的政策制定体系中才能健康地得到扩大。但公民参与的扩大却具有双面性。在一定条件下，它可能为公共政策制定体系的有效运作提供动力支持，缺乏这种条件，也可能导致公共政策制定体系发生功能紊乱，进而对公共秩序造成严重的危害。亨廷顿认为："在政治制度化程度比较高的条件下，一个社会的政治稳定与该社会的政治参与成正比；反之，在政治制度化程度比较低的条件下，一个社会的政治稳定与该社会的政治参与成反比。"① 公共政策制定体系对社会利益变动和冲突的疏导与协调能力的强弱，关键要看利益表达的制度化和程序化程度。所以，制度化参与是公民参与过程中一个应该始终坚持的方向。

随机性是偶然性的一种形式，具有一定的不确定性。这种不确定

① ［美］塞缪尔·P. 亨廷顿：《变化社会中的政治秩序》，生活·读书·新知三联书店 1989 年版，第 51 页。

性是某一概率的事件集合中的各个事件所表现出来的不确定性。在公民参与过程中，有些参与过程在时间、地点、内容、方式、程序等方面具有较强的随机性，完全不是按照确定性的方式来进行，这种参与本书称为随机性参与。随机地向政府领导人或政府反映情况等参与行为就属于随机参与的一种。例如，重庆农妇熊德明偶遇温家宝总理并向总理反映包工头欠薪问题，从而拉开了一系列全国性的保障农民工权益政策出台的序幕，这种参与过程就属于随机性参与。

案例 3-2 她说了一句话，让全社会都"听"到了

那是 2003 年 10 月 23 日的傍晚，熊德明跟往常一样割完猪草疲惫地往家赶，因为孩子、老人还在家等着她回去做饭，几头猪也饿着呢——那可是她家主要的经济来源！离好远，熊德明就发现自家小院前站了一群人，有人告诉她，中间的那个和和气气的人是国务院总理温家宝！熊德明一下子手足无措了。熊德明只是中国 9 亿农民中普通的一员，土生土长于重庆市云阳县人和镇龙泉村，42 岁前从没有去过重庆以外的地方。只有初中文化，还是村里"高学历"的她，一辈子见过的最大的官是县长，"还是在电视上见过的"。

温总理和乡亲们聊了一会，起身准备离开龙泉村，突然想起什么似的问起村子里有多少人在外地打工，有没有欠钱的事。"当时我心里就打起了小鼓：娃的爸爸在县里干的活没有拿到工资，娃娃上学交不起学费；家里没有钱买猪饲料，我养的那些猪只能靠猪草填肚皮……"最后，熊德明"脑袋一热豁出去了"。熊德明后来才知道，她的那番话在场的好多村民都是吐到嘴边又咽下去的，只有她胆大，说出来了。

没多久，总理走了，熊德明却陷入了恐慌，丈夫蹲在墙角一个劲儿地抽烟，埋怨她说："这么一点小事，你也向总理说。人家都不说，就你胆大说了，地方上的人会不会怪罪我们……"回想起当时的情景，熊德明仍然后怕："我原来想我是凭良心说的话，我不爱说假话，可娃他爸那样一说我急得哇哇哭，担心得要命。"没想到的是，在总

理指示下，当天晚上村干部就将 2240 元钱送到她手上，同时还有一句叮嘱："你要保密。"这让熊德明夫妇百感交集："其实欠款只有 2178 元，我们俩后来又将多给的钱还给了包工头。"

2004 年 11 月 10 日，温家宝总理主持召开国务院常务会议，研究改善农民进城就业环境问题。会议听取了劳动和社会保障部关于进一步做好改善农民进城就业环境的工作汇报。会议认为，农民有序进城就业对于促进农村劳动力转移，增加农民收入，统筹城乡发展都具有重大意义。各级政府特别是城市政府要把改善农民工的就业环境作为重要职责，切实维护农民工的合法权益。

[本案例根据王萌《熊德明三哭》（《湖南广播电视报》2004 年 11 月 20 日第 1344 期）和农网快讯《温家宝部署六项工作切实维护农民工合法权益》（2004 年 11 月 11 日 9：30）等相关报道整理]

本书提出随机性参与的意义在于两个方面。一方面，随机性参与是对制度化参与的补充和完善。随机性参与有利于引起各方面应有的重视。从我国公共政策制定中的公民参与来看，许多公共政策制定中的参与过程难以通过制度化的参与类型来完成，只能通过随机性参与过程来完成。尤其是对于"草根阶层"更是如此。因为"草根阶层"的制度化参与机会与其他阶层相比并不具有数量方面的优势。制度化参与机会的匮乏，必然使这部分阶层对于随机性参与充满了青睐和依恋。从目前我国公共政策制定体系对公民参与的需求来看，在公民参与机会并不均等的条件下，在制度化参与并不能容纳所有的公民参与过程的条件下，对于随机性参与过程，还是要保持一种包容的心态。另一方面，实事求是地讲，公共政策制定过程中，有必然发生的公民参与，也有根本不可能发生的公民参与，随机性参与介于必然发生和不可能发生之间。对于一个随机性参与过程，可以探讨其可能出现的概率，反映该过程发生的可能性大小。大量重复出现的随机性参与过程则表现出宏观意义上的规律性。这种宏观意义上的规律正是大量随机参与现象的整体性规律，它支配着随机性参与系统的状态。认识这种规律，可以更好地研究随机性参与现象。

（三）感性参与和理性参与

"感性"一词最初见于康德对于知识的划分。康德在《纯粹理性批判》中将人的认识能力分为感性、知性和理性三种。感性给人的最初思维印象是"感情性质的、感觉性质的"。而《汉语大词典》对"感性"的解释则是："作用于人的感觉器官而产生的感觉，知觉和表象等直观认识，相对于'理性'。"感性是一种初步的认识层面。本书界定的感性参与是指缺乏理性的思考，仅仅凭借一时的感性冲动就影响政策制定过程的行为。感性参与来源于一种原始的参与冲动。这种参与行为多发生于群体性事件中。其造成的后果往往有两种情况：一种是参与绩效不佳，另一种是导致参与的初衷走向事物的反面，酿成公共政策制定秩序的混乱。因为思维运动的第一种形式是感性，感性的对象是事物和世界的现象，是事物表现出来的表象。仅仅依据感性而展开参与过程，显然缺乏牢固的思维基础。所以，政策制定中的感性参与是一种最初级的政策参与类型。

理性是人类文明进步的思想内涵之一，也是人类战胜自我的一种心智表现形式。《简明不列颠百科全书》对理性的解释是，"理性——哲学中进行逻辑推理的能力和过程"，"凭借这种能力，基本的真理被直观地把握"。[①]《辞海》对理性的解释是，"一般指概念、判断、推理等思维形式或思维活动"。[②] 本书界定的理性参与是指公民在参与公共政策制定时经过了理性思考，在时间、地点、内容、方式、程序等方面表现出更多的理性特征。如人大代表向人民代表大会提交各种提案的行为就属于理性参与类型。理性参与的最大特征是在参与过程中按照事物发展的客观规律和政策环境的需要来考虑参与的时间、地点、内容、方式、程序等问题，参与过程不冲动，不感情用事。这种参与类型对于社会的平稳运行极为必要。"要建立一个公正、平等的社会，必须靠老百姓有理智地参与公共事务，以及不断地提供建设性

---

① 《简明不列颠百科全书》（5），中国大百科全书出版社1985年版，第239页。

② 《辞海》，上海辞书出版社1979年版，第2776页。

的意见。"① 理性是人类认识的高级阶段。理性参与是在感性认识基础上，把所获得的政策诉求直觉，经过思考、分析，加以去粗取精、去伪存真、由此及彼、由表及里的升华，形成规范的概念、判断和推理，然后再参与政策制定的过程。从这个意义上说，理性参与是感性参与的飞跃，因为它是在理解事物的全体、本质和内部联系的基础上展开的参与过程。

三 按照参与动机划分

根据公民参与公共政策制定的动机，可以把公民参与区分为三种类型。

（一）利益参与和责任参与

之所以区分利益参与和责任参与，是基于我国深厚而悠长的传统文化背景。

在中国传统文化中，鼓励人们为了"义"而存在。"君子喻于义，小人喻于利"②，"惟利所在，无所不倾，若是则可谓小人矣"。③ 只知道义的人被称为君子，只知道利的人被称为小人。但实际上，追求利益是人的一种本能。"利"是指利益，与功利的意义相近但不同，功利是功名利禄的简称，有更加具体化的含义。而"利"的含义则更加宽泛化，通常是指个人利益。这种传统文化在相当长的历史时期内禁锢了人们的思想，虽然人们总是在不断地追求自己利益的满足，"饥而欲食，寒而欲暖，劳而欲息，好利而恶害"④，但是，在行为规范上又使人们耻于言利。在新中国成立后相当长的时间里，极"左"思想的灌输，又在精神上控制了人们的利益冲动。否定以人为本的政治伦理始终占据主导地位，又使人们惧于言利。特别是"文化大革命"期间，国家的民主政治进程遭到严重破坏，政治生活失序，公民的人身安全和合法利益无法得到保障。这些问题严重阻碍了利益化参与的

---

① Hart, D. K., "The Virtuous Citizen, the Honorable Bureaucrat and Public Administration", *Public Administration Review*, Vol. 44, Special Issue, 1984.

② 《论语·里仁》。

③ 《荀子·不苟》。

④ 《荀子·荣辱》。

进程。

改革开放推进了中国社会主义市场经济的发展。市场经济是以利益为先导的法制经济，因此，必然在利益问题上极大地解放了人们的思想，同时也奠定了中国公共政策制定中的公民参与走向更加完善化的思想基础。"改革促进了生产力的发展，引起了经济生活、社会生活、工作方式和精神状态的一系列深刻变化。"① 人们精神状态深刻变化的重要内容之一，就是对于利益的重新认识，并在政策诉求中融合了基本的利益动因，在公共政策制定中，敢于为了自己的利益和他人的利益表达政策诉求。公共政策制定中公民参与的基本动因是维护自身利益和他人利益的需要，利益是参与意识的基本来源之一。利益动机是"促使人们参与政治的最持久、最均衡、最稳定的动机"②，在大多数情况下，"人们奋斗所争取的一切都同他们的物质利益有关"。③ 本书所界定的"利益参与"，是指公民出于实现某种利益之目的所进行的参与行为，这里的利益主要是自身利益。从笔者的调查来看，公民在生活方面表达愿望较多，但政治愿望表达不多。当前我国公民参与的比较常见的类型，就是利益参与。

义利学说是儒家学说的重要内容，也是中国传统文化的一个重要组成部分。除关于"利"的学说外，儒学还有关于"义"的学说。"义者，天理之所宜；利者，人情之所欲。"④ "天理所宜是公，人情所欲是私。"⑤ "义者，心之制，事之宜也。"⑥ "义"即道义，也就是符合道德要求的行为。"群体利益、国家利益、社会公共利益等概念在儒家的义利理论中属于'义'的范畴。"⑦ "义"的观念源远流长，也在很长的历史时期内影响了人们的思想，虽然不可能全部影响今天公民的参与动机，但作为政策环境中的一种文化因素，也能够在一定

---

① 《邓小平文选》第三卷，人民出版社 1993 年版，第 142 页。
② 陶东明、陈明明：《当代中国政治参与》，浙江人民出版社 1998 年版，第 210 页。
③ 《马克思恩格斯全集》第 1 卷，人民出版社 1956 年版，第 82 页。
④ 《北溪字义·卷下》。
⑤ 同上。
⑥ 朱熹：《孟子集注》卷一。
⑦ 苗润田：《放于利而行多怨》，《哲学研究》2007 年第 4 期。

程度上影响着公民的参与动机。笔者在调查中发现，不少公民参与并不是出于利己动机，而是出于某种责任。所以，本书界定的"责任参与"是出于履行某种社会身份应该承担的责任所进行的参与。例如，出于公民责任而进行的投票选举，出于政协委员的社会责任而对某些公共政策问题的建言献策，等等。

责任参与和利益参与的最大区别是：利益参与出于个人利益动机，而责任参与则是履行某种责任，这种责任与参与者的个人利益无关，而与他人利益、团体利益、组织利益或全社会的公共利益有关。最早提出责任参与概念的是卢梭。卢梭认为："公民参与有两种形式：一种是权利参与，它是公民政治权利的自然体现与运用；一种是责任参与，即公民在行使权利的同时对他们的国家所承担的责任和义务。这种参与是衡量公民爱国心的标尺。"[①] 卢梭的分类和坎贝尔等关于公民责任感的界定是一致的。坎贝尔等认为："政治成员认为自己或他人应该参与政治过程，而不必计较这些政治活动是否值得或者会有代价。"[②] 这两种观点的共同特征都是建立在公民美德或社会道义的基础上。"一个由公民美德支撑的社会，在其中人们通过参与公共事务和分担公民责任来获得快乐生活。"[③] 本书界定的"责任参与"与上述两种观点有所不同。在定义域上，比卢梭的定义更为宽阔，既包括公民责任，也包括其他社会身份所承担的责任。在利益追求上，与坎贝尔等关于公民责任感的界定一致。这种类型的参与对于确保公共政策的制定秩序具有公共利益品性具有十分重要的价值。

（二）主动参与和被动参与

主动参与是指完全由参与者的主观愿望所支配的参与。这种类型的参与近年来有扩大的趋势。其中的原因比较复杂，但大致有如下几种：

---

① 宋文生：《近代西欧民族主义与中国晚清民族主义比较浅析》，《湖北社会科学》2003 年第 6 期。

② Campbell, Angus, Gurin Gerald, Warren E. Miller, *The Voter Decides*, Evanstone：Row Pearson & Co., 1954, pp. 187, 154.

③ 李波：《民主的四大渊源》，《开放时代》2001 年第 5 期。

第一，我国社会民主政治发展的结果。党的十五届五中全会首次提出了"扩大公民有序的政治参与"的目标。十六大报告又提出："健全民主制度，丰富民主形式，扩大公民有序政治参与，保证人民依法实行民主选举、民主决策、民主管理和民主监督，享有广泛的权利和自由，尊重和保障人权。"十七大报告又进一步提出："坚持国家一切权力属于人民，从各个层次、各个领域扩大公民有序政治参与，最广泛地动员和组织人民依法管理国家事务和社会事务、管理经济和文化事业。"这种由执政党主导的民主政治的发展，为公共政策制定中的公民参与打造了宽阔的平台。

第二，电子政务的发展，为公民主动参与公共政策制定从技术上提供了诸多便利条件，使许多过去不可能发生的公民参与行为现在可以很容易变为现实。

第三，公民利益观念回归等，使公民参与的动因急剧增加等。主动参与可能建立在维护公共利益的基础上，但也可能建立在追求个人利益的基础上。

所以，主动参与类型是一个与利益的关联度特别显著的多元函数。当利益具有充分的可预见性时，会极大地提高一部分公民参与公共政策制定的积极性。

被动参与是指参与者主观上并没有参与的愿望，但是，由于某种原因而不情愿参与或不得不参与的一种参与方式。在经济比较落后的地区，被动参与的现象比较普遍。

被动参与也是一个和利益有关的多元函数，而且与利益的关联度也特别显著。当利益不足或缺乏的时候，会大大影响一部分公民参与政策制定的主动性，进而加大被动参与发生的概率。这种类型的公民参与在我国不少地方都时有发生。为了减少被动参与的概率，一方面，在设计参与过程时，应该尽量考虑公民的切身利益，考虑公民的参与成本；另一方面，还是要加强公民意识的培养。作为一个现代化进程中的国家，民主政治的发展不能建立在公民仅仅为了个人利益而参与公共政策制定的基础上。

（三）目的型参与和从众型参与

目的型参与是指参与者在参与过程中始终抱有明确的目的，要么是政治目的，要么是经济目的，要么是其他形形色色的目的而进行的参与。

从众型参与是指没有明确目的，而是看到别人参与，自己也跟着参与，完全是一种从众行为的参与类型。如当前我国一些地方所发生的群体性事件中有不少公民的行为就属于从众型参与。我国"相当数量的公民参与和群众运动不是基于公民的责任感，不是出于对自己的公民权利和义务的认识，而是凭着某种冲动参与的，有时甚至只为了发泄心中的不满情绪，不能采取规范化、程序化的参与形式"。[①] 从众型参与，是一种相当具有破坏性的公民参与类型。因为没有目的，这种参与类型在某种偶然因素的作用下极其容易走偏方向，对公共政策制定过程带来较大的冲击。减少从众型参与的发生，重在提高公民的文化素质和公民责任感。

四　按照参与主体划分

按照参与的主体不同，公共政策制定中的公民参与可以分为两大类：第一类是个体参与、群体参与和组织参与；第二类是直接参与和间接参与。

（一）个体参与、群体参与和组织参与

个体参与是指纯属个人行为的一种参与，既没有团体或群体的背景，也没有组织背景。作为一种公共政策制定中常用的公民参与方式，它具有参与手段的灵活性、参与意志的平等性等特点。任何一个公民，在政策诉求的选择、参与方法的使用、参与目的之确定等方面享有充分的自由。个体参与的主要缺陷在于个体对于公共问题的判断未必准确和全面。个体公民一般在信息的掌握方面由于自身的条件有限很难做到全面。而且从出发点来说，从局部利益、短期利益或者自身利益出发的居多。如果进入政府议程，还要进行加工整理，判断其公共性大小，实现个人问题的集约化思考，以确定是否具有公共价

---

① 顾丽梅：《解读西方的公民参与理论》，《南京社会科学》2006 年第 3 期。

值，是否属于公共政策问题。在没有实现集约化判断之前，较少进入实质上的政策规划阶段。在实现集约化判断之后，如果缺乏公共性，还要进行淘汰而不能进入政策方案的规划阶段。所以，个体参与的成功率比较低，这是个体参与的最大不足。

群体参与是指非组织的、非个人的，而是一种以群体名义实施的公民参与。如群体性事件很多就是属于群体参与。我国农村不少地方发生的以宗族名义出现的参与也属于群体参与的类型。群体参与可以分为理性群体参与和非理性群体参与。当群体成员处于理性状态时，其议价力量较强，政策诉求容易进入政策议程，但群体参与过程中群体成员容易进入非理性状态。当群体成员处于非理性状态时，往往采取激烈的参与方式，从而影响正常的政治秩序和社会秩序，造成政策制定主体与公民之间的心理对抗，最终导致政策制定中公民参与的无序化。基于其组织化程度低、可控性差等特点，可以认为，群体参与并不是理想的参与类型。因此，将群体参与转化为组织参与，并纳入制度化参与轨道，对维护公民参与的有序性具有十分重要的价值和意义。

组织参与是以组织名义进行的参与。如民主党派向共产党和政府所进行的建言献策，非政策组织以组织名义所进行的参与等就属于组织参与。组织参与是一部分公民意志的集约化反映，是一种比较理想的集约化参与形式。由于是依托组织所进行的公民参与，所以，具有意志集中、参与意见质量较高、参与效果显著等特点。例如，"农工党于 1999 年和 2001 年分别就长江上游水质污染整治工作和三峡库区库底清理工作进行了考察。随后，向中共中央、国务院提出了《关于在建设三峡水库的同时，抓好长江上游水质污染整治工作的意见》，得到中共中央、国务院的高度重视。一些建议内容得到具体落实，国家计委、国家环保总局重新编制三峡库区环境保护和生态建设规划，长江上游水质污染治理已列为国家环境保护的重点。2000 年提出的"关于加强西藏等边远省区广播电视工作的建议"，得到党和国家领导人的高度重视。国家有关部门实施了"西新工程"。① 组织具有结构严密、规章完备等特点，由此决定了组织参与必然具有可靠性高、可控性强等特点。所以，组织参与应该是扩大公民有序参与中值得重点发展的类型之一。

（二）直接参与和间接参与

直接参与是指公民、团体和组织在公共政策制定中以自己的名义直接进行的参与。凡是经过自己的合法努力，使自己的意见、信息进入了政策制定或者修改过程，不管是否对政策方案产生了影响，都可以认为直接参与了政策制定。

间接参与是指公民、团体和组织并没有直接参与，而是经过一定政治程序选举或指定自己的代理人，将自己的意志委托代理人，由代理人代为参与的方式。公民委托人民代表所进行的关于政策制定的参与行为就属于这类参与，如选举党的代表大会代表，以及选举人民代表大会代表的行为都属于间接参与。

五 按照参与阶段划分

根据参与阶段的不同，可以把公民参与分为两类：一类是按照时间顺序分为政策制定前参与、政策制定后参与和政策制定中参与；另一类是按照阶段特点分为政策议程参与、方案规划参与、政策合法化参与等。这种分类方法目前鲜见文献报道，属于本书独有的分类方法。

（一）政策制定前参与、政策制定后参与和政策制定中参与

政策制定前参与是在促成公共政策问题形成过程中的参与。如描述公共问题、识别公共问题、分析公共问题等。这种参与有利于使公共问题进入系统议程和政府议程，从而有利于公共政策问题的形成。

政策制定后参与是指公共政策方案经过合法化环节后，公民在政策执行阶段发现原政策方案中存在的各种问题，通过各种方式推动该政策方案进行修改，或积极参与该政策方案修改的一种参与方式。

①　李术峰、张小军：《各民主党派参政议政成效显著》，《人民日报》（海外版）2003年3月8日第2版。

政策制定中参与是指政府体系外的公民出于实现公共利益、团体利益或个人利益的目的，以合法的行动，通过直接或间接的路径，参与公共政策制定过程所包含的公共政策问题形成、公共政策问题界定、政策目标确立、政策方案设计、政策方案评估与论证、政策方案抉择以及政策合法化等环节中的全部或部分环节，并借以影响社会资源分配的政治行为。

政策制定前参与和政策制定后参与这两种参与类型虽然不属于本书所界定的公共政策制定中公民参与的范围，但是，由于其和政策制定具有特别紧密的联系，本书仍然把这两种参与类型作为本书研究的特例来进行讨论。

（二）政策议程参与、方案规划参与和政策合法化参与

政策议程包括系统议程和政府议程。政策议程参与是指在系统议程和政府议程两个阶段公民所做的有利于促进公共政策问题形成的各种努力。

政策方案规划是政府组织或非政府组织对公共政策问题进行分析研究，并提出相应的能够被接受的解决方案的动态过程。方案规划参与是指在政策方案规划阶段所进行的参与。主要是指公民在政策目标确立、政策方案设计、政策方案评估与论证、政策方案抉择等环节所做的各种参与。

"政策合法化是指法定主体为使政策方案获得合法地位而依照法定权限和程序所实施的一系列审查、通过、批准签署和颁布政策的行为过程。"[1] 政策合法化参与是指在政策合法化阶段所进行的参与。目前在我国，公民的政策合法化参与主要是指提出议案、参与审议议案、参与表决和通过或不通过议案等。

---

[1]　陈振明：《公共政策分析》，中国人民大学出版社 2003 年版，第 197 页。

第四章　公民参与公共政策制定的
微观形态研究

关于公民参与公共政策制定的微观形态的研究，主要是对参与方法、参与途径和参与绩效等更接近实质性操作过程的参与形态的研究。由于参与方法、参与途径和参与绩效更能反映公民参与公共政策制定的实质过程和深层次特征，而且更加具体和细化，在研究层面上更加微观化，所以，本书称其为公民参与公共政策制定的微观形态。这种界定主要是相对于参与频次、参与类型以及信息获取等一些表征公民参与过程宏观特征和表层特征的参与形态而言的。随着我国民主政治的发展，公民在参与公共政策制定过程中利用的参与方法、参与途径以及所取得的参与绩效等都发生了很大的变化。无论在深度上还是在广度上，公民参与公共政策制定的水平都有很大程度的提高。在这一深刻的变化过程中，参与方法、参与途径等所起的作用日益显著。为了更好地扩大公共政策制定中的公民参与，有必要对公民参与公共政策制定的微观形态进行深入的量化研究。

第一节　公民参与公共政策制定的方法

在关于公民参与公共政策制定的方法研究中，既往的研究并没有把参与方法、参与途径、参与形式加以严格区分。例如，洛伦斯和迪根（Lawrence and Deagen）在他们的研究中就没有把公民参与的方法

同相近的若干概念如参与途径、参与形式进行区别。①魏星河关于政治
参与的研究则把参与形式和参与方式视作同一个概念。② 顾丽梅的研
究也将参与形式和参与方式视作同一个概念。③ 本书认为，参与方法、
参与方式和参与形式三个概念可以不加区别，但参与途径和参与方法
必须进行区分。参与方法属于行为模式的范畴，而参与途径属于制度
安排的范畴。更具体地说，参与方法属于内源性的行为选择，而不是
外源性的制度设计。参与途径属于外源性的制度设计，而不是内源性
的行为选择。如果未加区别，不利于对公民参与进行细化的深入研
究。本书所谓的公民参与公共政策制定的方法，主要是指公民通过非
制度化层面的合法努力，自主地、随意地选择某种行为模式参与公共
政策的制定过程，以影响公共政策的价值取向，实现自身利益、他人
利益或公共利益的方式。

一　公民参与公共政策制定的方法偏好

公民采用什么行为模式参与公共政策制定，反映了公民参与公共
政策制定的方法偏好。这种偏好对于公民的参与效果具有相当大的影
响。为了解公民参与公共政策制定的方法偏好，本书设计了如下问
题："如果有下列方法可供选择，您会选择哪种方法参与和影响政策
制定？"该问题为分组式多项选择题，备选答案有 10 个："全体市
（村）民公决""自己投票决定""由自己信任的人决定""借助某个
组织""制造社会舆论""消极抵抗""利用罢工、游行以及静坐等激
烈方式""给领导者写信、打电话""网上发表意见""酌情选择其他
参与方法"，共有 4203 人次进行了回答，其中，男性公民 2458 人次，
女性公民 1745 人次。具体回答情况见表 4 - 1。由于选项较长，为便
于表述起见，10 项备选答案在以下讨论中用表 4 - 1 中的简称代替。

① Lawrence, Rick L., Debbie A. Deagen, 2001, "Choosing Public Participation Methods for Natural Resources: A Context - Specific Guide", *Society and Natural Resources*, Vol. 14, No. 9, pp. 857 - 872.
② 魏星河：《当代中国公民有序政治参与研究》，人民出版社 2007 年版，第 190 页。
③ 顾丽梅：《解读西方的公民参与理论》，《南京社会科学》2006 年第 3 期，第 48 页。

表 4 - 1   **参与和影响政策制定的方法**

社会性别	市（村）民公决	自己投票	委托他人	借助组织	制造舆论	消极抵抗	利用罢工	上书领导	网上表达	酌情选择
男	715	544	107	109	112	61	78	135	265	332
比例（%）	38.07	29.0	5.70	5.80	5.96	3.25	4.15	7.19	14.11	17.68
女	418	377	77	76	77	42	52	109	197	320
比例（%）	31.19	28.13	5.75	5.67	5.75	3.13	3.88	8.13	14.70	23.88
总	1133	921	184	185	189	103	130	244	462	652
比例（%）	26.96	21.91	4.38	4.40	4.50	2.45	3.09	5.81	10.99	15.51

将表 4 - 1 中的数据按照从大到小的顺序重新排序。然后再用公民在每个选项上分布的参与人次占总参与人次的比例做出柱状图（见图 4 - 1）。

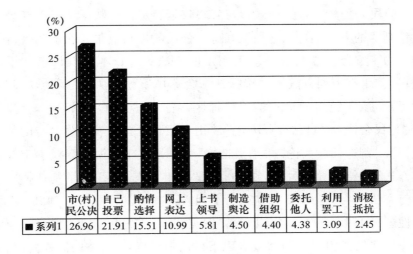

图 4 - 1 公民参与政策制定的方法偏好

通过对图 4 - 1 进行分析，可以得出我国公民参与政策制定的方法偏好的几个特点：

第一，公民更希望通过自主的直接行为来参与公共政策制定。在 10 项选择中，选择人数较多的前 4 项均属于自主的、直接参与公共政

策制定的行为。前 4 项合计占总选择人数的 78.57%。两项非自主的
方式是"借助组织参与"和"由自己信任的人决定（委托他人）"，
两项合计占总选择人数的比例仅仅为 8.0%。这一方面反映了公民参
与公共政策制定的方法偏好，另一方面也说明公民对于通过组织来参
与政策制定这种方式并不十分青睐。之所以出现这种现象，可能与组
织在信息传递中的信息失真有关。组织可以分为政府组织和非政府组
织。通过政府组织参与政策制定，自然可以达到信息直达的目的，但
通过非政府组织传递信息来参与政策制定，则往往会出现信息失真的
情况。例如，报喜不报忧、官僚作风、文牍主义、技术原因等，都会
影响到公民参与公共政策制定所需要的相关信息的传递，给公民的参
与热情带来负激励。所以，公民更希望通过自主的行为来参与公共政
策制定。对于"由自己信任的人决定"这种方法，公民的兴趣也不
高。这并不是对被委托者不信任，而是公民对于自己的参与能力比较
自信的表现，是公民的权利意识和参与意识不断增强之后在参与方法
上的一种表现。这说明，扩大公共政策制定中的公民参与，应该积极
创造更多的能够体现出公民自主参与的、具有直接行为特点的方法和
模式，以满足我国公民的权利意识和参与意识不断增强的需要。

　　第二，公民选择参与方法的思考更倾向于理性化，对参与方法的
选择以积极的参与方法为主。在位于前 4 位的选项中，"全体市民公
决""酌情选择其他参与方法""自己投票决定""网上发表意见"，
都属于比较理性的参与方法，这种理性的参与方法有利于公民参与的
有序化和科学化。而选择"罢工、游行、静坐""消极抵抗"这两种
参与方法的人次仅仅占总参与人次的 5%。"罢工、游行、静坐""消
极抵抗"虽然没有违背宪法和法律的规定，虽然也属于合法参与方法
的一部分，但并不是值得提倡的参与方法。因为这种参与方法容易使
公民参与走向无序化，引发对抗情绪，收到不良的参与效果。公民参
与是为了更好地制定公共政策，而不是为了引发对抗和带来不稳定状
态。我国公民对于消极的参与方法并不青睐，反映了我国公民的参与
素质是一种高层次的参与素质，是一种值得信赖的参与素质。公民参
与政策制定是公共政策制定主体和公民之间的互动过程。一方面以公

民素质的提高为前提，另一方面以政策制定主体对公民的充分信赖为基础。我国公民参与素质的提高，为进一步扩大政策制定中的公民参与提供了良好的公民素质基础。

第三，我国公民对于制度参与方法具有较强的偏好。公民参与公共政策制定的方法可以分为制度参与方法和非制度参与方法。制度参与方法是指由公共政策制定主体所主导的参与方法，有其严格的程序、形式、时间和内容等方面的限定。市（村）民公决是一种制度性的参与方法，目前在我国城市尚没有市民公决的实践，但农村却出现了不少由全体村民共同投票决定公共政策的方法，这种方法比较普遍地受到村民的欢迎。非制度性方法是指非制度规定的、由公民自然选择的参与方法。它不存在特定的程序和内容限制，具有较大的随意性和自主性。由自己信任的人决定、借助某个组织、制造社会舆论、消极抵抗、利用罢工、游行和静坐、网上发表意见等，都属于非制度性的参与方法。按照我国宪法规定，非制度方法也属于宪法和法律赋予公民的政治权利，属于合法的参与方法。从选择结果来看，仅仅在"市民公决"和"自己投票决定"这两种方法上分布的人次就有49%。这两种方法都属于由公共政策制定主体所主导的参与方法，有其严格的程序、形式、时间和内容等方面的限定。因此，属于制度参与方法。所以，我国公民对于制度性参与方法具有较强的偏好和高度的认同。同时，这种偏好也从另一个方面说明我国公民参与公共政策制定的方法应该以制度参与方法为主的必要性。

二　社会性别与公民参与公共政策制定的方法偏好

对于某一选项的选择人数多寡反映了对该选项的偏好强弱。以性别为基础，将我国男女公民对于公民参与方法的选择人数占总人数的比例作图，得到图 4 - 2。

从图 4 - 2 可以看出，描述我国公民参与公共政策制定的方法偏好的两条曲线，基本走势比较一致。为了更深入地讨论男、女公民参与公共政策制定的方法偏好，对两条曲线的相关性进行 F 检验，见表 4 - 2。检验结果得到，F 统计值 1.21564，小于临界值 3.178893。因此，针对男女公民样本方差是否相等的检验结果，在 0.05 的显著性水平下，认为两样本没有显著差异。再进行相关分析，得出相关系数为 0.97（P=0.001<0.01）。当相关系数小于 0.2 时为低度相关，当相关系数大于 0.8 时为高度相关，显然，我国男女公民参与政策制定的方法偏好之间具有高度的相关性，而社会性别与方法偏好之间不存在相关性。男、女公民之间的方法偏好具有较高程度的趋同性，显然是由于社会性别而不是自然性别的原因所致。

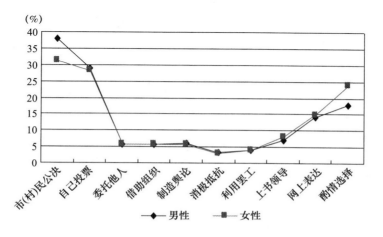

图 4-2 男女公民参与政策制定的方法偏好的区别

表 4-2　　　　　　　　性别与参与方法偏好的 F 检验

项目	男性	女性
平均	13.091	13.021
方差	141.0433	116.0239
观测值	10	10
自由度	9	9
F	1.21564	
P（F≤f）单尾	0.387945	
F 单尾临界值	3.178893	

在长期的发展过程中，自然性别群体为了适应社会变迁的需要，在政治、经济和文化等因素的相互作用下，逐渐表现出自己与另一个性别群体不同的社会特征，并承担不同的社会角色及责任。这种由社会形成的性别群体的特征、角色及责任统称为社会性别。与自然性别不同，社会性别是社会对性别群体的期待、要求和评价，是自然性别群体社会化的结果。社会性别不是一种自然现象，而是一种社会现象。也正是这个原因，当社会性别群体面临共同的公共政策问题时，会表现出共同的反映和认知。可以认为，我国之所以出现男女公民在参与方法偏好上具有较高程度的趋同性的现象，应该与男女公民在参与公共政策制定时所面临的各种问题具有较高程度的趋同性有关。这些问题包括利益分配、制度安排、经济条件等。就社会性别群体而言，由于强调社会性别主流化，在利益分配方面，男女公民的差距在明显缩小。在制度安排方面，应该说制度要素是造成男女社会性别的差异和不平等的根本原因，但是，我国现行的各种公民参与的制度安排对于男女公民在形式上并没有明显的不同。在经济条件方面，也不存在男女公民的经济条件差距较大的情况，所以，会出现男女公民的方法偏好具有较高程度的趋同性现象。

虽然男女公民的方法偏好具有较高程度的趋同性，但是，由于自然性别的原因，男性公民和女性公民在个别参与方法上还是存在一定的区别。主要表现在男性公民比女性公民更偏好直接参与方法。所谓直接参与是公民直接向政府发表看法、表达意愿、提出要求，以求影响公共政策的制定。比较明显的特征可以由表4-1看出。一个主要的区别是，男性公民在"全体市民公决"选项上的选择人数比女性公民高出6.88个百分点。由于自然性别的原因导致女性公民和男性公民在参与方法上的另一个区别是，女性公民比男性公民更偏好委婉的、含蓄的参与方法。委婉的参与方法主要是指"酌情选择"一项。该选项不是十分唐突的参与态度，所以比较委婉。在"由信任的人决定"的选项上，女性比男性高出0.05个百分点。另外，在"网上发表意见"这种方法上，女性比男性的选择人次也略高。"网上发表意见"，可以用真名，也可以用网名，而且不需要见面，因此具有一定程度的隐蔽性，属于比较含蓄的参与方法，因此引起了女性公民的更多关注和兴趣。

三　文化程度与公民参与公共政策制定的方法偏好

公民在参与公共政策制定时，文化程度是导致其参与方法偏好的一个重要因素。一般来说，文化程度的高低与公民的收入正相关关系，也与社会地位、理性程度等要素的高低呈正相关关系。如果把握了文化程度对于方法偏好的影响，其他与文化程度相关的因素对于方法偏好的影响也能够略见一斑。因此本书的讨论将以探索文化程度对于公民参与公共政策制定的方法偏好的影响为重点。为了考察文化程度对于方法偏好的影响，依据对全国 31 个省（市、自治区）的问卷调查结果，将不同文化程度的公民群体对于参与公共政策制定的方法偏好进行统计，统计结果见表 4 - 3。

表 4 - 3　　　　　不同文化程度的公民群体对于参与方法的偏好

社会性别	市（村）民公决	自己投票	委托他人	借助组织	制造舆论	消极抵抗	利用罢工	上书领导	网上表达	酌情选择
博士	16	17	2	4	3	2	5	2	10	24
比重（%）	22.86	24.29	2.86	5.71	4.29	2.86	7.14	2.86	14.29	34.29
硕士	84	80	12	20	18	5	7	16	53	62
比重（%）	33.20	31.62	4.74	7.91	7.12	1.98	2.77	6.32	20.95	24.51
本科或专科	557	428	53	104	100	28	55	122	284	346
比重（%）	35.41	27.21	3.37	6.61	6.36	1.78	3.50	7.76	18.06	22.00
高中或中专	288	243	53	33	44	35	30	58	82	133
比重（%）	36.37	30.68	6.69	4.17	5.56	4.42	3.79	7.32	10.35	16.79
高中以下	188	153	64	24	24	33	33	46	32	87
比重（%）	35.54	28.92	12.10	4.54	4.54	6.24	6.24	8.70	6.05	16.45
合计	1133	921	184	185	189	103	130	244	462	652
比例（%）	35.21	28.62	5.72	5.75	5.87	3.20	4.04	7.58	14.36	20.26

为讨论方便起见，用 5、4、3、2、1 分别代表"高中以下""高中或中专""本科或专科""硕士"和"博士"（如果分析过程不包括

博士，则用 4、3、2、1 分别代表"高中以下""高中或中专""本科或专科"和"硕士"）；用 y 表示某学历群体中选择该选项的人次占该学历群体总人次的比重，用 x 表示文化程度的序号。然后再根据表 4 - 3 中的数据，将不同文化程度的公民群体在每一种参与方法上的人次分布规律归纳为数学模型（见表 4 - 4）。

表 4 - 4　　　不同文化程度的公民群体参与方法偏好的数学模型

参与方法	数学模型
市（村）民公决	$y = -1.685x^2 + 12.963x + 12.322$，$R^2 = 0.9618$
自己投票	无明显规律
委托他人	$y = 0.0204x - 0.0018$，$R^2 = 0.7448$
借助组织	以是否接受过高等教育为基准可以分为两组
制造舆论	$y = -0.0085x + 0.0803$，$R^2 = 0.9949$（不含博士）
消极抵抗	$y = 0.0059x^2 - 0.0261x + 0.0482$，$R^2 = 0.9494$
利用罢工	$y = 0.0107x + 0.014$，$R^2 = 0.8416$（不含博士）
上书领导	$y = 0.0127x + 0.0279$，$R^2 = 0.7905$
网上表达	$y = -0.0524x + 0.2696$，$R^2 = 0.9725$（不含博士）
酌情选择	$y = -0.0434x + 0.3583$，$R^2 = 0.8884$

（一）关于"市（村）民公决"

在所有参与方法中，"市（村）民公决"是受到公民青睐程度最高的一种参与方法。但从学历群体的偏好来看，并不是所有学历群体都有相同程度的偏好。就不同的学历群体来说，基本上呈现一种学历越低，对这种方法偏好程度越高的情况。该模型的曲线见图 4 - 3。这与公民参与机会在不同学历群体之间的分布不均等有很大关系。一般来说，从总体情况来看，学历越低，参与机会越少。在后工业社会，造成社会阶层分化的主要因素是知识。"革命中起主导作用的精英们，多表现出文化地位和社会政治地位的不一致。"[1] 而低学历群体对这种

---

[1]　Robet D. Putanm, *The Comparative Study of Political Elites*, Englewood Cliffs, Prentice - Hall, 1976, p. 173.

方法的偏好,恰恰反映了其追求参与机会均等化的一种心态。其数学模型为一个二次曲线,且复测定系数为0.9618,说明其数学模型对这种现象的解释程度比较高。采用这种参与方法的人次比重的变化可以用学历的变化说明96.18%。

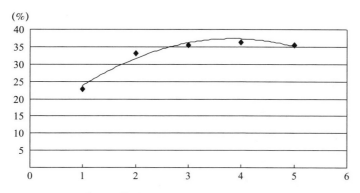

图 4 - 3　不同学历群体对于"市(村)民公决"参与方法的偏好

　　高学历群体对这种方法的偏好不高,而且在高学历群体中学历越高,对这种参与方法的偏好程度就越低。说明该群体尤其是该群体中的最高学历群体对这种方法持有一种比较冷静的态度。从"市(村)民公决"这种参与方法本身来看,其并不是完美无缺的,因为这种方法存在参与能力的拉平效应。表面上看,对所有的公民参与机会是公平的,但实际上对于参与能力强的公民是不公平的。这种参与方法导致其参与能力体现不出来。而且参与能力平平甚至素质较低的公民利用其较低的素质去影响公共政策制定,甚至降低公共政策的质量,也不是扩大公民参与政策制定的初衷和科学的态度。但是,这里毕竟存在一个悖论,即追求参与机会的均等化与追求参与绩效的高水平之间的悖论。解决这个悖论,可能尚待时日。但本书的看法是,在扩大公民参与进程中,还是要坚持质量优先的原则。既要进一步扩大公共政策制定中的公民参与,又要追求参与绩效的高水平。当两者发生矛盾时,不能以牺牲公共政策的质量为代价来扩大公民参与,而应该在坚持质量优先原则的前提下,扩大公共政策制定中的公民参与。

（二）关于"自己投票"

"自己投票"决定这种参与方法与"市（村）民公决"并不是同一个概念。"自己投票"决定这种参与方法可以发生在公共政策制定过程的任何阶段。包括系统议程、方案抉择以及政策合法化阶段，每一个阶段都可以通过公民投票来实施公民参与，而且从公民人数来看，并没有全体或部分的限定。但"市（村）民公决"却只有发生在方案抉择和政策合法化合二为一的阶段，且必须是全体市（村）民参加。公民"自己投票"的方法在所有参与方法中也是受到公民青睐程度较高的一种参与方法。公民对其的偏好程度在所有方法中位居第二。但从各个学历群体的偏好来看，学历因素对这种偏好的影响并不明显。从高学历群体到低学历群体，其参与方法的偏好没有表现出十分显著的规律性。说明对于自己投票这种参与方法，各个学历群体的认同程度并没有太大的区别。

（三）关于"委托他人"

表4－4中的数学模型表明，学历对于"委托他人"这种公民参与方法的偏好具有一定程度的影响。参与人数与学历呈正相关关系。复测定系数为0.7448，表明这种正相关关系的强度是中等偏高的。大致的特征是：学历越低，对这种方法的偏好程度越高。该模型的曲线见图4－4。

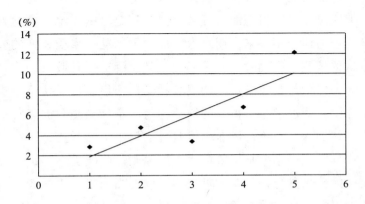

图4－4　不同学历群体对于"委托他人"参与方法的偏好

文化程度可以有效地提高公民参与政策制定的能力和参与政策制定的自信心。低学历群体对于"委托他人"这种参与方法的偏好，恰恰反映了对于自己参与政策制定能力所持有的一种保留心态。而高学历群体对于这种方法的偏好程度较低，则反映了一种对于自己参与政策制定能力的自信。低学历群体对于这种参与方法的偏好，在民主政治快速发展的今天，未必是一种良好的催化剂。因为这是导致精英民主得以滋生的土壤。从发展的意义上讲，从精英民主到大众民主是一个必然趋势。作为反封建的产物，近代民主国家出现之后，就提出"国家主权应当属于人民，认为民主政体是最理想的国家形式，主张通过制度化的形式，将平等的原则、民主的思想、自由的精神体现出来"。① 精英民主尤其是强势精英民主，从制度形态上与近代民主国家的平等精神相悖。即便是西欧国家，其民主政治的发展路径也是一条自上而下的由"贵族民主（包括精英民主）"到"大众民主"的发展道路。扩大公共政策制定中的公民参与，本身就包含"大众民主"的政治发展意蕴。王锡锌认为："民主可以在两个层面上进行理解：一是宏观的政治层面。在宏观层面，民主是一种国家的政治制度安排。其中，间接民主是主要形式。二是微观生活层面。比如，涉及个体生活的行政决定和决策过程、社区和村落的治理等。在微观层面，公众参与不仅是可行的，而且是必要的。"② 科尔认为："在全国层次上的民主制度安排和个人生活的民主之间存在差异。对于后者而言，个人必须参与所有与他有关的社团活动。"③ 但从我国不同学历群体对于"委托他人"参与方法的偏好来看，提高低学历群体的文化素质，增强其参与政策制定的能力，任重而道远。

（四）关于"借助组织"

本书将不同学历群体对于"借助组织"进行参与的偏好绘出柱状图（见图4－5）。

---

① 万斌、倪东：《马克思主义民主的科学形态》，《浙江学刊》1999 年第 6 期。
② 王锡锌：《公众参与和行政过程》，中国民主法制出版社 2007 年版，第 7 页。
③ 同上。

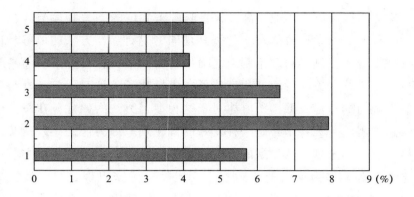

图 4 – 5   不同学历群体对于"借助组织"参与方法的偏好

从图 4 – 5 中看出，不同学历群体的公民对于"借助组织"参与
政策制定的偏好大致可以分为两组。一组为没有接受过高等教育的群
体，该群体对于这种参与方法的偏好程度比较低，该学历群体所包含
的两种学历（高中和中专、高中以下）中，选择该选项的人次占该学
历群体总人次的比重都在 4.54% 以下。另一组为接受过高等教育的群
体，该群体对于这种参与方法的偏好程度比较高，该学历群体所包含
的三种学历（博士、硕士、本科或专科）中，选择该选项的人次占该
学历群体总人次的比重都在 5.71% 以上。

低学历群体对于"借助组织"这种参与方法的偏好程度比较低，
可能与该学历群体在组织中不能获得较高的实际政治地位有关。由此
所产生的挫折感，自然影响到对于"借助组织"这种参与方法的偏
好，出现偏好程度偏低的情况。"借助组织"参与是实现公民参与由
分散化参与向集约化参与的必由之路，集约化参与更加有利于实现公
民参与的有序化。所以，可以得出结论，低学历群体不容易实现集约
化参与，高学历群体容易实现集约化参与。在我国，低学历群体的公
民数量远远多于高学历群体的公民数量，这是造成我国公民在政策制
定中低组织化参与的一个基本原因。为了改变我国公民参与的低组织
化状态，必须提高低学历群体对于组织化参与的认可度。

（五）关于"制造舆论"

表 4 – 4 中的数学模型表明，学历对于"制造舆论"这种公民参

与方法的偏好具有相当大的影响。参与人数与学历呈负相关关系，但
与学历呈现正相关关系。复测定系数为0.9949（不含博士），表明这
种正相关关系的强度达到了相当高的程度，呈高度的正相关关系。其
特征是学历越低，对这种方法的偏好程度越低。参与人次比重的变化
可以用学历的变化说明99.49％。从数学模型中的相关系数可以看出，
学历每降低一个级别，对该方法表示认同的公民人次比重就大约减少
0.85％。该模型的曲线见图4-6。

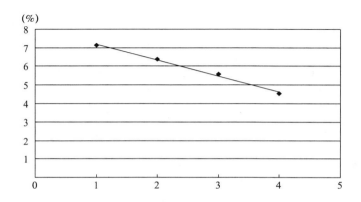

图4-6　不同学历群体对于"制造舆论"参与方法的偏好

"制造舆论"这种参与方式，属于公共政策制定中政策议程的系
统议程，也是公共政策制定的外在创始模型的主要实现形式。公共政
策制定的外在创始模型是政策问题进入政策议程的途径之一，公共政
策问题只有进入政策议程，才能产生此后的政府议程，才有政策方案
规划。公共政策制定的外在创始模型也是非政府组织创始政策问题的
过程，通常先将公共政策问题散布到公众议程，然后再介入政府议
程。一个显而易见的逻辑是，在我国，公共政策制定的外在创始模型
能够得以实现，高学历群体做出了较多的贡献。而高学历群体之所以
对"制造舆论"这种参与方式比较偏好，与其拥有更多的话语权或者
拥有能够争取更多话语权的条件有关。基于这种事实，还可以得出另
一个结论，即低学历群体在"制造舆论"这种参与方法上兴趣不高，

与其离权力中心相对较远、缺乏充分的话语权有关。扩大公共政策制定中的公民参与，应该充分考虑各种学历群体在表达政策诉求方面话语权的和谐。博士群体对这种参与方法的偏好程度低于硕士、本科及高中三个学历群体，应该说对这种参与方式在看法上有所保留。这可能与该学历群体对于其专业更加专注，或拥有其他更方便的参与方法有关。

（六）关于"消极抵抗"

"消极抵抗"是一种不良的公民参与方式，多发生在公共政策出台之后。由于各种原因引发部分公民的不满，采用这种方式引起政策制定主体的关注并造成压力，使政策制定主体认识到政策执行的阻力和困境，并对原来制定的公共政策加以调整、完善或废止。其表现形式是对已经出台的公共政策或政策系统表现疏离、冷漠和回避的态度。"消极抵抗"在我国具有十分悠久的文化传统。徐克谦认为："违背自己的道德良心去阿附君主或政治权威，在儒家看来既非'忠'也非'诚'。坚持道德理想和政治原则对君主进行净谏，是儒家赞赏的臣道。当然，儒家通常也不鼓动个体对政治权威的积极对抗，更不主张公然地'犯上作乱'。即使是在天下无道的暴政局面下，儒家也往往只是表现为消极抵抗的不服从，即所谓'无道则隐'，护守自我，不屈从于政治权威的压力而为之效力。也就是像《中庸》里所说：'国无道，其默足以容。'即以消极沉默的方式，护守个人精神和肉体的独立存在。"① 儒家"无道则隐"的政治主张，其实是儒家所认同的保持个体相对于政治权威的独立性的一种特别方式。虽然与今天的公共政策制定中的"消极抵抗"并不完全是同一个概念，但其政治影响却源远流长。公共政策制定的公民参与中，无论是高学历群体还是低学历群体，都有一部分公民认可这种参与方式（见图4-7），成为参与文化的一种突出表现。其中的原因是多方面的，是由包括政治制度、政治现象、文化传统、社会关系在内的各种因素所决定的，但儒家"无道则隐"的政治主张，无疑是文化传统中最重要的影响因素之一。

---

① 徐克谦：《论先秦儒家的个人主义精神》，《齐鲁学刊》2005年第5期。

　　表4-4中的数学模型表明，虽然无论是高学历群体还是低学历群体，都有一部分公民认可"消极抵抗"这种参与方式，但学历对于"消极抵抗"这种公民参与方法的偏好还是具有一定程度的影响。参与人数与学历代码呈现一种非线性关系。随着学历的降低，采用这种参与方法的人次比例的变化呈现一种二次曲线（凹函数）的变化特征。总的趋势是，低学历群体比高学历群体更偏好这种方法。该模型的曲线见图4-7。与其他参与方法相比，"消极抵抗"是一种欠缺理性的公民参与方式。因为这种参与方式在本质上反映出的是对政策制定系统或公共政策的不认同。对政策制定系统或公共政策的不认同本质上是一种情感倾向和心理归属，属于政策环境中的行政态度范畴。这种不认同终究要通过政治途径作用于政策系统，从而对公共政策产生影响。之所以低学历群体对"消极抵抗"这种参与方法更为认同，既是出于一种无奈的选择，也是出于一种自我保护意识。斯科特认为，"公开的、有组织的政治行动对于多数下层阶级来说是过于奢侈了，因为那即使不是自取灭亡，也是过于危险的"。斯科特甚至认为，"消极抵抗"就是"弱者的武器"。① 低学历群体由于社会地位使然，

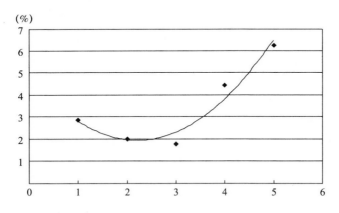

图4-7　不同学历群体对于"消极抵抗"参与方法的偏好

────────

　　① 转引自郭于华《"弱者的武器"与"隐藏的文本"——研究农民反抗的底层视角》，《读书》2002年第7期。

抗拒风险能力相对薄弱。正是基于这种原因，低学历群体更偏好采用"消极抵抗"的办法来参与公共政策制定，既希望达到目的，又希望能够规避风险。高学历群体对这种参与方式保留了一种理性的看法和态度。正说明其社会身份导致其参与方法的选择面更为宽阔。同时也说明，文化程度能够明显改变公民的参与方法和参与态度，由此可以得到明显的佐证。

（七）关于"利用罢工"

社会转型期也是社会深层次矛盾的暴露期。转型期各种利益格局的重新分化，导致了一部分利益群体特别是低学历群体在参与公共政策制定中处于政策诉求表达不畅的劣势地位。由于远离政治权力中心，在各种政策制定主体主导的公共政策制定中影响微弱，导致了这部分群体的一些政策诉求难以进入政策议程，一些合法权益也难以得到有效的保护。虽然现有的制度赋予公民许多参与政策制定的权利，但来自参与程序和技术以及官僚主义等原因增大了参与成本，使低学历群体对制度内的参与方法难以利用，自然影响到对于制度内参与方法的认可度。这就是虽然一些制度内的参与方法比较温和，但许多时候低学历群体更愿意采取直接的、非制度化的参与方式的原因。这一点可以从图4-8中低学历群体对于"利用罢工"的偏好中清晰地得出结论。毋庸讳言，在体制内的参与方法不能得到有效利用的时候，

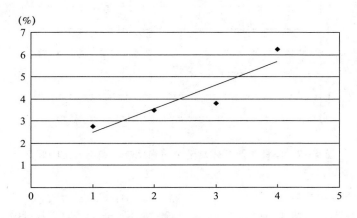

图4-8 不同学历群体对于"利用罢工"参与方法的偏好

为了表达政策诉求，往往会出现体制外的参与方法来填补空白的现象，"利用罢工"就是其中的一种。与"消极抵抗"不同的是，"利用罢工"是一种更为不良的，而且更为激进的公民参与方式，多发生在公共政策出台之后。由于各种原因，所出台的公共政策引发部分公民的不满，采用这种方式引起政策制定主体的关注并造成压力，迫使政策制定主体对原来制定的公共政策加以调整、完善或废止。

案例 4－1　湖北十堰公交司机抗议待遇低集体停运三天

2008 年 1 月 12 日，车城十堰迎来了入冬来的首场大雪。也是从这一天开始，全城的司机集体停运了，70 万人口的十堰城区饱受出行难之痛。

事实上，这次事件的导火索，源于一位年轻司机不可思议的工资条。

这名司机名叫孙东风，2007 年 12 月，在扣除了各类病事假、超油、欠趟、假币等各项费用外，他的工资条显示，当月他能领到的工资为 221.82 元，刨去还要扣除的 210 元事故停车费外，只剩下11.82 元。

"门是我堵上的，但我也是气不过才这么干的。"谈起 12 日那天集体停运的经过，孙东风显得极不情愿。他说："因为奶奶去世和女儿的生病，12 月我耽误了几天上班，工作了 21 天，最后只能拿到 11块钱，那不等于白干了吗？"

第二天凌晨 5 点多，想不通的孙东风上班时越想越气，索性把车停到了公司大门口。

这时天刚放亮，三三两两的司机正赶来取车，得知孙东风因为工资过低而采取过激行为，不少司机自愿加入了停运的行列。当日中午，得知公交一公司的司机集体停运后，十堰公交二公司、三公司的公交司机也纷纷响应。

有不愿透露姓名的市政官员介绍，在公交方面，十堰是第一个吃螃蟹的，当时政府大胆地退出国有资本，把公交交给企业运转有很大的勇气，但是，在实际操作中，政府对公司的监管显得有些不尽如人意，对公司一些苛刻制度，甚至是违反相关劳动法的规章，并没有及时地监管，才导致集体停运的发生。

事情发生后，十堰市政府副秘书长柯尊群被市委市政府任命为公交公司的临时党委书记，负责处理此事。市劳动、财政、工会等部门的负责人也都担任了公司临时党委成员，协调处理此事。十堰市市长向司机承诺，春节前每人发放1000元的过年费，同时将彻底调查司机的收入情况，并根据十堰经济的发展速度，依法提出职工工资增加的方案。

车城十堰，即将迎来公交事业发展的又一个重要契机。

（本案例根据2008年2月24日《长江商报》报道的内容整理）

十堰公交司机停运事件，表面上看是劳资关系问题，实际上是公共政策问题。究其原因，一方面，可以归结为国家与市场结合的"紧密度"排斥了社会的参与，从而影响了公正、公平的资源分配秩序，导致社会利益结构出现了内在的紧张。另一方面，随着改革的逐步深入，包括低学历群体在内的一部分草根阶层，参与意识增强但参与途径有限、权利意识增强但权利保障困难的现实又增加了激烈参与方式发生的概率。

表4-4中的数学模型表明，学历对于"利用罢工"这种公民参与方法的偏好具有非常明显的影响。参与人数与学历呈线性负相关关系。随着学历的降低，采用这种参与方法的人次比重的变化呈现一种逐渐增高的态势。学历越低，对"利用罢工"这种方法的偏好程度越高。参与人次比重的变化可以用学历的变化说明84.16%。从数学模型中的相关系数可以看出，学历每降低一个级别，对该方法表示认同的公民人次就大约增加1.07%。该模型的曲线见图4-8。博士的参与人次比重似为异常值，此处不予讨论。低学历群体对于"利用罢工"这种参与方法偏好程度较高的一个重要原因，是在以价值分配为本质的公共政策制定中，该群体参与政策制定方法的匮乏所造成的政策诉求得不到及时、有效和真实的表达。因此，应充分认识到参与方

法获得"草根阶层"认同的重要性，充分认识到构建和谐社会的重要，从制度供给上尽量优化公民参与的方法，尤其是引导和优化低学历群体参与政策制定的方法，借以协调各种利益关系，疏导和化解各种社会矛盾，避免"利用罢工"这种不良参与方式的发生。

（八）关于"上书领导"

"上书领导"，既包括上书领导者个人，也包括上书相关领导机构。"上书领导"这种公民参与形式，属于传统的公民参与形式。政治信任对于任何政治制度都是关键性的保障机制。公民对于公共政策制定主体的支持与信任既是民主政治发展的动力，也是政策制定主体保持生机与活力的源泉。而"上书领导"这种参与形式，恰恰就体现了公民对于领导者的信任。因此是一种值得肯定的参与方法。我国历史上一些政治相对比较昌明的朝代，对于"上书"这种形式都表现出了高度的重视与支持。例如，"宋朝统治者建立了政权后，在政治上采取了很多文明和理性的做法，如'不以文字罪人'，'不得杀士大夫及上书言事人'等，从而影响和带动着宋代的政治生活向着相对宽松自由的方向发展，形成了'与士大夫治天下'的政治格局"。[①] 目前，我国的民主政治进程中，利用"上书领导"这种方法进行政策制定中的公民参与现象比较常见。其中，影响比较大的如 2003 年三位法学博士上书全国人大一例。

案例 4-2　三位法学博士上书全国人大

湖北青年孙志刚在广州被收容致死一案震惊了整个社会，也触痛了俞江、滕彪、许志永三位法学博士的心。

他们认为，孙志刚案不仅是一个个案，不是简简单单警察的素质，或者收容人员素质的问题，而是一个制度问题。现行的《城市流浪乞讨人员收容遣送办法》与宪法精神是相违背的。2000 年颁布的《中华人民共和国立法法》第九十九条第二款规定，公民认为行政法

---

① 唐明贵：《宋代〈论语〉研究的勃兴及成因》，《东岳论丛》2007 年第 3 期。

规同宪法或法律相抵触的，可以向全国人大常委会书面提出进行审查的建议。于是，三位博士决定以相当于原告的身份，来向全国人大"告"《城市流浪乞讨人员收容遣送办法》。决定之后，三位博士中的许志永博士打电话给全国人大常委会办公厅，称有一个公民建议，是按照《中华人民共和立法法》规定的一个公民建议，要求审查收容遣送办法，询问这个建议应该交给哪个部门。全国人大常委会办公厅答复他们应交给全国人大法工委。

5月13日，新闻公布逮捕了与孙志刚案有关的13个人，孙志刚案件引起了社会关注的又一次热潮。三位法学博士感觉"非典"也快要过去了，这个事情，也不能再拖下去了。于是，5月14日，他们以普通公民的身份"上书"全国人大常委会，建议对国务院1982年5月12日颁布、至今仍在使用的《城市流浪乞讨人员收容遣送办法》进行违宪审查。最后，除署上自己的名字之外，还特别郑重地署上了自己的身份证号码，因为这是一个公民最有效的身份标志。

仅仅一个月后，国务院总理温家宝亲自主持召开国务院常务会议，审议并原则通过了《城市生活无着的流浪乞讨人员救助管理办法(草案)》，已经执行了20年的《收容遣送办法》被宣布废除。

（本案例根据2003年7月1日《北京青年周刊》相关报道编辑）

很显然，通过"上书领导"这种参与方法参与公共政策制定在我国的政治民主化进程中是行之有效的，所以，也受到了许多普通公民尤其是草根阶层的关注。一些公民对于"上书领导"这种参与方法比较感兴趣，与传统的官僚制结构纵向层级之间的信息传递不畅通有关。亨廷顿有一个著名的观点："政治参与的水平、形式和基础的长期变化，是社会—经济发展的意外后果或副产品。但参与水平在短期内的突然波动，却通常是精英行为的直接产物。个人只有在群体提供支持和引导的时候，才能够得以参与。所以，精英的抉择以及他们对参与和其他目标的态度，是决定政治参与的程度和性质的最强有力的因素。"① 官僚制结构纵向层级之间的信息传递不畅通，必然影响到群体对个人所提供的支持和引导，进而影响到公民参与的程度和性质。而且越是社会阶层中的"草根阶层"，其政策诉求的相关信息在传递过程中通过的层级越多，磨损越严重。而"上书领导"这种参与方式，打破了传统官僚制中的层级差序格局，可以有效地减少信息失真。所以，越是"草根阶层"，对于通过"上书领导"这种参与方法就越偏好。"草根阶层"是一个与文化程度密切相关的一个概念。一般来说，草根阶层中的公民文化程度相对较低。这就导致了一个显而易见的逻辑，即文化程度越低，对于通过"上书领导"这种参与方法参与公共政策制定就越偏好。

表 4 - 4 中的数学模型表明，学历对于"上书领导"这种公民参与方法的偏好具有一定程度的影响。参与人数与学历呈正相关关系，与学历之间则呈现负相关关系。复测定系数为 0.7905，表明这种相关关系的强度基本达到高度相关的程度，可以认为，参与人数与学历之间呈高度负相关关系。其特征是，学历越低，对"上书领导"这种参与方法的偏好程度就越高。参与人次比重的变化可以用学历的变化说明 79.05%。从数学模型中的相关系数可以看出，从理论上说，学历每降低一个级别，对该方法表示认同的公民人次就大约增加 1.27%。该数学模型的曲线见图 4 - 9。

（九）关于"网上表达"

网络技术的发展为公民参与公共政策制定提供了直接的技术支持和活动空间。为民主政治的发展提供了新的技术手段，只要有接入网络的设备，无论何时何地，公民都可以获取政策信息、参与公共政策制定。网络空间已经成为公民参与公共政策制定的重要场所，它打破了传统政治空间的结构，超越了身份与等级的限制，使公民不必通过传统层级节制的模式逐层表达政策诉求，而通过网络就可以非常方便地表达政策诉求和参与政策制定。"网上表达"政策诉求的直接性，

---

① 转引自杨光斌、郭伟《亨廷顿的新保守主义思想研究》，《国际政治研究》2004 年第 4 期。

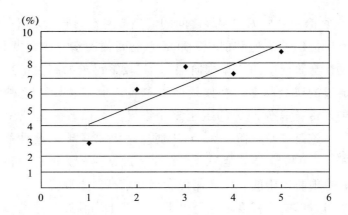

图 4 – 9　不同学历群体对于"上书领导"参与方法的偏好

政策诉求传递速度的即时性，参与经济成本的低廉性，使"网上表达"政策诉求成为越来越多的公民的选择。表 4 – 4 中的数学模型表明，学历对于"网上表达"这种公民参与方法的偏好具有非常强烈的影响。学历越高，对于这种偏好就越强烈。参与人数与学历呈负相关关系。复测定系数为 0.9725，表明这种负相关关系的强度已经达到高度相关的程度，可以认为，参与人数与学历之间呈高度正相关关系。其特征是，学历越低，对"网上表达"这种参与方法的偏好程度越低。从数学模型中的相关系数可以看出，从理论上说，不考虑博士的情况下，学历每降低一个级别，对该方法表示认同的公民人次就大约减少 5.24%。该数学模型的回归曲线见图 4 – 10。

相关系数达到 5.24%，说明高学历公民群体和低学历公民群体在网络参与中的分化已经出现了巨大的反差。这将使"网上表达"方法呈现较明显的非均等性。高学历群体具备更好的物质条件和掌握更多的知识技能，可以占有更多的信息资源，更频繁地使用"网上表达"参与政策制定，而低学历公民群体不具备同等的条件参与"网上表达"，这就可能导致高学历公民群体表达政策诉求的机会和权利进一步扩大，而低学历群体表达政策诉求的机会和权利进一步下降。属于网络民主范畴的"网上表达"，理论上说，应该对所有公民都是机会均等的，而不应该成为富人和高学历群体的政治俱乐部。网络政治空

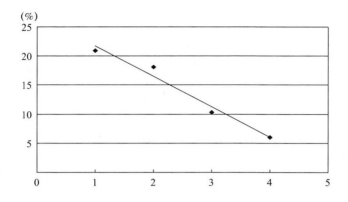

图 4 - 10　不同学历群体对于"网上表达"参与方法的偏好

间的"精英化"和意志表达的"片面化",不仅使"网上表达"方法
的有效性大打折扣,也使我国公共政策制定中的公民参与面临着丧失
部分传统力量支持的危险。网络技术尽管为实现普遍的直接民主提供
了技术条件,但只要存在因文化程度引发的"网上表达"机会的强烈
不均等,网络政治空间就难以产生真正平等的公民参与。消除这种机
会不均等,除提高全体公民的文化程度之外,还应该从信息技术上为
低学历群体创造更多的"网上表达"机会。

　　(十) 关于"酌情选择"

　　公民参与公共政策制定中的"酌情选择"参与方法,并不意味着
是一种冲动或是一种不负责任的态度,而恰恰表达了公民对于参与方
法的一种审慎态度和负责任态度。表 4 - 4 中的数学模型表明,不同
文化程度的公民群体对于这种态度的偏好与文化程度呈负相关关系。
文化程度越高,对于这种态度越偏好。理论上说,文化程度每提高一
个层级,选择人数就增加大约 4.34%。复测定系数为 0.8884,意味
着对这种态度认同人次的变化可以用文化程度的变化解释 88.84%。
同时也意味着这种相关关系的强度是一种高度正相关关系。该数学模
型的回归曲线见图 4 - 11。

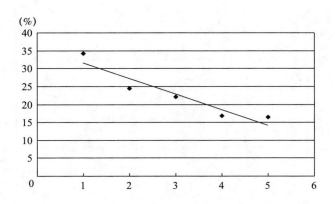

图 4 - 11   不同学历公民群体对于"酌情选择"参与方法的态度偏好

不同文化程度的公民群体对于"酌情选择"参与方法的偏好，应该是由两个因素造成的：一个是选择面不同，另一个是考虑问题的理性程度不同。高学历群体基于其身份，参与方法的选择面一般比较宽阔，而低学历群体参与方法的选择面相对比较狭窄。虽然现行的法律和制度并没有规定何种学历的公民群体使用何种参与方法，但在实际上，由于各种条件或因素的共同作用，公民在参与方法的选择上存在权利不平等现象。这就造成了高学历公民群体对于"酌情选择"参与方法的态度偏好，远远高于低学历群体。同时，学历越高，对于参与方法的选择就越慎重，也是一种受教育之后公民理性程度改变的一种必然表现。一般来说，文化程度越高，公民的理性程度越高，表现在参与方法的选择上，公民也越谨慎。

第二节　公民参与的途径研究

公民参与公共政策制定的途径，主要是指由制度安排的或约定俗成的公民表达政策建议的各种渠道。参与渠道是外源性的制度安排，而不是由公民个人自主设计的内源性的行为选择。

为了解公民表达政策建议的途径，本书设计了"对公共政策制定工作表达看法时，您经常采用的途径有哪些?"的问题，该问题是分组多选问题。备选答案有 11 项，分别是"熟人讨论""互联网""传统媒体""听证会""热线电话""人大、政协""各种会议""非政府组织""所在单位""信访部门""党委、政府"。共 4357 人次选择了答案，其中，男性公民 2609 人次，女性公民 1748 人次。回答结果见表 4－5。11 项备选答案用表 4－5 中的简称代替。

表 4－5　　　　　　　　　公民表达政策建议的途径

政策建议途径	男性	比重（％）	女性	比重（％）	总人次	比重（％）
熟人讨论	1268	67.52	1010	75.37	2278	70.79
互联网	386	20.55	235	17.54	621	19.30
传统媒体	112	5.96	83	6.19	195	6.06
听证会	60	3.2	21	1.57	81	2.52
热线电话	132	7.03	79	5.90	211	6.56
人大、政协	115	6.12	56	4.18	171	5.31
各种会议	142	7.56	59	4.40	201	6.25
非政府组织	73	3.89	39	2.91	112	3.48
所在单位	182	9.69	97	7.24	279	8.67
信访部门	53	2.82	37	2.76	90	2.80
党委、政府	86	4.58	32	2.39	118	3.67

注：总人次的比重是指对某参与途径的偏好人次；男性的比重是选择对某项途径持有偏好的男性人次与无偏好的男性人次的比重；女性的比重是选择对某项途径持有偏好的女性人次与无偏好的女性人次的比重。

　　需要指出的是，参与途径和参与方法在个别项目上存在交叉现象，例如，"互联网"在大多数情况下是一种非制度的参与方法，但是，近年来，有逐渐转变为制度内的参与途径的趋势。例如，国家预防腐败局就将其列入制度内正式的参与途径之中，该局 2007 年 12 月 17 日在发布的公告中称："国家预防腐败局网站从即日起正式开通，网址为 yfj. mos. gov. cn.，欢迎广大网友登录浏览，为预防腐败工作献计献策。此网站为国家预防腐败局唯一网站，严禁任何单位、组织或个人以'国家预防腐败局'名义发布信息,违者将依法追究责任。"①

鉴于这种情况,为了比较研究方便起见,将"互联网"等交叉项目作为参与途径也列在此处。但是,在具体讨论时,将根据情况有所简略。

一 公民表达政策建议的高度偏好途径

本书所界定的公民表达政策建议的主要途径是指经过对于调查结果的统计,在选择人次上明显高于其他参与途径选择人次数的参与途径。为了统计主要参与途径,将表4-5中总人次的比重按照从大到小的规则重新排序并作图(见图4-12)。从图4-12中可以非常直观地看出,公民表达政策建议的高度偏好途径有"熟人讨论"和"互联网"两个。"熟人讨论"和"互联网"表达政策建议,在多数情况下属于非制度性的安排,而其余各项属于制度性的安排。显然,在表达政策建议的途径选择上,公民对利用非制度途径表达政策建议表现出明显的偏好。通过非制度途径来表达政策建议,固然是必不可少的途径,但是,这种途径容易导致政策制定中的公民参与出现无序化和低效率,制度途径可以有效地减少或者避免这一缺陷。为了保证公民参与的有序性,公民在政策制定中的参与应以制度途径为主,非制度途径为辅。

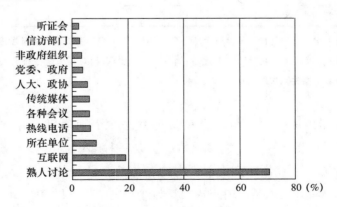

图4-12 公民表达政策建议的途径偏好顺序

---

① 参见中华人民共和国政府网,2008年3月15日。

　　所以，目前我国公民利用制度途径表达政策建议的人次与利用非制度途径表达政策建议的人次的比重处于非均衡状态。这反映出两个十分严峻的问题。

　　第一，现有制度性的公民表达政策建议途径与公民参与精神之间如何形成良性契合关系，依然有待于深入探讨。参与途径不畅，公民不断增长的参与公共政策制定的积极性没有得到有效发挥，利益表达机制不健全、参与的组织形式及其功能没有获得合法性的认同，那么就有可能导致公民在制度外寻找出路，诱发更多的非制度参与途径。公民的选择结果说明，目前，人们的利益表达要求和政治参与意识明显增强，但社会提供给人们的利益表达渠道和参与政策制定制度化的途径仍远远不能满足人们的需求。这就影响了公民参与政策制定的积极性和政策制定的科学化、民主化进程。

　　第二，现有的公民表达政策建议的非制度途径或者通过非制度化途径表达的政策诉求如何转化为制度性的安排，更有待于认真思索。从参与途径上说，只要能够使公民充分地表达意见、影响公共政策，并与公民自身知识、能力等相适应的、具有合法性的渠道都可以成为公民参与的途径。公民参与途径不应该只有纵向的，也应该具有横向的。纵向和横向交织的参与途径网络才是理想的参与途径。"熟人讨论"这种参与途径之所以具有较高的认可度，正是其代表了一种横向参与渠道，且参与成本近乎为零，参与风险相对较小。长期以来，只重视纵向途径建设，忽视了横向参与途径的建设，导致了公民横向参与的政策诉求不能畅通地传递到公共政策制定主体。公民表达政策建议的非制度途径也不能及时地转化为制度性的安排。"当政治制度化还不够成熟时，失去控制的政治参与必然导致政治动乱的来临。"① 加强制度性的公民表达政策建议途径的建设，仍然任重道远。

二　公民表达政策建议的普通偏好途径

　　将公民表达政策建议的途径进行聚类分析，得到冰状图如图 4 −

---

　　① 张雷、娄成武：《"政治博客"的发展现状及其未来趋势》，《中山大学学报》（社会科学版）2006 年第 4 期。

13 所示。

序号	11.党委、政府		8.非政府组织		10.信访部门		4.听证会		9.所在单位		6.人大、政协		5.热线电话		7.各种会议		3.传统媒体		2.互联网		1.熟人讨论
1	×	×	×	×	×	×	×	×	×	×	×	×	×	×	×	×	×	×	×	×	×
2	×	×	×	×	×	×	×	×	×	×	×	×	×	×	×	×	×	×	×		×
3	×	×	×	×	×	×	×	×	×	×	×	×	×	×	×	×	×		×		×
4	×	×	×	×	×	×	×		×	×	×	×	×	×	×	×	×		×		×
5	×	×	×	×	×	×	×		×		×	×	×	×	×	×	×		×		×
6	×	×	×	×	×		×		×		×	×	×	×	×	×	×		×		×
7	×	×	×	×	×		×		×		×	×	×	×	×		×		×		×
8	×		×	×	×		×		×		×	×	×	×	×		×		×		×
9	×		×	×	×		×		×		×	×	×		×		×		×		×
10	×		×	×	×		×		×		×		×		×		×		×		×
11	×		×		×		×		×		×		×		×		×		×		×

表头：建议途径

图 4 - 13　公民表达政策建议的途径偏好聚类分析冰状图

根据冰状图的聚类结果，将公民表达政策建议的途径偏好按照偏好程度的不同，区分为优先偏好组、良好偏好组、比较偏好组和一般偏好组四组，每一组所包含的成员（参与途径）见表 4 - 6。

表 4 - 6　　　　公民表达政策建议的途径偏好聚类分析结果

第一组	第二组	第三组	第四组
优先偏好	良好偏好	比较偏好	一般偏好
熟人讨论	互联网	人大、政协 传统媒体 热线电话 各种会议 所在单位	党委、政府 听证会 信访部门 非政府组织

公民对于前两组的偏好程度远远高于后两组。如果把前两组称为政策制定中公民参与的高度偏好途径，则后两组可以称为普通偏好途径。在后两组中，第三组（比较偏好组），偏好程度高于第四组（一般偏好组）。如果仔细考察第三组，可以看出公民在利用该组的五种途径参与公共政策制定时，其便捷程度应该是比较高的。五种途径都是公民容易遇到或者可以很方便地得到的。而第四组（一般偏好组）的组织化程度比较高，公民利用该组的四种途径远远没有利用第三组的途径容易。有些途径如听证会、非政府组织等，许多公民并不一定能够利用得上，所以，公民对于第四组的途径偏好程度不是很高。一方面，第四组的渠道大部分是公共政策的制定主体，应该是公民偏好最高的参与途径；另一方面，公民对这些途径的偏好途径又不高。所以，第四组是参与途径中的"短板效应"。扩大政策制定中的公民参与，第四组所包含的公民参与途径应该着重予以改善。

三　社会性别对公民参与途径的影响

再考察男、女公民在利用各种参与途径方面的偏好。从表 4 - 5 中的数据看出，虽然在利用"传统媒体""人大、政协"和"信访部门"两个参与途径上，男女公民的偏好没有太大的区别；但在利用"听证会""热线电话""各种会议""非政府组织""所在单位""人大和政协""党委、政府"七个制度参与途径上，男性公民的兴趣高于女性公民，而在利用"熟人讨论"和"互联网"两个非制度参与途径上，女性公民的兴趣明显高于男性公民（见图 4 - 14）。

因此可以引出一个重要结论，即男、女公民相比较，在表达政策建议时，女性公民更倾向于利用非制度途径，男性公民对利用制度途径则表现出更强的包容性。这在一定程度上说明，虽然女性公民具有参与公共政策制定的权利，但仍属于公共政策制定领域中的弱势群体，缺乏充分的参与政策制定的话语权和制度设计的受益权，难以从制度参与途径中获得更多的正激励，以至于形成了更倾向于利用非制度途径表达政策建议的偏好。而男性公民在目前的各种正式约束和非正式约束的条件下，更容易从制度参与途径中获得正激励，所以，对利用制度途径表现出更强的包容性。

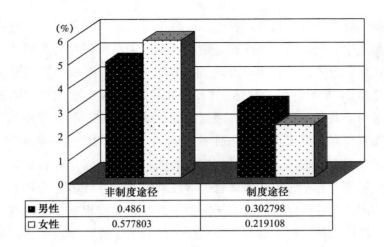

图 4 - 14　男女公民对于参与途径的偏好

四　文化程度对公民参与途径的影响

公民在某种参与途径上分布人次的多少，反映了公民对于这种参与途径的偏好程度。分布人数多，偏好程度就高；分布人数少，偏好程度就低。仍然采用本章第二节开始介绍过的分组多项选择题的调查结果，将不同文化程度的公民对于参与途径的偏好进行统计，得到表4 - 7。

表 4 - 7　　　　不同文化程度的公民群体对于参与途径的偏好

文化程度	熟人讨论	互联网	传统媒体	听证会	热线电话	人大、政协	各种会议	非政府组织	所在单位	信访部门	党委、政府
博士	46	15	6	4	3	5	10	3	5	2	5
比重（%）	65.71	21.43	8.57	5.71	4.29	7.14	14.23	4.29	7.14	2.86	7.14
硕士	151	95	19	10	15	15	22	9	23	3	12
比重（%）	59.68	37.55	7.51	3.95	5.93	5.93	8.70	3.56	9.09	1.19	4.74
本科或专科	1096	407	67	35	111	75	110	42	145	39	45
比重（%）	69.68	25.87	4.26	2.23	7.06	4.77	6.99	2.67	9.22	2.48	2.86
高中或中专	575	78	69	18	43	54	38	34	78	21	36
比重（%）	72.60	9.85	8.72	2.27	5.43	6.82	4.80	4.29	9.85	2.65	4.55
高中以下	410	26	34	14	39	22	21	24	27	25	20
比重（%）	77.50	4.92	6.43	2.65	7.37	4.16	3.97	4.54	5.10	4.73	3.78

文化程度对公民参与途径偏好的影响，可以概括为以下三种情况：第一种是文化程度与公民对参与途径的偏好之间呈正相关关系，第二种是文化程度与公民对参与途径的偏好之间呈负相关关系，第三种是文化程度与公民对参与途径的偏好之间呈非线性关系。下面对这三种关系展开讨论。为讨论方便起见，在考虑相关关系时，用5、4、3、2、1分别代表"高中以下""高中或中专""本科或专科""硕士""博士"（如果分析过程不包括博士，则用4、3、2、1分别代表"高中以下""高中或中专""本科或专科""硕士"）；用 y 表示某学历群体中选择该选项的人次占该学历群体总人次的比重，用 x 表示文化程度的序号。然后再根据表4-7中的数据，将不同文化程度的公民群体在每一种参与途径上的人次分布规律归纳为数学模型。

（一）文化程度与公民的参与途径偏好正相关的情况

在"人大、政协""党委、政府"和"各种会议"三种参与途径上，文化程度与公民的参与途径偏好之间呈现明显的正相关关系。即文化程度越高，对这三种参与途径越偏好。其数学模型详见表4-8。

表4-8　　不同文化程度的公民群体参与途径偏好的正相关关系

参与途径	数学模型
各种会议	$y = -0.0245x + 0.1511$　　$R^2 = 0.8956$
党委、政府	$y = -0.0069x + 0.0669$　　$R^2 = 0.4694$
人大、政协	$y = -0.0051x + 0.0729$　　$R^2 = 0.3897$

虽然文化程度与三种参与途径偏好都呈正相关关系，但从表4-8可以看出，三种参与途径正相关关系的相关程度是不同的。三种参与途径正相关关系的复相关系数存在如下排列顺序：

$$R^2_{各种会议} = 0.8956 > R^2_{党委、政府} = 0.4694 > R^2_{人大、政协} = 0.3897$$

上述复相关系数由高到低的排列顺序说明。文化程度与公民通过"各种会议"进行参与的途径偏好之间是一种高度正相关关系（$R^2 = 0.8956$）；而文化程度与公民通过"党委、政府"进行参与的途径偏好之间是一种中度正相关关系（$R^2 = 0.4694$）；文化程度与公民通过

"人大、政协"进行参与的途径偏好之间也是一种中度正相关关系（$R^2 = 0.3897$），但相关程度要稍低一些。如果换一种说法，则可以把上述现象理解为：文化程度对于三种公民参与的途径偏好都要产生影响，但影响的程度是不同的。对于通过"各种会议"进行参与的途径偏好影响程度大，而对于通过"党委、政府"进行参与的途径偏好影响程度小，对于通过"人大、政协"进行参与的途径偏好影响程度更小。

1. 关于通过"各种会议"进行参与

会议参与可以分为两种情况：一种是通过普通的会议进行参与，另一种是通过专门的民主议事性质的会议进行参与。通过"各种会议"进行参与，是一种非常有效的公民参与公共政策制定的方式。这种方式不仅仅具有政策诉求的表达功能，而且因其具有讨论的空间和条件，使"会议参与"途径也具有政策诉求的发展功能、完善功能和决策功能。会议参与的途径最早可以追溯到公元前 6 世纪末雅典的500 人议事会。克利斯提尼改革时期，进一步对梭伦政治制度进行了改革和完善，将梭伦的 400 人议事会改为 500 人议事会。"彻底根除了梭伦制度的金权政治特征，使全体雅典公民第一次获得真正完全平等的公民权。"[1] 新中国成立后，我国也曾经实行过最高国务会议制度。参加最高国务会议者，"除国家领导人和政府部门负责人外，各民主党派和全国工商联、无党派民主人士及民族、宗教、华侨界上层人士都有代表参加"。[2] 最高国务会议在新中国成立初期成为我党民主执政的一种重要而有效的方式。近年来，通过会议参与政策制定的途径在基层得到了长足发展，不少地方开展了"议事会"制度，有效地提供了公民参与的条件，也疏导和化解了许多矛盾和问题。议事会制度从覆盖的内容来看，是非常广泛的。既有自治内容的内涵，也有政府层面的内容，还有非政府组织的内容，如学校"议事会"制度。但是，从总体来说，各文化程度的公民群体对会议参与的偏好是非均衡

---

[1] 陈开先：《民本与民主——中西文明源头政治理念之比较》，《华南师范大学学报》（社会科学版）2000 年第 4 期。

[2] 萧超然、晓韦：《当代中国政党制度论纲》，黑龙江人民出版社 2000 年版，第 286 页。

的。博士文化程度的公民群体和高中以下文化程度的公民群体的偏好
程度居然相差 4 倍。学历每提高一个层次，偏好就大约提高 2.45%
（见图 4 – 15）。这说明议事会制度还存在绩效不佳的问题。因为面向
基层的议事会制度恰恰在基层公民中得不到高度认可。

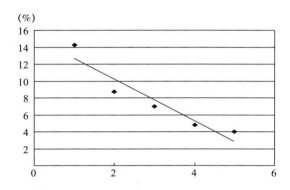

图 4 – 15 文化程度与通过"各种会议"途径偏好的关系

需要说明的是，对精英的吸纳和"草根阶层"参与规模的扩大之
间显然形成了悖论。即精英阶层更容易接纳"会议参与"途径，而
"草根阶层"对"会议参与"途径的认可度较低。之所以出现这种现
象，可能有质和量两方面的原因。从量的角度解读，文化程度与职业
具有一定的相关性。一般来说，高文化程度公民群体的职业参加会议
的机会比较多，表达政策诉求比较方便，所以，高文化程度群体对于
这种途径比较偏好。从质的角度解读，是不同文化程度公民群体在会
议参与途径上的话语权不均衡问题。一般来说，高文化程度公民群体
以其表达能力和其对于政策问题的洞悉能力有可能获得更多的会议参
与的话语权。其政策诉求被融合进决策过程的机会相对较多，所以，
更青睐通过会议进行参与的途径。这种情况自然形成了一种对于"草
根阶层"会议参与的排斥，不利于扩大公共政策制定中的公民参与。
"参与并不仅仅意味着程序上的介入和出场，而其需要参与者对决策

结果具有不同程度的影响力。"① 为了提高低学历群体对于会议参与途径的认可度，达到参与者公平地影响政策制定的目的，必须加强会议参与的制度建设，以保证参与者的角色及其权利能够实现合理配置。可以考虑实行不同文化程度的公民群体分类参加与混合参加相结合的方式，先分类参加，再混合参加，并且规定在会议上的追求权、议事权、决策权和监督权。利用对于公民权利的平等性的追求来克服话语权和参与机会的不平等性。

2. 关于通过"党委、政府"进行参与

通过"党委、政府"进行参与，在我国也是一种非常有效的参与途径。党和政府是公共政策制定的主体，掌握全社会的资源分配。通过党委、政府参与公共政策制定，可以在党和政府主导的各种价值分配上，及时、有效和真实地反映政策诉求，以更加直接的作用来影响公共政策制定，也正是这个原因，各个学历群体对通过"党委、政府"进行参与的渠道都比较偏好。相关系数也很清晰地表达了这个结论。相关系数为 0.0069，文化程度降低一个层次，对这种途径偏好的公民人次平均大约减少 0.69%。即各个不同文化程度层次的公民群体对这种参与途径的偏好平均来说区别不大（见图 4 - 16）。复相关系数为 0.4694，说明偏好的变化可以用文化程度的变化解释 46.94%。无疑，来自公民的普遍支持能够实现并扩大党的执政基础和政府政策制定的合法性基础。公民参与党和政府的政策制定是以公民对于党和政府的政治认同为前提条件的，公民参与促进了公共政策的可接受性，这就增强了公共政策的合法性基础。同时，在新的信息技术推动下，纵向的集权型行政决策模式逐步显现出不能适应社会发展需要的一面，横向的扁平化决策模式逐步得到认可和发展。吉登斯指出："国家和公民社会应当开展合作，每一方都应当同时充当另一方的协作者和监督者。"② 这实质上是在倡导一种公民与政府一体的新型合作

① 王锡锌：《公众参与和行政过程——一个理念和制度分析的框架》，中国民主法制出版社 2007 年版，第 220 页。

② ［英］安东尼·吉登斯：《第三条道路：社会民主主义的复兴》，北京大学出版社 2000 年版，第 83 页。

模式和横向的扁平化决策模式，目的是保证目前的治理方式适应社会发展的需要。各个不同文化程度的公民群体对于通过"党委、政府"参与途径的认同区别不大，为实现这种新型的合作模式奠定了良好的基础。

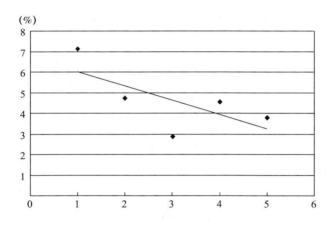

图4－16　文化程度与通过"党委、政府"途径偏好的关系

长期以来，由于经济社会发展不平衡和计划经济体制使然，在我国政治文化中比较崇尚政府强力干预的政策制定模式。虽然近些年有了根本性的改变，但其影响不会很快消退，造成了公民对于政府的依赖心理，而政府管理的核心又在于"一把手"的意志。"老大难、老大难，老大抓了就不难。"所以，公民习惯于遇事找政府。这样就造成了政府在各个文化程度的公民群体中具有很重要的分量。无论哪一类文化程度的公民群体，都对政府高度重视。所以，虽然高学历群体有接近政府的便利，但并不影响其他群体对于政府的信任和依赖。这也是不同文化程度的公民群体对于通过"党委、政府"进行参与的偏好比较均衡的主要原因之一。近年来，一些地方的党委和政府创立了公民参与"党委、政府"政策制定的具体形式，如领导接待日、现场办公、市长信箱、各种不定期的座谈会等。但是，往往由于缺乏制度化、规范化，使这些良好的公民参与形式常常变成"走过场"，实际效果不尽如人意。这就造成了一个强烈的反差，即公民对这种参与途径信赖的普遍化和这种参与途径自身的低绩效。为了改变这种局面，必须将这些行之有效的参与途径具体化和制度化。

3. 关于通过"人大、政协"进行参与

在政治制度层面，我国实行的人民代表大会制度和共产党领导下的多党合作和政治协商制度是公民参与公共政策制定的主要渠道。人民代表大会制度是我国的根本政治制度。建设社会主义民主政治，扩大公共政策制定中的公民参与，最根本的是坚持和完善人民代表大会制度。中国共产党领导的多党合作和政治协商制度是我国的基本政治制度。这种制度与多党制、一党制存在本质上的区别。在民主的表现形态上体现为协商民主和选举民主相结合。在民主的实现过程上体现为共产党领导与各民主党派的通力合作相结合，共产党执政与各民主党派的参政议政相结合。

从表 4 - 8 可以看出，文化程度与通过"人大、政协"途径偏好的相关系数的绝对值仅仅为 0.0051，文化程度每提高一个层次，在这种途径上的参与人次仅仅大约提高 0.51%，说明各种文化程度的公民群体对这种参与途径的偏好没有太大的差异（见图 4 - 17）。人民代表大会制度是马克思主义的"议行合一"思想在中国的具体体现。"议行合一"思想的基本精神之一是强调国家的一切权力属于人民，人民

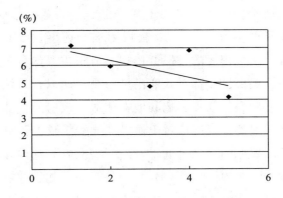

图 4 - 17 文化程度与通过"人大、政协"途径偏好的关系

群众当家做主。在新中国的政权建设和制度设计中，人民民主一直被作为最高原则加以遵循并努力实现。作为人民民主的理想和追求内化为具体政治实践的产物，我国创造了人民代表大会制度作为实现人民民主的制度形式。通过这种形式，人民被赋予了国家主体的地位，真正体现了国家的一切权力属于人民的根本精神。所以，我国的人民代表大会制度具有广泛的群众基础。这也是为什么各种不同的文化程度公民群体对人民代表大会制度这种参与途径的认可度区别不大的原因。

作为政治民主化进程逐渐深化的社会主义国家，中国共产党领导的多党合作和政治协商制度反映了人民当家做主的社会主义民主的本质，体现了我国政治制度的特点和优势，具有巨大的优越性和强大的生命力。在我国，"民主党派是各自所联系的一部分社会主义劳动者、社会主义事业建设者和拥护社会主义爱国者的政治联盟，是接受中国共产党领导、同中国共产党通力合作的亲密友党，是进步性与广泛性相统一、致力于中国特色社会主义事业的参政党"。[①] 这就意味着，民主党派在进步性基础上具有广泛的包容性。所以，政治协商制度也具有非常广泛的群众基础。而且，近年来，党和国家在进一步完善政治协商方面出台了许多新的举措。如提出把政治协商纳入决策程序，就重大问题在决策前和决策执行中进行协商；提出了政治协商的两种基本方式："中国共产党同各民主党派的政治协商"和"中国共产党在人民政协同各民主党派和各界代表人士的协商"；进一步规范了中国共产党同各民主党派协商的内容和程序，促进了政治协商的进一步制度化等。这些举措，具有广泛的民意基础，因此赢得了广泛的认同。

（二）文化程度与公民的参与途径偏好负相关的情况

在"熟人讨论""热线电话"和"信访部门"三种参与途径上，文化程度与公民的参与途径偏好之间呈现明显的负相关关系。即文化程度越高，对这三种参与途径偏好程度越低；文化程度越低，对这三

---

① 《统战部负责人就学习贯彻落实〈中共中央关于进一步加强中国共产党领导的多党合作和政治协商制度建设的意见〉答记者问》，《人民日报》2005 年 3 月 22 日。

种途径的偏好程度越高。其数学模型详见表4-9。

表4-9　　　不同文化程度公民群体参与途径偏好的负相关关系

参与途径	数学模型
信访部门（未含博士）	$y = 0.0108x + 0.0006\ R^2 = 0.9044$
熟人讨论	$y = 0.0365x + 0.5808\ R^2 = 0.7267$
热线电话	$y = 0.0057x + 0.0432\ R^2 = 0.5123$

虽然文化程度与三种公民参与途径偏好都呈正相关关系，但从表4-9看出，三种公民参与途径正相关关系的相关程度是不同的。三种公民参与途径正相关关系的复相关系数存在如下排列顺序：

$$R^2_{信访} = 0.9044 > R^2_{熟人讨论} = 0.7266 > R^2_{热线电话} = 0.5123$$

上述复相关系数由高到低的排列顺序说明。文化程度与公民信访进行参与的途径偏好之间，是一种高度负相关关系（$R^2 = 0.9044$）；文化程度与公民通过"熟人讨论"进行参与的途径偏好之间也是一种高度负相关关系（$R^2 = 0.7266$），但相关程度不及前者高；文化程度与公民通过"热线电话"进行参与的途径偏好之间是一种中度负相关关系（$R^2 = 0.5123$）。如果换一种说法，则可以把上述现象理解为：文化程度对于三种公民参与的途径偏好都要产生影响，但影响的程度是不同的。对于通过"信访部门"进行参与的途径偏好影响程度大，而对于与"熟人讨论"进行参与的途径偏好影响程度也大，但不及前者大；对于通过"热线电话"进行参与的途径偏好影响程度是一种中度的影响。

1. 关于通过"信访部门"进行参与

作为中国特色政治制度的一项重要设计，信访途径是公民行使民主权利、参与公共政策制定的重要途径之一，也是党和政府联系群众、获知公共政策问题的重要途径之一。大量信访问题的出现，是社会转型期的必然产物。"经济体制深刻变革，社会结构深刻变动，利益格局深刻调整，思想观念深刻变化。这种空前的社会变革，在给我国发展进步带来巨大活力的同时，也必然带来这样那样的矛盾和问题，尤其是一些重大的、根本性的、群体性的矛盾日渐凸显，表明当代社会发展已经进入一个矛盾多发的时期,普惠性的改革已经让位于利益分殊的改革。"① 这些集中出现的矛盾和问题引发了大量的公共问题,这些公共问题在进入政府议程的过程中要通过多种途径,信访就是其中的一个重要途径。从这个意义上理解,公民通过"信访部门"途径参与公共政策制定,主要是一种政策议程参与。

从表4-9看出,文化程度与公民通过"信访部门"途径参与政策制定的偏好之间呈负相关关系,文化程度越低,对这种参与方式越偏好。复相关系数为0.9044,说明偏好的变化可以用文化程度的变化解释90.44%(见图4-18)。

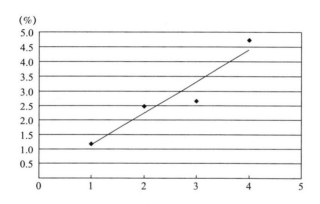

图4-18 文化程度与通过"信访部门"途径偏好的关系

之所以出现这种现象,与低文化程度的公民群体所处的社会阶层有关。一般来说,低文化程度的公民群体属于"草根阶层"的居多。由于身处社会的基层,其公共政策诉求的传递路径必然加长,经过的行政层级必然增多。再加上目前科层制政府部门的考核体制和官员任命体制不完善,决定了地方政府中相当一部分官员存在"对上负责有余,对下负责不足"的精神状态,导致了行政层级越多,信息磨损就越严重,公民政策诉求的真实性和有效性就越难以得到保证的现象。

---

① 中央党校进修一班(第40期)A班社会发展方向第三课题组:《从信访工作中存在的突出问题看和谐社会建设的难点重点》,《中国党政干部论坛》2007年第3期。

而信访途径是身处社会的基层公民试图跨越官僚制的正常层级、在公民与高层之间建立某种信息"直通车"的有效手段，所以，越是文化程度低的公民群体，对这种参与方式就越偏好。低文化程度的公民群体，毕竟占公民群体的大多数。也正是基于此，应该积极畅通和拓宽信访渠道。确保公民的政策诉求畅通无阻，如果条件成熟，可以考虑利用信息技术建立和开通全国信访信息系统，变信访途径单一的纵向沟通为网状沟通，增大信访途径的信息容量，使政策诉求能够及时地转化为公共政策问题并进入政府议程。同时，尽快建立信访问题处理责任制和责任追究制，提高公民的参与绩效。

2. 关于通过与"熟人讨论"进行参与

通过"熟人讨论"途径进行政策制定中的公民参与，属于公共政策议程中的系统议程。在熟人社会里，相近人群在看法上相互影响，形成街谈巷议乃至于舆论，将会对公共政策问题的形成和构建产生很大的影响。当一个公共问题形成的时候，往往是经过系统议程而进入政府议程，然后再开始政策规划阶段。虽然在现代化进程中，不主张再以身份辨识来实现人际关系的合理化和沟通渠道的人情化，来源于熟人社会的人际关系规则逐渐走向非人格化，熟人社会的形态和理念受到了冲击和抑制。但高度复杂的社会在需要更加精细的治理手段的同时，依然离不开熟人社会对公共问题造成的社会压力的调节和疏导。因为通过"熟人讨论"进行参与公共政策制定中的参与，是调节和疏导社会压力的有效形式之一，也是借助熟人社会实现政治整合的主要手段之一。

从表 4-9 看出，文化程度与公民通过"熟人讨论"途径参与政策制定的偏好之间呈现负相关关系，文化程度越低，对这种参与方式越偏好。复相关系数为 0.7267，说明偏好的变化可以用文化程度的变化解释 72.67% （见图 4-19）。

"熟人讨论"具有鲜明的二重价值取向。第一个价值取向是政策诉求。公民个人的议价力量是非常有限的。而熟人社会对于个人问题的认同容易形成公共问题，进而形成公共政策问题。第二个价值取向是

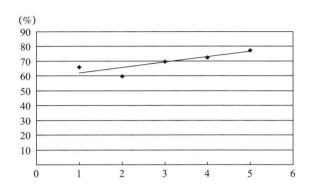

图 4 - 19　文化程度与"熟人讨论"途径偏好的关系

政治信任。"所谓政治信任，是指个体在社会生活中尤其在政治生活中与他人在一起时所感受到的开放、合作和容忍态度。"① 与"熟人讨论"，是为了取得一种政治认同，而这种政治认同首先以政治信任为前提。传统的"静态的熟人社会，意识形态原则和传统习俗尽管大而化之、模糊不明，却仍能有效地调节各种关系"②，熟人社会更容易获得政治信任，所以，公民比较偏好通过"熟人讨论"的途径参与政策制定。但是，偏好的程度在不同的文化程度群体中是不同的。低文化程度群体更偏好这种方式。文化程度每降低一个层次，偏好的人数大约增加 3.65% 。这可能同低文化程度群体具有更多的沟通时间有关。同时，与"熟人讨论"属于非正式参与途径，当公民群体正式参与途径匮乏时，肯定会借助于非正式途径。而低文化程度的公民群体由于其社会阶层所决定，正式参与途径方面存在不少有形和无形的阻力，所以，该群体对这种参与途径偏好程度较高。

　　3. 关于通过"热线电话"进行参与

　　民主是一个历史范畴，其内涵和形式必然随着历史的发展而不断变化。作为民主范畴的一个重要组成部分，公共政策制定中公民参与

----

　　① 戴玉琴：《农民现代性的构建：社会主义新农村建设的政治学路径分析》，《湖北社会科学》2007 年第 2 期。

　　② 杨阳、李筠：《现代化与近代以来中国政治发展的相关理论问题》，《政法论坛》（中国政法大学学报）2007 年第 9 期。

的内涵和途径也发生了很大变化。热线电话就是其中一种新的参与途径。"热线电话"自20世纪90年代初设立以来，为民主政治建设的各个环节提供了简便易行的操作手段，增强了政策制定体系运作的透明度，公民的知情权、参与权、监督权得到了新的保障和发展。从表4－9看出，文化程度与公民通过"热线电话"途径参与政策制定的偏好之间呈负相关关系，文化程度越低，对这种参与方式越偏好。复相关系数为0.5123，说明偏好的变化可以用文化程度的变化解释51.23%。相关关系是一种中度正相关关系（见图4－20）。文化程度每降低一个层次，偏好的人数大约增加0.57%。

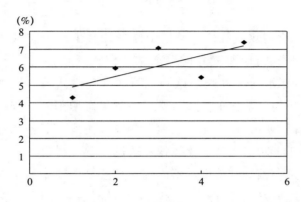

图4－20 文化程度与通过"热线电话"途径偏好的关系

2002年，"热线电话"曾经是公开发表政策建议的最主要的途径。"近八成选用公开发表意见的人中，多数人选用的是'通过各种热线电话，向决策机关或主管部门反映'和'通过报社、电视台等新闻媒体申明观点'，分别有22.0%和21.8%；'通过上网发表意见'的人也较多，有10.5%。"[①] 但现在，"互联网"已经远远超越"热线电话"，成为公民参与政策制定的第二大途径。本书证明，对"互联网"表示偏好的人次比例为19.30%，而通过"热线电话"表示偏好的人次比例仅仅为6.56%。这充分说明"热线电话"目前面临着改

---

① 中共广州市委党校、广州行政学院课题组、广州社情民意研究中心：《广州公民政治参与状况调查》，《广东行政学院学报》2003年第2期。

革的压力和需要。

（三）文化程度与公民的参与途径偏好非相关的情况

在"传统媒体""听证会"和"所在单位"三种参与途径上，文化程度与公民的参与途径偏好之间呈现非相关关系。

1. 关于通过"传统媒体"进行参与

"报纸、电视等公共传媒的发展使政治信息不是传播到人类嗓音范围内的几百或几千人，而是几千万人。"① 近代大众传媒的出现为公民参与公共政策制定提供了新的机会和条件，并改变了公民参与政策制定的整个过程。"传统媒体"为公民知情权的扩大和拥有提供了新的前提，也为公民参与权更加广泛地体现在公共政策制定中创造了新的机会，对于公共政策制定中的公民参与来说，"传统媒体"的作用至少体现在三方面：一是新闻媒体可迅速地使公民获得大量政策信息，使公民能够思考如何形成公共政策问题和是否形成公共政策问题。二是"传统媒体"提供了公民参与的平台，公民可以借助于这个平台，在更加广泛的范围内表达政策诉求，并增强参与政策制定的议价力量。三是"传统媒体"以大多数公民代言人的形象出现，准确地反映现实生活中存在的非常重要的公共问题，并促使这些问题进入政府议程而转化为公共政策问题。

根据表4－7，绘出表达不同文化程度的公民群体对于参与途径的偏好示意图（见图4－21）。

从图4－21可以看出，各个不同文化程度的公民群体对利用"传统媒体"这种途径的偏好很难说有明显的规律。但一个明显的特征是，本科或专科文化程度的公民群体对这种途径的偏好程度为最低。相对于高中或中专及其以下文化程度的公民群体来说，本科或专科层次的公民群体是高文化程度群体的主体部分。这部分群体对于利用"传统媒体"途径进行参与的低偏好，可能意味着整个高文化程度的公民群体对这种途径的认可度比较低。

---

① ［英］安德鲁·卡卡贝兹、娜达·K. 卡卡贝兹、亚历山大·库兹敏：《凭借信息技术重塑民主治理———一个日益值得商榷的议题》，《上海行政学院学报》2003 年第 4 期。

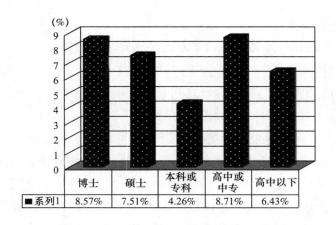

	博士	硕士	本科或专科	高中或中专	高中以下
■系列1	8.57%	7.51%	4.26%	8.71%	6.43%

图 4 – 21   文化程度与通过"传统媒体"途径偏好的关系

为了证明上述假定，将文化程度分为两组：一组是接受过高等教育的公民组，另一组是未接受过高等教育的公民组。求出其对该途径的偏好人次与该组的总人次之比：

$$接受过高等教育的公民组 = \frac{对通过"传统媒体"途径的偏好人次}{样本中接受过高等教育组的总人次}$$

$$= \frac{92}{2650} = 0.0347$$

$$未接受过高等教育的公民组 = \frac{对通过"传统媒体"途径的偏好人次}{样本中未接受过高等教育组的总人次}$$

$$= \frac{103}{1706} = 0.0585$$

由于 0.0585 > 0.0347，所以，可以得出如下结论：未接受过高等教育的公民群体，比接受过高等教育的公民群体更偏好通过"传统媒体"途径进行政策制定中的公民参与。这意味着媒体在反映两部分公民群体的政策诉求方面存在一定的偏差。可能在反映未接受过高等教育的公民群体的政策诉求方面比较多，所以受到这部分公民的欢迎，也可能与接受过高等教育的公民具有更多的参与途径的选择机会，因而冲淡了对于"传统媒体"途径的偏好有关。

2. 关于通过"听证会"进行参与

"听证会"是公民参与政策制定的途径之一，是按照特定程序进行的、在内容和形式方面具有较强针对性和公开性的、公民可以同政策制定主体进行面对面沟通的政策咨询性和协商性会议。根据内容不同，"听证会"可以分为立法听证会和行政听证会。立法听证会是针对拟出台的法律而进行的听证会，行政听证会是针对拟出台的行政决策或拟实施的行政措施而进行的听证会。从中国当前听证制度的实践来看，这种参与类型一般是属于"政策制定中参与"。"听证会"在政策制定过程中所起的作用主要有三方面：一是通过"听证会"，使公民能够直接参与政策制定的过程，可以增加政策制定过程的透明度。二是公共政策制定主体可以借此吸纳民意和民智，弥补公共政策制定主体在政策制定方面的知识欠缺，为公共政策制定提供智力支持，同时增加公共政策的合法性。三是通过"听证会"，能增强公民对政策内容的理解和支持，减少政策执行中的冲突和阻力。正是由于"听证会"的这些优势，近年来成为发达国家和我国公民参与公共政策制定的重要途径之一。

从图 4-22 可以看出，硕士以上文化程度的公民群体对这种参与途径的偏好程度远远高于其他文化程度的公民群体。这里可能有如下原因：一是当前我国的"听证会"大都与价格有关。但"听证会"的效果多数不好，基本上是走走过场，听证之后该怎么涨还怎么涨。"听证会"并没有代表大多数公民的利益，而成为一些利益集团用作维护自身利益的工具，或者是政策制定主体用来作秀的一种手段。由于涨价的受冲击对象主要是低收入群体，而低文化程度群体和低收入群体相当一部分是重合的，所以低文化程度群体对于听证会的态度缺乏信任，也就对通过这种方式参与政策制定的途径没有表现出很明显的偏好。二是参加听证的公民应该涉及各个层次的公民群体，而且必须保证适当的比例以均衡各方利益，并在"听证会"上可以充分发表自己的看法。但目前的"听证会"，在这些方面有很大欠缺。尤其明显的是"听证会"的代表性不十分广泛，低文化程度的公民群体能够参与"听证会"的机会不多，自然也就不会十分偏好这种参与途径。

硕士以上文化程度的公民群体毕竟是少数，大多数公民对这种途径不太偏好，其中最根本的原因是公民权利并没有通过"听证会"这一公民参与途径得到有效保证。所以，"听证会"这种参与途径的有

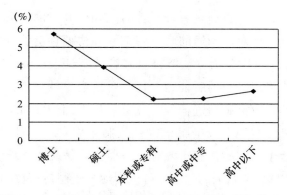

图 4 – 22　文化程度与通过"听证会"途径偏好的关系

效性亟待提高。"听证会"是政治民主化的一个重要标志，一个法制健全的国家也是履行听证程序比较普遍的国家。为了真正提高"听证会"的绩效，可以考虑将"听证会"刚性化。通过法律的形式予以规定，政府机构在制定法规或政策前必须通知公众，并确定参与的具体形式。尤其是涉及工资、价格、市场、贸易与关税等方面的决策，必须举行"听证会"，而且赋予"听证会"以刚性的权力，例如，如果"听证会"没有通过，可以提请同级人大进行二次听证，如果人大没有通过，拟制定的政策或法规就应该废止或修改。此外，可以考虑将听证制度置于司法监督之下，目前的"听证会"缺乏监督主体，往往是公共政策制定主体自拉自唱，普通公民的意见被采纳的并不多，所以形成了公共政策制定主体随心所欲的局面。没有制约的听证，必然是流于形式的听证。1996 年，我国颁布的《中华人民共和国行政处罚法》正式引入了行政听证程序，但没有对上述问题做出明确规定。2000 年制定的《中华人民共和国立法法》虽然做出了在行政法起草过程中为广泛听取意见可以采取"听证会"的形式规定，但也是原则性的规定，缺乏操作程序方面的细化规定。目前，对于"听证会"制度，亟待尽快做出具体的、可操作性的刚性规定，以对公共政策制定主体在"听证会"中的权力进行制约，使"听证会"能够真正成为公民参与公共政策制定的有效途径。

3. 关于通过"所在单位"进行参与

公民通过"所在单位"表达政策诉求和参与其他阶段的公共政策

制定，已成为中国公共政策制定中的一大特色。公民的"所在单位"
能够成为我国公民参与公共政策制定的途径之一，与我国长期以来实
行的劳动者单位所有制有关。这里的单位主要指传统意义上的单位，
即城市或城镇的集多种功能于一体的劳动组织。劳动者单位所有制来
源于 60 年代初，中国在完成了对私营经济的"社会主义改造"之后，
"私营经济和公私合营经济都转制成了国营经济，'市场经济'转变
成了'计划经济'，劳动者'单位所有制'逐步形成。'文化大革命'
使这种变化得到了加强。"① 关于单位所有制，李汉林等给出了一个基
本界定："大多数社会成员被组织到一个一个具体的'单位组织'
中，由这种单位组织赋予他们社会行为的权利、身份和合法性，满足
他们的各种需求，代表和维护他们的利益，控制他们的行为。单位组
织依赖于国家（政府），个人依赖于单位组织；同时，国家依赖于这
些单位组织控制和整合社会。"② 所以，单位既是一个"单位人"劳
动的场所，也是政治上表达政策诉求和行使公民权利的平台之一。改
革开放之后，这种局面有所变化，但是，由于历史的原因，公民通过
单位参与公共政策制定，依然是使用频率较高的参与途径之一。公民
通过单位评论时事，对单位或政府的公共政策提出意见和建议，反映
自己和他人的利益需求，通过选举间接影响政策制定等，都是通过这
一途径进行公民参与的常见内容。求出不同文化程度的公民群体对于
这一偏好的数学模型及其曲线图如下式和图 4 - 23 所示。

$$y = -0.0092x^2 + 0.0517x + 0.0266$$

$$R^2 = 0.8596$$

数学模型表明，随着学历的降低，在所在单位选项上选择人数的
变化为一个抛物线形的变化，接近一个二次函数的变化规律。复相关
系数为 0.8596，说明公民对所在单位这种参与途径的偏好的变化，可
以用文化程度的变化说明 85.96%。其变化的理论特征是，从博士文

① 潘锦棠：《中国生育保险制度的历史与现状》，《人口研究》2003 年第 2 期。
② 李汉林、渠敬东：《制度规范行为——关于单位的研究与思考》，《社会学研究》
2002 年第 5 期。

化程度开始，随着文化程度的降低，选择"所在单位"作为参与途径的人数比重提高，但到本科或专科层次文化程度的公民群体时达到了顶峰。此时是偏好曲线的拐点。文化程度再继续降低，选择人数的比重反而下降（见图 4 – 23）。对这种现象比较合理的解释是，文化程度较低的公民群体如农民或失业者等由于不存在传统意义上的单位概念，他们没有单位可以利用，或者很少能够利用"所在单位"，所以，影响了对于这一参与途径的选择。而博士层次的公民则可能是由于能够选择的参与途径较多而影响了其对这种参与途径的利用。

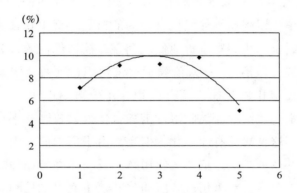

图 4 –23　文化程度与通过"所在单位"途径偏好的关系

第三节　公民参与公共政策制定的绩效

公民参与公共政策制定的绩效，是研究公民参与的一个重要组成部分。公民参与的绩效是一个比较特殊的问题，除定性考察之外，在更多的研究层次上离不开定量考察。目前，国内对于公民参与绩效的研究主要停留在定性层面，这非常不利于精细化的研究，更不利于向纵深层次进行探讨。本书从定量层面研究我国公民参与公共政策制定的绩效。

为了解我国公共政策制定中公民参与的绩效，本部分研究以中部

6 省为样本，在问卷中设计了"如果您的意见曾经对政策制定产生过
影响，则影响的结果是什么？"的问题。该问题为单项选择问题，备
选答案共有 6 项："完全采纳""部分采纳""受到否定""引起了决
策机关的注意，但没有处理"（以下简称"引起注意"）、"正式列入
了决策机关的议事日程"（以下简称"进入议程"）、"未曾参与"。共
有 1376 人进行了回答，其中，男性公民 831 人，女性公民 545 人。
具体回答情况见表 4 - 10。

表 4 - 10　　　　　　公民参与公共政策制定过程的结果

参与结果	男	比重（%）	女	比重（%）	总数	比重（%）
受到否定	191	23.0	133	24.4	324	23.5
引起注意	177	21.4	124	22.8	301	21.9
进入议程	20	2.4	7	1.3	27	2.0
部分采纳	241	29.0	115	21.1	356	25.9
完全采纳	16	1.9	9	1.7	25	1.8
未曾参与	186	22.4	157	28.8	343	24.9

一　社会性别与公民参与公共政策制定的绩效

对表 4 - 10 进行卡方检验可得 $P = 0.006 < 0.05$，所以，性别因素
和公民参与政策制定的绩效之间具有显著相关性，不同性别的公民之
间参与政策制定的结果具有显著差异。为深入讨论这种显著差异，对
于公民参与公共政策制定的绩效进行归类处理。定义：

无效率 = "受到否定"的人数占样本总人数的比重

显效率 = "引起注意"的人数占样本总人数的比重 +
"进入议程"的人数占样本总人数的比重

有效率 = "部分采纳"的人数占样本总人数的比重 +
"完全采纳"的人数占样本总人数的比重

参与率 = 1 - "未曾参与"的人数占样本总人数的比重

根据上述定义，对表 4 - 10 中的相关数据以性别为考察单位分别

进行计算，得到表 4－11。

表 4－11　　　　　　社会性别与公民参与公共政策制定的绩效　　　　　单位：%

参与绩效	男	女	总数
参与率	77.6	71.2	75.1
无效率	23.0	24.4	23.5
显效率	23.7	24.1	23.9
有效率	30.9	22.8	27.7

　　若从静态的层面观察表 4－11 中的数据，那么，表 4－11 清晰地表明了这样一个事实：以绩效来衡量，男、女公民的区别主要体现在参与率和有效率上，而在无效率和显效率上并无太大区别。男性的参与率高于女性 6.4 个百分点，男性参与的有效率高于女性 8.1 个百分点。这意味着，在"受到否定""引起注意"和"进入议程"等初级参与阶段上，男性和女性公民的参与绩效没有太大区别。但在有效率一项上，即政策建议被"部分采纳"或"全部采纳"的高级参与阶段上，女性公民的参与绩效远远低于男性公民的参与绩效。

　　如果说在职业化的决策层中男性处于公共政策制定的主导地位是一个早有定论的问题，那么表 4－11 的数据则反映出另外一个十分严峻的现实问题，即不仅在职业化的决策层的政策制定中男性决策者处于主导地位，而且在非职业化的我国公共政策制定的公民参与中，男性公民也处于主导性地位。公共政策是"对一个社会进行的权威性价值分配"。①女性公民在政策制定中参与绩效的弱化，显示了女性公民在获得社会价值方面处于从属地位的尴尬。这种现象显然与构建和谐社会的目标要求相去甚远。同时，这种现象也进一步证明："在世界范围内推动两性平等地参与决策过程仍然面临严峻挑战。我国也不

---

　　① ［美］戴维·伊斯顿：《政治体系——政治学状况研究》，马清槐译，商务印书馆1993 年版，第 123 页。

例外。"①

如果从动态的层面对表 4 - 11 进行分析，则需要分别考察如下事实：男、女公民在各个绩效水平上的参与人数占同性别参与总人数的比重，是如何随着参与绩效水平的提高而发生速度变化的。以下对此展开讨论。

为讨论简便起见，称某一性别的公民在某个绩效水平上的参与人数占同一性别公民在所有绩效水平上的参与总人数的比重为"性别参与率"。以 $y_男$ 表示男性公民的"性别参与率"；以 $y_女$ 表示女性公民的"性别参与率"；以 x 表示公民的参与绩效水平，并用 1、2、3 依次分别代表"无效率""显效率"和"有效率"三个具体的参与绩效水平。对于男、女公民，分别求出其"性别参与率"与参与绩效水平之间存在的量化关系式，得：

$$y_男 = 0.0325x^2 - 0.0905x + 0.288 \qquad R^2 = 1$$
$$y_女 = -0.005x^2 + 0.012x + 0.237 \qquad R^2 = 1$$

将上述两式分别求出其一阶、二阶导数，得：

$$\left(\frac{dy}{dx}\right)_男 = 0.065x - 0.0905 \qquad \left(\frac{d^2y}{dx^2}\right)_男 = 0.065 > 0$$
$$\left(\frac{dy}{dx}\right)_女 = -0.01x + 0.012 \qquad \left(\frac{d^2y}{dx^2}\right)_女 = -0.01 < 0$$

计算结果提示：男性公民随着参与绩效水平的提高，其"性别参与率"的变化速度为增函数（ $y''_男 > 0$ ）。这意味着对参与绩效的要求越高，男性公民参与人数的增长速度越快。而女性公民随着参与绩效水平的提高，其"性别参与率"的变化速度则为减函数（ $y''_女 < 0$ ）。这意味着对参与绩效的要求越高，女性公民参与人数的增长速度反而变慢。从宏观统计学意义上说，当面临同样的公共政策问题时，男、女公民的参与动力在总体上应该是没有太大区别的，决定公民参与人数增长速度的主要是参与阻力。同男性公民相比，女性公民参与人数的增长速度随着参与绩效水平的提高而变慢的现象至少表明了如下事

①　谭琳：《推动两性平等地参与决策过程——从妇女参政的"无、知、少、女"现象谈起》，《人口研究》2006 年第 2 期。

实：在高绩效的参与水平上，女性公民所遇到的各种参与阻力大于男性。阻力的非均等化导致男性公民更容易适应高绩效参与水平的挑战，女性公民如果要在高绩效的参与水平上同男性公民保持一种对等的均衡状态，需要付出比男性公民更大的参与努力，才能克服来自方方面面的更大的参与阻力。

总之，在初级参与阶段上，男性公民和女性公民的参与绩效没有太大区别；在低绩效的参与水平上，女性公民所遇到的各种参与阻力与男性公民也没有太大区别。而在高级参与阶段上，女性公民的参与绩效远远低于男性公民的参与绩效；在高绩效的参与水平上，女性公民所遇到的各种参与阻力也远远大于男性公民所遇到的参与阻力。之所以出现上述现象，可能有来自女性自身心理素质、社会分工等方面的原因，但也应该有来自权力结构的原因。在权力结构中，女性的参与边界虽然比较宽阔，也有一些女性进入了权力核心，但多数情况下却是"居于权力核心少，处于权力边缘多"。[①] 这直接影响到女性关注的公共问题进入政府议程的数量，并进一步影响到更多女性公民的政策参与。此外，在一些传统偏见中，对女性公民参与政策制定的定位存在"夹层现象"，即表层的支持和深层的排斥。政策参与的功效感来自公民影响政策制定者和政策过程的主观感觉。政策参与的主动性与公民对政策参与的功效感正相关。对女性公民深层次参与的排斥，必然影响女性公民参与政策制定的功效感，继而产生一种参与绩效要求越高，女性公民参与人数的增长速度越慢的参与现象。

二　文化程度与公民参与公共政策制定的绩效

公民参与公共政策制定的绩效，是一个由多种因素决定的多元函数，文化程度无疑是其中的一个重要因素。就我国的具体情况而言，公民的文化程度如何在量化的层面上影响公民的参与绩效目前尚未见报道。本书对此展开讨论。将不同文化程度的公民群体的参与绩效统计在表 4 - 12 中。

---

① 周云：《关于都市职业女性政治参与意识及其影响因素的实证研究》，《理论与改革》2007 年第 3 期。

表 4 - 12　　　　　　不同文化程度的公民群体的参与绩效　　　单位:%、人

文化程度	完全采纳	部分采纳	受到否定	引起注意	进入议程	未曾参与	合计
博士	1	9	5	9	2	5	31
	3.23	29.03	16.13	29.03	6.45	16.13	100
硕士	4	18	11	18	3	15	69
	5.80	26.09	15.94	26.09	4.35	21.74	100.1
本科或专科	6	192	151	155	10	178	692
	0.87	27.75	21.82	22.40	1.45	25.72	100.1
高中或中专	9	80	83	78	3	89	342
	2.63	23.39	24.27	22.81	0.88	26.02	100.1
高中以下	5	57	74	41	9	56	242
	2.07	23.56	30.58	16.94	3.72	23.14	100.1
合计	25	356	324	301	27	343	1376
	1.82	25.87	23.55	21.88	1.96	24.93	100

同样,按照无效率、显效率、有效率、参与率的定义,对表 4 - 12 中的相关数据进行计算,得到表 4 - 13。

表 4 - 13　　　　文化程度与公民参与公共政策制定的绩效　　　单位:%

参与绩效	博士	硕士	本科或专科	高中或中专	高中以下
参与率	83.87	78.26	74.28	73.98	76.86
无效率	16.13	15.94	21.82	24.27	30.58
显效率	35.48	30.44	23.85	23.68	20.66
有效率	32.26	31.9	28.62	26.03	25.62

(一) 关于参与率

求出参与率和文化程度的数学关系及其图示,如下式及图 4 - 24 所示。

$$y = 0.0148x^2 - 0.1068x + 0.9327$$

$$R^2 = 0.9948$$

其中，y 表示参与率，x 表示文化程度的序号。

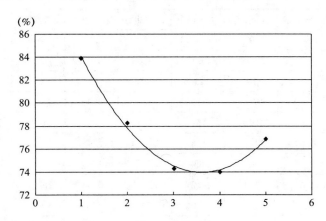

图 4 - 24　文化程度与参与率的关系

复测定系数为 0.9948，表明公民参与公共政策制定的参与率的变化可以用文化程度的变化来解释 99.48%。

可以证明该曲线方程连续且可导，此处不赘述。为了便于对各个文化程度的公民群体进行比较研究，对上述方程分别求出一阶导数和二阶导数的表达式，并代入相关数据求出各个文化程度的公民群体所对应的一阶导数值及方程的二阶导数值。一阶导数值见表 4 - 14，二阶导数值为 0.0296。曲线方程的二阶导数为正值，说明该方程存在一个极小值，且一阶导数为单调增函数，即一阶导数随着文化程度的降低而单调增加。这就意味着从该函数的特征出发至少有如下结论可以得到理论证明：

表 4 -14　　　　　　　各种文化程度对应的一阶导数值

序号	1	2	3	4	5
文化程度	博士	硕士	本科或专科	高中或中专	高中以下
一阶导数值	- 0.0772	- 0.0476	- 0.018	0.0116	0.0412

结论一：参与率因文化程度的降低而变化的过程存在临界慢化效应。即从博士开始，随着文化程度的下降，参与率也随之下降，但这

种下降不是无限的，而是存在一个极小值，又称为临界值。参与率在
随文化程度的降低而降低的过程中，越接近临界值，其降低的速率就
越慢。第三章已经指出，这种现象称为临界慢化效应。比如，从
表4-13可以看出，高中及中专文化程度的公民群体的参与率最低。
以此为分界标志，前面三个文化程度的公民群体，参与率随文化程度
的降低而降低，但降低的速率随着文化程度的降低而逐渐变慢。硕士
文化程度的公民群体参与率的降低速率是-0.0476，而本科或专科文
化程度公民群体参与率的降低速率是-0.018；后者更接近临界值，
但速率却不及前者的一半。该现象说明参与率的降低速率随文化程度
的降低而逐渐变慢，即存在临界慢化效应。

结论二：参与率的变化过程呈现出了一条开口向上的抛物线。这
说明文化程度与公民在政策制定中的参与率之间的关系是一种非线性
关系而不是线性关系。所以，不能笼统地说文化程度低的公民群体，
其在公共政策制定中的参与率就低。准确地说，从高中或中专文化程
度的公民群体开始向博士文化程度的公民群体发展，文化程度越高，
在公共政策制定中的参与率就越高。高中或中专文化程度的公民群体
参与率最低。但自高中或中专文化程度的公民群体开始向更低的文化
程度群体发展，文化程度越低，参与率反倒越高。高中以下文化程度
的公民群体，其参与率超过高中或中专、本科或专科两种层次文化程
度的公民群体。高中以下文化程度的公民群体主要分布在农村。该群
体在公共政策制定中参与率不低的原因，正如第四章所述，是由于村
民自治制度、联产承包责任制、县政乡治的政治文化传统等因素所导
致的。这些因素在农村的影响力大于文化程度的影响力。即基于制度
设计的外源性因素的影响力大于基于文化程度所产生的内源性因素的
影响力，所以表现出一种抛物线的关系而不是直线关系。

（二）关于无效率、显效率和有效率

1. 无效率与文化程度的关系

求出公民参与政策制定的无效率与文化程度之间的数学关系及其
图示。如下式及图4-25所示。

$$y = 0.0372x + 0.1058$$

$R^2 = 0.9261$

式中，y 表示无效率，x 表示文化程度的序号。

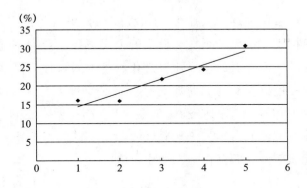

图 4 - 25　文化程度与无效率的关系

　　显然，文化程度与公民参与的无效率之间是一种非常明确的线性相关关系。文化程度与无效率之间呈负相关关系。文化程度越低，无效率就越高。从博士开始，文化程度每降低一个层次，公民参与的无效率就大约平均上升 3.72%。复相关系数为 0.9261，说明无效率的变化可以用文化程度的变化解释 92.61%。

　　2. 显效率与文化程度的关系

　　求出公民参与政策制定的显效率与文化程度之间的数学关系及其图示。见下式及图 4 - 26。

$y = -0.0364x + 0.3774$

$R^2 = 0.9155$

式中，y 表示显效率，x 表示文化程度的序号。

　　从数学关系可以看出，文化程度与公民参与的显效率之间也是一种非常明确的线性相关关系。文化程度与显效率之间呈正相关关系。文化程度越低，显效率就越低。从博士开始，文化程度每降低一个层次，公民参与的显效率大约平均降低 3.64%。复相关系数为 0.9155，说明显效率的变化可以用文化程度的变化解释 91.55%。

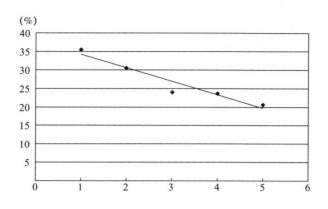

图 4 - 26　文化程度与显效率的关系

3. 有效率与文化程度的关系

求出公民参与政策制定的有效率与文化程度之间的数学关系及其图示。如下式及图 4 - 27 所示。

$y = -0.0192x + 0.3463$

$R^2 = 0.9317$

式中，y 表示有效率，x 表示文化程度的序号。

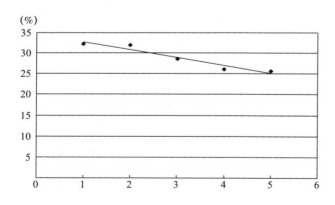

图 4 - 27　文化程度与有效率的关系

从数学关系可以看出，文化程度与公民参与的有效率之间也是一种非常明确的线性相关关系。文化程度与有效率之间呈正相关关系。

文化程度越低，有效率就越低。从博士开始，文化程度每降低一个层次，公民参与的有效率大约平均降低 1.92%。复相关系数为 0.9317，说明显效率的变化可以用文化程度的变化解释 93.17%。

4. 参与绩效的对称指数

本书利用参与率、无效率、显效率和有效率 4 个指标，试图反映出公共政策制定中公民参与绩效的大致面貌。但这些指标都是单向度的，是对参与绩效的某个方面所进行的刻画。参与绩效中的一些综合特征通过这些指标就很难直接反映出来。例如，某个文化程度的公民群体参与率高，但收获却不多，即无效率很高，而另外一些文化程度的公民群体参与率虽然低，但收获却很多，即无效率很低，这反映了参与绩效中无效率和参与率的一种对称特征。为了衡量这种对称特征，本书建立了一个新的指数，称为参与绩效对称指数。

$$参与绩效对称指数 = \frac{无效率}{参与率}$$

参与绩效对称指数代表单位参与率上的无效率程度。参与绩效对称指数介于 0 和 1。最小值是 0，最大值是 1。参与绩效对称指数越高，说明无效率和参与率之间越不对称，说明单位参与率上的无效率程度越高。参与绩效对称指数越低，说明单位参与率上的无效率程度越低。例如，如果参与绩效对称指数是 0.3，说明在 10 位参与政策制定的公民中，有 3 位的参与结果是属于无效参与，或者说在 10 次参与中，有 3 次是属于无效参与。

按照上述定义，计算出不同文化程度公民群体的参与绩效对称指数（见表 4 – 15）。

表 4 – 15　　　不同文化程度的公民群体的参与绩效对称指数

序号	1	2	3	4	5
文化程度	博士	硕士	本科或专科	高中或中专	高中以下
参与绩效对称指数	0.192321	0.20368	0.293753	0.328062	0.397866

为了更精确地描述不同文化程度的公民群体参与绩效对称指数与文化程度之间的关系，求出公民在参与政策制定过程中的参与绩效对称指数与文化程度之间的数学关系及其图示，如下式及图 4 – 28 所示。

$y = 0.0535x + 0.1225$

$R^2 = 0.9604$

式中，y 表示参与绩效对称指数，x 表示文化程度的序号。

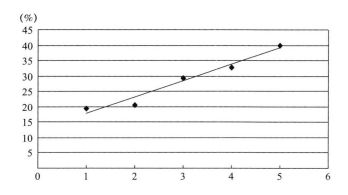

图 4 – 28　文化程度与参与绩效对称指数的关系

从数学关系看出，文化程度与公民的参与绩效对称指数之间也是一种非常明确的线性相关关系。文化程度与参与绩效对称指数之间呈负相关关系。文化程度越低，参与绩效对称指数就越高。从博士开始，文化程度每降低一个层次，公民的参与绩效对称指数大约平均提高 5.35%。复相关系数为 0.9604，说明参与绩效对称指数的变化可以用文化程度的变化解释 96.04%。

值得注意的是，如果某一个公民群体参与绩效对称指数很高，则说明该群体在参与绩效上的被剥夺感增强。因为与其他群体相比，该群体的参与次数多，但参与收获少，这必然会使该公民群体产生一种相对被剥夺感。在公共政策制定的公民参与中，公民不仅关心自己的绝对参与绩效，也关心与其他群体相比较而言的相对参与绩效。这种相对被剥夺感势必导致该公民群体在参与过程中的挫折感增强，从而对扩大公共政策制定中的公民参与带来不利影响。扩大公共政策制定中的公民参与，不能仅仅在高文化程度的公民群体中扩大，而应该在全体公民中扩大。但这种扩大不是一哄而上，也不是实行公民参与中的平均主义，而是有针对性地按照具体问题具体分析的观点来进行处理。对于低文化程度的公民群体，可以采取一些措施来消除这种相对被剥夺感。例如，在参与机会上，可以选择更适合这部分公民群体特点的公共政策制定过程吸纳他们参与，以此增强参与信心；在公民教育上，着力培养提高低文化程度公民群体的参与能力，以此增强参与素质；在参与形式上，适当提高低文化程度公民群体的组织化参与水平，以此提高参与的科学性等。

总结与展望

公共政策制定中的公民参与研究是政治学研究中的一个重要方面，在我国政治民主化进程中具有十分重要的现实意义和理论意义。但是，由于研究方法使用中的缺憾，目前，对于该问题的研究隐隐出现了发展节奏变慢，难以向纵深推进的迹象。研究方法的改革常常能够获得许多新的结论和收获。为了能够获得其他研究尚未报道的、经由数学方法推导而来的，并能够经得起实践检验的正确结论，本书从研究方法的革新入手，在实地调查、问卷调查和文献调查的基础上量化层面上对我国地方政府公共政策制定中的公民参与问题展开了讨论。

利用公民对于公共政策制定过程关注度的数学模型，可以在量化层面上清晰地表达年龄、性别、学历、年收入等变量对关注度所产生的影响。这些影响的主要表现是：公民对于公共政策制定过程的关注度随年龄增长而变化的过程呈现类似抛物运动规律；年龄增量对关注度的影响因年龄段而异；关注度因年龄增长而提高的过程存在临界慢化效应；关注度的速率变化过程呈现类似抛物运动规律。公民对于公共政策制定过程的关注度与公民的年收入两个变量之间的 Spearman 相关系数仅仅为 0.055。正相关关系的解释能力低下的原因主要是由 10万元以上高收入阶层的关注度偏低所致。目前状况下，对高收入阶层在政策制定中的作用难以寄予高度期望。公民对于公共政策制定过程的关注度与文化程度之间存在高度的正相关关系。学历每提高一个层次，公民对于政策制定过程的关注度就比相邻较低的学历层次群体约提高 5.42%。

公民参与公共政策制定的动机与政治制度的干预之间存在正相关

关系。按照"从众行为"出于"个人兴趣""个人利益""维护公共利益""公民权利"和"公民责任心"6个参与动机级别顺序,公民参与人次与动机级别之间呈良好的线性相关关系。公民参与人次与动机级别呈正相关关系,每发展一个参与动机级别,公民参与人次大约增加5.73%。这种关系也清楚地表明,参与动机与政治制度的关系越紧密,或者说参与动机接受政治制度的干预越多,越容易激发公民参与公共政策制定的积极性,越容易引发更多的公民参与政策制定。利用亲公共价值指数,可以准确地刻画出不同身份的公民群体在参与动机方面的区别。就文化程度而言,文化程度与公民参与公共政策制定动机的亲公共价值指数正相关,文化程度越高,参与公共政策制定动机的亲公共价值指数就越高,文化程度每提高一个层次,参与动机的亲公共价值指数平均大约提高6.36%。

公民获取政策信息的主渠道有三种,按照选择人数多少依次为"国内电视""国内报纸"和"互联网"。这三种渠道的人数合计占总人数的91.3%。三种渠道的功能并不仅仅是向公民进行政策信息的输入、承载公民政策诉求的表达,更重要的还在于其对社会成员的政治塑造。政治塑造影响政策制定中公民的参与品格,参与品格影响公民的参与效果。在社会秩序控制弱化趋势进一步增加的现代社会,如何培育和规范互联网的政治塑造功能是一个有待深入思索的严峻问题。

我国公民在公共政策制定中的参与程度指数为34.15%,意味着我国公民在公共政策制定中的参与程度处于严重的参与不足状态。公民的政策职能结构偏好提示,扩大我国公共政策制定中的公民有序参与,应以利益型参与和责任型参与为先导。公民对于公共政策的关注程度和参与程度之间存在明显的"剪刀差"现象。表现在对于中央政策和省政策,公民关注程度高,但参与程度低;对于县政策和乡政策,公民关注程度低,但参与程度高;扩大政策制定中公民的有序参与,对于不同级别的政府政策应该区别对待,即对于中央和省政策,应该着重促进公民的参与程度,对于县、乡政策,应该着重提高公民的关注程度。

在参与方法上,公民更希望通过自主的直接行为来参与公共政策

制定。公民选择参与方法的思考更倾向于理性化，对参与方法的选择
以积极的参与方法为主。我国公民对于制度参与方法具有较强的偏
好。在参与途径上，文化程度与公民参与途径的偏好之间既存在非线
性关系，也存在线性关系。在"传统媒体""听证会"和"所在单
位"三种参与途径上，文化程度与公民的参与途径偏好之间呈现非相
关关系。在"人大、政协""党委、政府"和"各种会议"三种途径
上，文化程度与公民的参与途径偏好之间呈明显的正相关关系。文化
程度越高，对这三种参与途径越偏好。在与"熟人讨论"、通过"热
线电话"和通过"信访部门"三种参与途径上，文化程度与公民的
参与途径偏好之间呈明显的负相关关系。即文化程度越高，对这三种
参与途径偏好程度越低；文化程度越低，对这三种途径的偏好程度
越高。

利用本书定义的参与率、无效率、显效率和有效率 4 项指标，可
以反映公共政策制定过程中公民参与绩效的基本水平。文化程度与公
民参与的有效率之间呈现一种非常明确的线性相关关系。确切地说，
文化程度与公民参与政策制定的有效率之间呈现正相关关系。文化程
度越高，公民参与的有效率就越高。从博士开始，文化程度每降低一
个层次，公民参与的有效率大约平均降低 1.92%。此外，利用公民参
与绩效对称指数可以清晰地发现，文化程度每降低一个层次，公民参
与绩效对称指数大约平均提高 5.35%。低文化程度公民群体的参与绩
效对称指数很高，意味着该群体在参与绩效上的被剥夺感较强。对于
低文化程度的公民群体，必须采取一些积极措施来消除这种相对被剥
夺感，才能实现公民参与公共政策制定过程中的和谐与公正。

公民在公共政策制定中的参与程度是一个非常复杂的、受到各种
因素制约的多元函数。这些因素既包括公民的各种自身条件，也包括
参与环境中的各种影响因子。如何在更加广泛的意义上研究各种影响
因子对于公民参与公共政策制定的影响，并根据其影响模式利用一切
积极因素扩大公民的有序参与，践行人民当家做主的社会主义民主本
质的要求，实现以公民权利制约政府权力，从而加快我国的政治民主
化进程，绝非一篇论文所能够全部包括的和解决的。许多问题的研究

都还没有能够充分地展开讨论，有待于今后不断地进行深入探索。将量化方法应用于公共政策制定中的公民参与研究，应该说还是一种初步的尝试。在量化手段的使用上，如何选择更加便捷和简明的量化方法，是今后应该着重努力的方向之一。

附录　调查问卷（主体部分）

请在您认为合适的选项上画"√"。

1. 您的性别

（1）男　　　　　　　　（2）女

2. 您的年龄

（1）18—30 岁　　（2）31—40 岁　　（3）41—50 岁

（4）51—60 岁　　（5）61—70 岁　　（6）70 岁以上

3. 您的职业

（1）工人　（2）农民　（3）军人　（4）公务员　（5）律师　（6）下岗工人　（7）科、教、文、卫、工程技术等领域的工作者　（8）大学生　（9）农民工　（10）职员　（11）退休职工（12）企业家及个体经营者　（13）中专（学生）　（14）餐饮、旅店及其他服务机构的从业者　（15）其他工作者

4. 您的政治面貌

（1）共产党员　（2）共青团员　（3）民主党派成员　（4）群众

5. 您的宗教信仰情况为

（1）无　（2）佛教　（3）道教　（4）伊斯兰教　（5）基督教　（6）天主教　（7）其他

6. 您个人一年的实际收入为

（1）无收入　（2）1 万元以下　（3）1 万—2 万元　（4）2 万—3万元　（5）3 万—5 万元　（6）5 万—10 万元　（7）10 万元以上

7. 您的文化程度

（1）博士　（2）硕士　（3）本科或专科　（4）高中或中专（5）高中以下

8. 您对公共政策制定过程的关心情况

（1）非常关心　（2）关心　（3）不关心　（4）厌倦

9. 您了解国家公共政策信息的第一渠道

（1）国内电视　（2）国内广播　（3）国内报纸　（4）国内杂志　（5）互联网　（6）会议及文件　（7）街谈巷议　（8）外国或港澳台媒体（内地之外的媒体，简称外媒）

10. 在过去两年中，您直接参与政策制定的次数是

（1）0次　（2）1—2次（以1.5次为其均值）　（3）3次（4）4次　（5）5次　（6）6次及以上

11. 如果您参与了政策制定，则您参与政策制定的级别是

（1）未参与过政策制定　（2）参与过本乡政策制定　（3）参与过县里政策制定　（4）参与过市里政策制定　（5）参与过省里政策制定　（6）参与过国家政策制定

12. 您最关心哪一级别的政策

（1）中央政策　（2）省里政策　（3）市里政策　（4）县里政策　（5）乡里政策

13. 如果您有过参与政策制定的想法或行为，其原因是

（1）从众行为　（2）个人兴趣　（3）个人利益　（4）维护公共利益　（5）公民权利　（6）公民责任心

14. 您的意见曾经对哪类政策产生过影响

（1）政治　（2）经济　（3）教育　（4）科技　（5）文化（6）卫生　（7）"三农"　（8）城管　（9）社保　（10）外交（11）台湾　（12）反腐败　（13）军事　（14）其他

15. 您最希望对哪类政策发表自己的意见

（1）政治　（2）经济　（3）教育　（4）科技　（5）文化（6）卫生　（7）"三农"　（8）城管　（9）社保　（10）外交（11）台湾　（12）反腐败　（13）军事　（14）其他

16. 如果有下列方法可供选择，您会选择哪种方法参与和影响政策制定

（1）全体市（村）民公决　（2）自己投票决定　（3）由自己

信任的人决定 （4）借助某个组织 （5）制造社会舆论 （6）消极抵抗 （7）利用罢工、游行以及静坐等激烈方式 （8）给领导者写信、打电话 （9）网上发表意见 （10）酌情选择其他参与方法

17. 对公共政策制定工作表达看法时，您经常采用的途径是

（1）熟人讨论 （2）互联网 （3）传统媒体 （4）听证会（5）热线电话 （6）人大、政协 （7）各种会议 （8）非政府组织 （9）所在单位 （10）信访部门 （11）党委、政府

18. 如果您的意见曾经对政策制定产生过影响，则影响的结果是

（1）完全采纳 （2）部分采纳 （3）受到否定 （4）引起了决策机关的注意，但没有处理 （5）正式列入了决策机关的议事日程 （6）未曾参与

主要参考文献

［1］［英］詹姆斯·布赖斯：《现代民治政体》，张慰慈译，吉林人民出版社 2001 年版。

［2］何增科、高新军、杨雪冬、赖海榕：《基层民主和地方治理创新》，中央编译出版社 2004 年版。

［3］［美］罗伯特·达尔：《多头政体——参与和反对》，谭君久、刘惠荣译，商务印书馆 2003 年版。

［4］［美］R. H. 奇尔科特：《比较政治学理论——新范式的探索》（修订版），高铦、潘世强译，社会科学文献出版社 1997 年版。

［5］林尚立等：《制度创新与国家成长——中国的探索》，天津人民出版社 2005 年版。

［6］［法］让·马克·夸克：《合法性与政治》，佟心平、王远飞译，中央编译出版社 2002 年版。

［7］钱穆：《中国历代政治得失》，生活·读书·新知三联书店 2001 年版。

［8］［美］杰佛里·庞顿、彼得·吉尔：《政治学导论》，张定淮译，社会科学文献出版社 2003 年版。

［9］尹焕三等：《村民自治面临的社会焦点问题透析：对全国第一个村民自治示范县的追踪考察》，山东人民出版社 2004 年版。

［10］［美］菲利克斯·格罗斯：《公民与国家——民族、部族和族属身份》，王建娥、魏强译，新华出版社 2003 年版。

［11］王晓民：《国外议会研究文丛》（第 2 辑），中国财政经济出版社 2003 年版。

［12］王庆五、董磊明：《治理方式的变革与江苏农村现代化——江苏

省村民自治区域比较研究》，中国人民大学出版社 2004 年版。

[13] 杨凤春：《中国政府概要》，北京大学出版社 2002 年版。

[14] 林伯海：《人民代表大会监督制度的分析与构建》，中国社会科学出版社 2004 年版。

[15] ［英］戴维·赫尔德：《民主的模式》，燕继荣译，中央编译出版社 2004 年版。

[16] 俞可平：《增量民主与善治》，社会科学文献出版社 2005 年版。

[17] 秦德君：《政治设计研究对一种历史政治现象之解读》，上海社会科学院出版社 2000 年版。

[18] 刘军宁等：《直接民主与间接民主》，生活·读书·新知三联书店 1998 年版。

[19] 张福森、胡泽君、张军：《各国司法体制简介》，法律出版社 2003 年版。

[20] ［美］阿伦·利普哈特：《民主的模式：36 个国家的政府形式和政府绩效》，陈崎译，北京大学出版社 2006 年版。

[21] 宁骚：《民族与国家：民族关系与民族政策的国际比较》，北京大学出版社 1995 年版。

[22] 俞可平：《权利政治与公益政治》（第二版），社会科学文献出版社 2003 年版。

[23] 何俊志：《制度等待利益：中国县级人大制度模式研究》，重庆出版社 2005 年版。

[24] 俞可平：《治理与善治》，社会科学文献出版社 2000 年版。

[25] 赵成根：《民主与公共决策研究》，黑龙江人民出版社 2000 年版。

[26] ［美］詹姆斯·N. 罗西瑙：《没有政府的治理》，张胜军、刘小林等译，江西人民出版社 2001 年版。

[27] 仝志辉：《选举事件与村庄政治：村庄社会关联中的村民选举参与》，中国社会科学出版社 2004 年版。

[28] ［美］塞缪尔·亨廷顿：《文明的冲突与世界秩序的重建》，周琪、刘绯、张立平、王圆译，新华出版社 1998 年版。

[29] 彭宗超:《公民授权与代议民主——人大代表直接选举制比较研究》,河南人民出版社 2002 年版。

[30] [日] 猪口孝、[英] 爱德华·纽曼、[美] 约翰·基恩:《变动中的民主》,林猛等译,吉林人民出版社 1999 年版。

[31] [美] 马库斯·拉斯金:《民主与文化的反思》,周丕启、王易、张小明、邱吉译,新华出版社 2000 年版。

[32] 朱德米:《自由与秩序》,天津人民出版社 2004 年版。

[33] 中国社会科学杂志社编:《民主的再思考》,社会科学文献出版社 2000 年版。

[34] 文晓明、王立新:《社会主义民主政治运行机制研究》,人民出版社 2004 年版。

[35] [英] H. K. 科尔巴奇:《政策》,张毅等译,吉林人民出版社 2005 年版。

[36] 陈伟东:《社区自治:自组织网络与制度设置》,中国社会科学出版社 2004 年版。

[37] 王林生、张汉林等:《发达国家规制改革与绩效》,上海财经大学出版社 2006 年版。

[38] [美] 朱莉·费希尔:《NGO 与第三世界的政治发展》,邓国胜、赵秀梅译,社会科学文献出版社 2002 年版。

[39] 全国高等教育自学考试指导委员会组编:《行政管理学》,高等教育出版社 2005 年版。

[40] 张立荣:《论有中国特色的国家行政制度》,中国社会科学出版社 2003 年版。

[41] 风笑天:《现代社会调查方法》(第三版),华中科技大学出版社 2005 年版。

[42] 匡萃坚:《当代西方政治思潮》,社会科学文献出版社 2005 年版。

[43] 吴宗国:《中国古代官僚政治制度研究》,北京大学出版社 2004 年版。

[44] 刘华蓉:《大众传媒与政治》,北京大学出版社 2001 年版。

[45] 李军鹏：《公共服务型政府》，北京大学出版社 2004 年版。

[46] 井敏：《构建服务型政府理论与实践》，北京大学出版社 2006 年版。

[47] ［美］罗伯特·达尔：《论民主》，李柏光、林猛译，商务印书馆 1999 年版。

[48] 句华：《公共服务中的市场机制——理论、方式与技术》，北京大学出版社 2006 年版。

[49] 刘熙瑞：《中国公共管理》，中共中央党校出版社 2004 年版。

[50] 魏光奇：《官治与自治——20 世纪上半期的中国县制》，商务印书馆 2004 年版。

[51] ［美］埃维森等：《统计学》，吴喜之等译，高等教育出版社 2000 年版。

[52] ［美］托马斯·R. 戴伊：《自上而下的政策制定》，鞠方安、吴忧译，中国人民大学出版社 2002 年版。

[53] 张康之：《社会治理的历史叙事》，北京大学出版社 2006 年版。

[54] ［加］麦克尔·毫利特等：《公共政策研究：政策循环与政策子系统》，庞诗等译，生活·读书·新知三联书店 2006 年版。

[55] 李春玲：《断裂与碎片——当代中国社会阶层分化实证分析》，社会科学文献出版社 2005 年版。

[56] 黄卫平、汪永成：《当代中国政治研究报告 II》，社会科学文献出版社 2003 年版。

[57] ［英］威廉·葛德文：《政治正义论》（第一、二、三卷），商务印书馆 1997 年版。

[58] 陈尧：《新权威主义政权的民主转型》，上海人民出版社 2006 年版。

[59] 孙哲：《权威政治》，复旦大学出版社 2004 年版。

[60] 吴新叶：《农村基层非政府公共组织研究》，北京大学出版社 2006 年版。

[61] 沃伦：《民主与信任》，吴辉译，华夏出版社 2004 年版。

[62] ［美］霍华德·威亚尔达：《民主与民主化比较研究》，榕远译，

北京大学出版社 2004 年版。

[63] 刘恒等:《政府信息公开制度》,中国社会科学出版社 2004 年版。

[64] [美] 理查德·C. 博克斯:《公民治理:引领 21 世纪的美国社区》,孙柏瑛等译,中国人民大学出版社 2005 年版。

[65] 曹沛霖、陈明明、唐亚林:《比较政治制度》,高等教育出版社 2005 年版。

[66] 蔡定剑:《中国选举状况的报告》,法律出版社 2002 年版。

[67] 程同顺等:《农民组织与政治发展:再论中国农民的组织化》,天津人民出版社 2005 年版。

[68] 陈云生:《民族区域自治法原理与精释》,中国法制出版社 2006 年版。

[69] 李艳芳:《公民参与环境影响评价制度研究》,中国人民大学出版社 2004 年版。

[70] 中华人民共和国国务院新闻办公室:《中国政府白皮书（3）》,外文出版社 2002 年版。

[71] 社科院民主问题研究中心:《马克思恩格斯列宁毛泽东邓小平江泽民论民主》,中国社会科学出版社 2002 年版。

[72] [美] 德博拉·斯通:《政策悖论:政治决策中的艺术》,顾建光译,中国人民大学出版社 2006 年版。

[73] 徐秀丽:《中国农村治理的历史与现状:以定县、邹平和江宁为例》,社会科学文献出版社 2004 年版。

[74] [美] 罗伯特·K. 殷:《案例研究方法的应用》（第二、三版）,周海涛主译,重庆大学出版社 2004 年版。

[75] [美] 福勒:《调查研究方法》（第三版）,孙振东、龙藜、陈荟译,重庆大学出版社 2004 年版。

[76] [美] 罗杰·J. 沃恩、特里·E. 巴斯:《科学决策方法:从社会科学研究到政策分析》,沈崇麟译,重庆大学出版社 2006 年版。

[77] [美] 罗伯特·F. 德威利斯:《量表编制理论与应用》（第二

版），魏勇刚、龙长权、宋武译，重庆大学出版社 2004 年版。

[78] 陈蔷娥：《外国执政案例选编》，上海社会科学院出版社 2005 年版。

[79] 宫源海：《德法之治与齐国政权研究》，齐鲁书社 2004 年版。

[80] 祁茗田：《资政箴言》，浙江古籍出版社 2006 年版。

[81] ［美］迈克尔·沃尔泽：《论宽容》，袁建华译，上海人民出版社 2000 年版。

[82] ［美］David Boyle：《为什么数字使我们失去理性》，黄治康、李密译，西南财经大学出版社 2004 年版。

[83] 杨国枢、文崇一、吴聪贤、李亦国：《社会及行为科学研究法》（第十三版），重庆大学出版社 2006 年版。

[84] ［美］德尔伯特·C. 米勒、内尔·J. 萨尔金德：《研究设计与社会测量导引》第六版，风笑天等译，重庆大学出版社 2004 年版。

[85] ［美］B. 盖伊·彼得斯、弗兰斯·K. M. 冯尼斯潘：《公共政策工具：对公共管理工具的评价》，顾建光译，人民大学出版社 2006 年版。

[86] 黄卫平、邹树彬：《乡镇长选举方式改革：案例研究》，社会科学文献出版社 2003 年版。

[87] 宁骚：《公共政策学》，高等教育出版社 2003 年版。

[88] 龙朝双、谢昕：《地方政府学》，中国地质大学出版社 2001 年版。

[89] 袁政：《公共管理定量分析：方法与技术》，重庆大学出版社 2006 年版。

[90] 段应碧、宋洪远：《中国农村改革重大政策问题调研报告》，中国财政经济出版社 2004 年版。

[91] ［美］斯蒂芬·范埃弗拉：《政治学研究方法指南》，陈琪译，北京大学出版社 2006 年版。

[92] 王红漫：《大国卫生之论——农村卫生枢纽与农民的选择》，北京大学出版社 2006 年版。

［93］［英］帕特里克·敦利威：《民主、官僚制与公共选择——政治科学中的经济学阐释》，张庆东译，中国青年出版社2004年版。

［94］谢庆奎：《入世与政府先行》，中信出版社2003年版。

［95］周庆智：《中国县级行政结构及其运行：对W县的社会学考察》，贵州人民出版社2004年版。

［96］魏曼华：《当代社会问题与青少年成长》，福建教育出版社2005年版。

［97］［美］文森特·奥斯特罗姆、罗伯特·比什、埃莉诺·奥斯特罗姆：《美国地方政府》，井敏、陈幽泓译，北京大学出版社2004年版。

［98］徐湘林：《中国国情与制度创新》，华夏出版社2004年版。

［99］云南省扶贫办外资项目管理中心中德合作项目办公室：《流动的贫困：中德合作——云南城市贫困研究报告》，中国社会科学出版社2006年版。

［100］陶东明、陈明明：《当代中国政治参与》，浙江人民出版社1998年版。

［101］［美］马克·E.沃伦：《民主与信任》，载罗素·哈丁《我们要信任政府吗?》，华夏出版社2004年版。

［102］宋玉波：《民主政制比较研究》，法律出版社2001年版。

［103］刘华蓉：《大众传媒与政治》，北京大学出版社2001年版。

［104］李元书：《政治体系中的信息沟通——政治传播学的分析视角》，河南人民出版社2005年版。

［105］卢福营：《冲突与协调——乡村治理中的博弈》，上海交通大学出版社2006年版。

［106］［美］特里·N.克拉克、文森特·霍夫曼—马丁诺：《新政治文化》，何道宽译，社会科学文献出版社2006年版。

［107］薛和：《江村自治——社会变迁中的农村基层民主》，江苏人民出版社2004年版。

［108］吴仲斌：《农村公共政策形成机制：农村经济市场化问题研

究》，中国农业出版社 2005 年版。

[109] 李凡：《中国城市社区直接选举改革》，西北大学出版社 2003
年版。

[110] 吴毅：《村治变迁中的权威与秩序：20 世纪川东双村的表达》，
中国社会科学出版社 2002 年版。

[111] 徐秀丽：《中国近代乡村自治法规选编》，中华书局 2004
年版。

[112] 周叶中：《代议制度比较研究》（第二版），武汉大学出版社
2005 年版。

[113] 邓国胜、肖明超：《群众评议政府绩效：理论、方法与实践》，
北京大学出版社 2006 年版。

[114] ［美］安东尼·唐斯：《官僚制内幕》，郭小聪译，中国人民大
学出版社 2006 年版。

[115] 陈永国：《公共管理定量分析方法》，上海交通大学出版社
2006 年版。

[116] 王浦劬：《选举的理论与制度》，高等教育出版社 2006 年版。

[117] ［美］海伦·英格兰姆、斯蒂文·R. 史密斯：《新公共政
策——民主制度下的公共政策》，钟振明、朱涛译，上海交通
大学出版社 2005 年版。

[118] William N. Dunn, Rita Mae Kelly (eds.), *Advances in Policy
Studies Since* 1950 (Vol. 10 of Policy Studies Review Annual),
New Brunswick, NJ: Transaction Books, 1992.

[119] Stuart S. Nagel, Miriam K. Mills, *Professional Development in Poli-
cy Sciences*, Westport, Connecticut: Green Wood Press, 1993.

[120] Talib Younis (ed.), *Implementation in Public Policy*, Dartmouth, 1990.

[121] Eugen J. Meehan, *Ethics for Policy – making*: *A Methodological A-
nalysis*, Westport, CT: Green Wood Press, 1990.

[122] Brian W. Hogwood, Lewis A. Gunn, *Policy Analysis for the Real
World*, Oxford University Press, 1984.

[123] K. J. Arrow, *Social Choice and Individual Values*, New Haven CT:

Yale University Press, 1963.

[124] Edward S. Quade, *Analysis for Public Decision* (3rd ed.), New York: American Elsvier, 1989.

[125] Edith Stokey and Richard Zeckhauser, *A Primer for Policy Analysis*, New York: Norton, 1978.

[126] W. WIra Sharkansky, *Policy Analysis in Political Science*, Chicago: Markham Publishing Co. , 1970.

[127] H. D. Lasswell and A. Kaplan, *Power and Society*, New Haven CT: Yale University Press, 1970.

[128] B. Guy Peters, *American Public Policy: Promise and Performance* (fourth edition), Chatham, New Jersey: Chatham House Publishers, Inc. , 1996.

[129] Dennis C. Mueller, *Public Choice* (II), Cambridge: Cambridge University Press, 1989.

[130] K. Eyestone, *The Thread of Public Policy: A Study In Policy Leadership*, Indianapolis: Bobbs – Merrill, 1971.

[131] Robert F. Drake, *The Principles of Social Policy*, Palgrave, 2001.

[132] Sturt S. Nagel (ed.), *Encyclopedia of Policy Studies*, Marcel Dekker, 1983.

[133] Michael Howlett and M. Ramesh, *Studying Public Policy: Policy Cycles and Policy Subsystems*, Oxford University Press, 1995.

[134] Edwin Mansfield, *Managerial Economics and Operations Research: Techniques, Application, Cases* (5th ed.), W. W. Norton & Company, 1987.

[135] G. Majone, "On the Nation of Political Feasibility", In S. S. Nagel (ed.), *Policy Studies Review Annual*, Vol. 1, 1977.

[136] Lester M. Salamon and Odus V. Elliot, *Tools of Government: A Guide to the New Governance*, Oxford University Press, 2002.

[137] Davis B. Bobrow and John S. Dryzek, *Policy Analysis by Design*, Pittsburgh, Pa. : University of Pittsburgh Press, 1987.

［138］C. Hood, *The Tools of Government*, Macmillan, 1983.

［139］Mark R. Daniels, *Terminating Public Programs*, Armonk, M. E. Sharpe, 1997.

［140］Adao Miyakawa, *The Science of Public Policy: Essential Readings in Policy Science*, Routledge, 1999.

［141］Alex F. Osborn, *Your Creative Power: How to Use Imagination*, New York: Charles Scribner, 1948.

［142］R. C. Amacher etc. (eds.), *The Economic Approach to Public Policy* (Selected Reading), Ithaca, N Y: Cornell University Press, 1976.

［143］Jose Edgardo L. Campos, Joaquin L. Gonzalez Ⅲ, "Deliberation Councils, Government – Business – Citizen Partnerships, and Public Policy – making: Cases from Singapore, Malaysia, and Canada", *Asia Pacific Journal of Management*, Vol. 16, No. 3, December, 1999.

［144］Peter P. J. Driessen, "CoVerdaas Interactive Policy – making—A model of Management for Public Works", *European Journal of Operational Rreasearch*, Vol. 128, No. 2 (2001 – 0116).

［145］Katharina Holzinger, "Negotiations in Public – Policy Making: Exogenous Barriers to Successful Dispute Resolution", *Journal of Public Policy*, Vol. 21, No. 1, January 2001.

［146］B. Checkoway, "The Politics of Public Hearings", *J Appl Behav Sci*, Vol. 17, No. 4, 1981, pp. 566 – 582.

［147］Carol H. Weiss ed., *Usimg Social Research in Public Policy Making*, Lixington, MA: D. C. Heath and Company, 1977.

［148］Martin Minogue, *Beyond the New Public Management: Changing Ideas and Practices in Governance*, Cheltenham, UK; Northampton, MA: E. Elgar C, 1998.

［149］Patricia J. Williams, *Playing With Numbers*, Nation; 10/1/2007, Vol. 285, pp. 9 – 19.

[150] Forza C. Nuzzo, F. Di, "Meta – analysis Applied to Operations Management: Summarizing the Results of Empirical Research", *International Journal of Production Research*, Vol. 36, No. 3, Mar. 1998, pp. 837 – 861.

[151] John K. Gohagen, "Quantitative Analysis for Public Policy", *Infor*, May 85, Vol. 23, No. 2, 221 – 212.

[152] Greg Hampton, "Enhancing Public Participation Through Narrative Analysis", *Policy Sciences*, No. 37, 2004, pp. 261 – 276.

[153] Todd Bridgman and David Barry, "Regulation is Evil: An Application of Narrative Policy analysis to Regulatory Debate in New Zealand", *Policy Sciences*, No. 35, 2002, pp. 141 – 161.

[154] Jenny Stewart, Russell Ayres, "Systems theory and Politic Practice: An exploration", *Policy Sciences*, No. 34, 2001, pp. 79 – 94.

致　谢

　　从未名湖畔始，到桂子山上，再到军都山下，数千里迢迢，披一路征尘，终于完成了科研历程的艰辛跨越。当成果终于搁笔之际，窗外已是曙光初现。凭栏远眺，感激之情，蓦然而生。首先要特别感谢张立荣教授，张老师学识渊博，治学严谨，与人为善，虚怀若谷。在张老师身上，我进一步领悟了"学高为师，德高为范"的真谛。张老师谆谆教诲，殷殷厚望，无论在学业、工作和生活上，无论对于我，还是对于我的家人，都给予了无微不至的关心和帮助，使我终生难忘。张老师的学识和为人是我一生的楷模。本书从选题立意到收集资料从构思框架到行文修改，课题研究无处不凝聚着张老师的心血。

　　感谢王浦劬教授、许耀桐教授、杨海蛟教授、谭君久教授、胡象明教授、李和中教授、丁煌教授、项继权教授、刘筱红教授、娄策群教授和高秉雄教授，诸位老师为本书的构思提出了不少有见地的意见，他们的学识已经融入了本书之中。本书是我国行政管理专业领域第一部全面使用量化分析方法进行探索的著作，研究难度之大，超出了笔者动笔之前的想象。特别感谢北京大学宁骚教授和厦门大学陈振明教授，对本书十分关心，对研究阶段所发表的论文给予了莫大的鼓励和肯定，使我在研究困难之时获得了坚持下去的勇气和信心，令我尤为难忘。

　　感谢中国政法大学常宝国教授、杨阳教授和李程伟教授，他们对本书的顺利出版给予了慷慨的支持和鼓励。感谢贺志姣教授、朱虹教授、陈雪玲教授，与诸位教授的切磋和交流使我受益匪浅。感谢胡建勋、毛志凌、张丽丽、胡圆圆、张晓霞诸位，他们给了我无私的帮助和支持。感谢所有关心、支持和帮助我的亲人、朋友和同学。正是他们的支持，使我能够顺利完成课题的研究任务。

由于笔者水平有限，书中难免会有纰漏和不足之处，还望所有关心我的学者和朋友不吝赐教！

傅广宛

2019 年 7 月 12 日